새로운 교회의 모델
가정교회란?

STARTING A HOUSE CHURCH
copyright ⓒ 2007 Larry Kreider and Floyd McClung
All right reserved.
Published by Regal Books from Gospel Light
All rights reserved.
Korean Translation Copyright ⓒ 2009 by Shekinah publications.

이 책의 한국어판 저작권은 쉐키나 출판사에 있습니다.
저작권법에 의해 한국에서 보호받는 저작물이므로 무단전재와 무단복제를 금합니다.

Family Church

새로운 교회의 모델

가정교회란?

− 가정교회 개척 안내 지침서

래리 크라이더 · 플로이드 맥클렁 공저 | 유정자 옮김

차례

서론 ... 9

제1장 새롭게 등장하는 새로운 종류의 교회 ... 15
제2장 다른 종류의 사람들을 위한 다른 종류의 교회 ... 29
제3장 가장 효과적인 전도 방법: 새로운 모델의 교회를 시작하라! ... 47
제4장 영적인 부모의 역할 ... 71
제5장 우리의 측정 기준: 역동하는 초대교회 모델 ... 93
제6장 가정교회에 대한 온전한 이해 ... 105
제7장 각 세대에 맞는 새로운 모델의 교회들 ... 125
제8장 '진정한 교회'가 되기 위한 방법 ... 137
제9장 가정교회를 시작하기 위한 방법 ... 157
제10장 가정교회 안에서의 자녀 교육 ... 179
제11장 가정교회 개척의 세계적인 동향 ... 191
제12장 북미의 가정교회 모델 ... 205
제13장 가정교회에서의 리더십 다이내믹 ... 219
제14장 피해야 할 가정교회의 함정들 ... 249
제15장 함께 동역하는 교회들(가정교회, 지역교회, 대형교회) ... 269

미주 ... 289

특별히 감사의 마음을 전해 드립니다

저희들은 이 책을 쓰면서 정말 기뻤습니다. 저희는 협력 출판사(Partnership Publications)에서 편집을 담당하시는 카렌 루이스(Karen Ruiz) 씨의 특별한 도움으로 이 책을 출판할 수 있게 되어서 정말 감사를 드립니다. 그리고 많은 소중한 자료들을 제공해 주신 피터 번톤(Peter Bunton) 씨에게 진심으로 감사를 드립니다. 또한, 빌 그레그 3세(Bill Greig III), 게리 그레그(Gary Greig), 김 방스(Kim Bangs) 그리고 함께 이 책을 위해서 헌신하시면서 일하신 리걸(Regal) 출판국에 계신 분들께도 특별히 감사를 드립니다. 마지막으로, 하나님께서 주신 가장 큰 선물이며, 우리의 사역과 인생의 진정한 동반자이며 훌륭한 내조자인 라베르네 크라이더(LaVerne Kreider)와 샐리 맥클렁(Sally McClung)께 진심으로 사랑과 고마운 마음을 드립니다.

래리 크라이더(Larry Kreider)와 플로이드 맥클렁(Floyd McClung)

STARTING A HOUSE CHURCH

서론

왜 가정교회가 필요한가?

현재 전 세계에서 3,000만 명이 넘는 사람들이 예수님의 이름을 평생 한 번도 들어보지 못했으며, 수천만의 인종 집단들이 하나님의 사랑이 담긴 복음을 접해 본 적도 없습니다. 빈곤과 부패와 방지할 수 있는 질병들과 기근들이 많은 나라들을 덮치고 이로 인해서 그 나라들이 곤궁에 빠져 있습니다. 이러한 현실들 앞에서 예수님의 제자들인 우리들은 하나님의 신실하심에 대한 믿음과 그분의 지상명령에 순종하고자 하는 마음으로 불타오르고 있습니다.

우리는 교회가 세상의 소망이라고 믿고 있습니다. 어떤 사람들은 오직 예수님만이 세상의 소망이라고 표현하는 것 같아서 예수님을 넣지 않은 상태에서 교회가 유일한 소망이라고 주장하는 사람들도 있습니다. 그러나 예수님이 없는 교회는 전혀 옳지 않습니다! 예수님께서 직접 교회를 선택하셔서 세상에서의 문제들에 대한 해답이 되도록 하셨습니다.

또한 우리들은 교회가 예수님께서 내리신 지상명령에 따르도록 그리고 예수님의 긍휼하심에 따라 세상이 직면하고 있는 물질적, 영적인 도전들에 대해서 십자가의 복음을 가지고 다가가야 한다고 믿고 있습니다. 우리는 하나님의 사랑을 두 손으로 실천해야 합니다. 한 손에는 먹을 양식과 의약품과 깨끗한 물로 그리고 다른 한 손으로는 하나님의 사랑에 대한 메시지를 나누어야 합니다.

지난 70여 년 동안 우리가 교회를 위해서 섬기는 동안 우리들은 교회를 너무 사랑했기 때문에 교회가 본질적인 역할을 감당할 수 있도록 저희들의 권리를 포기할 준비가 되어 있지 않았습니다. 교회에는 너무나 많은 연약함과 문제들이 있습니다. 예수님이 없는 교회에는 희망이 없습니다. 하지만, 교회는 예수님의 신부이며 예수님의 가족이며, 이로 인해서 우리는 교회를 너무나 사랑합니다. 우리는 대형교회든 소형교회든, 흑인교회든 백인교회든, 가난한 교회든 부자 교회든, 그리고 신생교회든 전통교회든 상관없이 모든 교회를 사랑합니다. 우리들은 교회의 문제들에 대한 해답을 제시하기 위한 단순한 이유로 이 책을 쓰지 않았음을 밝히고 싶습니다.

우리들은 가정교회가 중요함을 알고 있지만, 다른 그리스도의 몸 된 교회들을 도외시하고 싶지 않습니다. 이 책은 교회 조직이나 교단 및 대형교회를 비판하기 위해서 쓴 책이 아닙니다. 오히려 우리는 성령님께서 가정교회를 통해서 이 세상을 어떻게 변화시킬 수 있을지에 대해서 기대하는 마음으로 이 책을 썼습니다. 예수 그리스도의 복음을 한 번도 접해 보지 못한 사람들의 대부분이 전통적인 주일 예배나 교회 건물에서 예배를 드릴 수 없는 환경에 있습니다. 그래서 가정교회를 통해서 복음을 전하는 것이 전 세계적인 추세입니다. 이미 1,000만 명도 넘는 많은 사람들이 아프리카와 아시아와 남미 국가들에서 무수한 지극히 작은 교회들을 통해서 그리스도에게로 돌아오고 있습니다. 우리는 미국과 전 세계 개발도상국가들이 이와 동일한 축복을 경험하기를 기도하고 있습니다.

우리들이 크고 작은 마을과 분주한 도시에 살고 있는 삼십억의 미전도 종족들에게 전도하러 갈 때, 이제는 서구 교회가 추구해 왔던 행사 위주의 선교사역이나 목회자 중심의 사역 형태로는 선교하기가 쉽지 않습니다. 최근에는 전 세계적으로 작고 단순하며 쉽게 재생산할 수 있는 소그룹 형태의 가정교회가 교회 성장을 일으키는 가장 중요한 요인으로 받아들여지고 있는 추세입니다.

중심 교회들이 잘 운영될 수 있기 위한 원칙들은 전 세계의 교회 성장에 기여할 수 있도록 하는 것뿐 아니라 소그룹 사람들이 영적으로 잘 성장할 수 있도록 도와주는 것입니다. 가정교회들은 이곳에 참여하는 사람들 간의 정체성과 책임감, 자발성, 참여 의식, 신뢰감 및 서로의 성장에 도움을 줍니다.

우리는 하나님께서 교회에 대해서 아주 큰 그림을 가지고 있으시다고 믿고 있습니다. 하지만 하나님께서는 그분의 교회를 아주 작은 곳에서부터 시작하십시다. 하나님의 교회는 한 사람으로부터, 한 가정으로부터, 그리고 하나의 작은 교회 공동체로부터 단계별로 성장됩니다.

우리가 작은(소형) 교회를 세울 때는 큰 비전들을 품으면서 나아가야 합니다. 어떤 영적 움직임(동향: movement)들이 성숙하고 효과적이면서도 지속적으로 영향을 미칠 수 있기 위해서는 소그룹 문화가 교회로서의 기능을 효과적으로 잘할 수 있도록 소그룹 사람들을 잘 양육해야 합니다.

우리에게 도전을 주는 것은 특별한 형태의 교회가 아니라 사람들이 소그룹 공동체들 가운데서 신약시대에 보여 주었던 실천하는 교회들의 원칙들을 발견할 때, 그들의 삶이 변화되고 그 가운데서 일하시는 성령 하나님을 발견하는 것입니다. 신약시대의 교회 개척들의 삶의 원칙들이 가정교회 모델을 활성화시키는 데 크게 도움이 되는 자동차 엔진과 같은 역할을 하지만 단순히 이런 가정교회 모델 자체가 교회를 성장시키는 것은 아닙니다.

이러한 원칙들은 복잡하지 않으며 이 원칙들을 이해하기 위해서 체계적인 신학 교육이 필요한 것도 아닙니다. 신약시대 교회의 원칙은 사도행전적인 교회들을 통해서 더욱 구체적으로 나타나 있으며 오늘날도 지속적으로 가정교회 운동을 통해서 이 원칙들을 전 세계적으로 확장해 나갈 수 있습니다.

이러한 생각으로 우리가 가지고 있는 이야기와 경험하고 배운 교훈들을 이 책을 통해서 나누기를 원합니다. 우리는 이 책을 읽는 사람들이 자신들의 집과 사무실 그리고 강의실들을 소수의 사람들을 위해서 개방할 때 하나님께서 역사하시는 것을 직접 눈으로 확인할 수 있도록 이 책이 도움을 주는 안내서가 되기를 소망하고 있습니다.

래리 크라이더(Larry Kreider)
www.dcfi.org; www.Startingahousechurch.com

플로이드 맥클렁(Floyd McClung)
www.floydandsally.com

STARTING A HOUSE CHURCH

제1장
새롭게 등장하는
새로운 종류의 교회

지금 다시 시작되고 있습니다. 지금 북미에서는 새로운 형태의 교회가 등장하고 있습니다. 미국의 주요 도시들과 시골의 마을들에서 이른 봄에 굳었던 땅을 뚫고서 새싹이 돋아나는 것과 같은 독특하고 새로운 형태의 교회들이 등장하고 있습니다. 이러한 교회들은 다양한 신학적 배경을 가지고 있으며 다양한 방법으로 사역을 하고 있습니다. 그리고 이러한 교회들은 서로 다른 명칭들을 사용하고 있으며 다양한 연령층을 대상으로 사역하고 있습니다. 이들 교회들은 크기도 다양하고 예배를 드리는 장소도 아주 다양합니다. 그러나 이들 모두 그리스도의 몸된 교회로 표현되고 있습니다.

어떤 교회들은 가정집에서 모임이 이루어지고, 또 어떤 교회들은 미술 전시관, 커피숍, 창고, 패스트푸드 식당, 산업 단지, 공원, 그리고 다른 자유로운 공간들에서 만나고 있습니다. 어떤 교회들은 "가정교회(house churches)"라고 불리며, 어떤 교회들은 "미세교회(micro-churches)", "단순한 교회(simple churches)", 또는 "오가닉(유기체) 교회(organic churches)" 등으로 불리고 있습니다. 심지어 어떤 교회들은 이러한 명칭들로 불리는 것도 거부하고 있습니다. 어떤 교회들은 교회조직을 가지고 있지만, 어떤 교회들은 전염병이라도 걸리는 것처럼 교회조직을 회피하고 있습니다.

비록 이 새로운 교회 형태들이 지금 북미지역에 여기저기 산발적으로 일어나고 있지만, 오래 전부터 전 세계의 많은 나라들에서는 이러한 형태의 교회들이 이미 존재하고 있었습니다. 중국, 중앙아시아, 남미, 인도 및 캄보디아에서 이러한 작고 단순한 소형교회들이 많이 성행하고 있으며, 이러한 교회들에 참석하는 기독교인들은 자신들의 교회가 '진정한 교회'가 될 수 있도록 제자 양육에 힘을 쓰고 있으며 성령의 능력이 부어짐으로써 놀라운 교회 성장을 경험하고 있습니다.

공동체와 인간관계에 갈급해하던 사람들이 이렇게 세계 곳곳에서 일어나고 있는 영적인 움직임에 직접적으로 참여하고 있으며 이들은 하나님 나라의 가치관들에 관해 더욱 더 열심히 배우고 있습니다. 교회는 우리의 삶의 방식으로 자리를 잡고 있습니다. 왜냐하면 모든 사람들이 영적인 어머니들과 아버지들의 보호와 지시를 통해서 자신들의 은사들을 계발하고 배운 것을 실천하는 것을 통해서 더욱 배우고 있습니다. 그리고 그들을 통한 제자양육과 영적인 성장은 자연스럽게 이루어지고 있습니다.

어떤 종교 역사가들은 1980년대와 1999년대에 일어났던 대형교회 붐 이후에 그 다음은 가정교회를 통해서 복음주의 예배를 이끄는 주된 영적인 흐름이 이루어질 것이라고 믿고 있습니다. 이러한 추세에 대해서 〈**타임**(Time)〉**지**는 "복음주의자들이 자신들의 거실에서 시작되는 미니 교회를 세우기 위해 대형교회들을 포기하고 있다"[1] 라는 기사를 내보낸 적이 있습니다. 폴스터 조지 바나 (Pollster George Barna)는 약 5%의 미국 기독교인들이 이러한 가정교회들에 참석하고 있으며 그 추세가 급속도로 증가되고 있다는 사실을 발견했습니다.[2]

가정교회들은 각각의 소형교회들이 하나의 작은 교회로서의 기능을 잘 감당할 수 있도록 좋은 사역들을 하고 있습니다. 종종 가정교회들은 동일한 열정을 가지고 있는 다른 미세교회들(micro-churches)로부터 영적인 도움과 용기를 얻을 수 있기 위해 서로 연결되어 있습니다. 이런 소형교회들이 현대 사회에서 급성장하는 추세처럼 보이지만 사실상 가정교회는 새로운 개념이 아니며 사도행전에 기록되기 시작하는 시대에 이미 존재하고 있었던 교회 형태입니다.

사도행전적인 교회인 신약시대의 교회는 '**사람**(people)'이라고 정의할 수 있습니다. 그리스도인들은 교회에 다니거나(go) 교회에 참여(join)하는 사람들이 아니라 그들이 바로 교회였습니다. 구약시대의 몇 명으로 구성되어 있는 제사장 제도와는 다르게, 신약시대의 교회에서는 모든 사람들이 하나님께서 주신 능력과 은사들을 가지고 섬길 수 있기 때문에 교회의 성도들이 모두 제사장들입니다. 예수님의 제자들도 신앙의 공동체 안에서(영적인 가족들과 함께) 믿음을 실천하고 각 가정집에서 만나면서 그 당시 세상을 본질적으로 변화시켜 나갔습니다. 이러한 상황에서 각 사람들은 자신들이 다른 사람들을 어떻게 양육해야 하는지를 배워 나갔습니다. 하나님의 말씀에 순종하고 그들이 가지고 있는 자원들과 영적인 축복들을 나누기 시작하면서 믿는 자의 수가 무수히 늘어났습니다. 이와 같이 가정교회 운동의 시작은 신약시대의 교회로부터 출발했습니다.

새로운 형태의 교회가 지속적으로 등장해야 하는 이유

비록 미국과 전 세계 속에 이미 건강하고 생동감 있는 교회들이 무수히 많이 존재하고 있지만, 기성교회 구조에 잘 적응하지 못하는 기독교인들을 위해서 새로운 형태의 교회가 계속적으로 필요합니다. 이것은 마치 포도주를 마실 때, 병 또는 컵 중 하나를 선택해 포도주를 따라 마실 수 있는 것과 같이 하나님의 교회도 매우 다양한 형태와 크기의 교회들이 필요합니다. 예수님께서도 예수님 시대에 '포도주 가죽부대'의 문제점을 지적하셨습니다. 찢어지기 쉬운 오래된 헌 가죽부대에 새로운 포도주를 넣었을 때, 포도주가 발효되면서 터지기 때문에 새 포도주는 새로운 가죽부대가 필요하다고 예수님께서 말씀하셨습니다 (눅 5:37).

예전에도 그렇듯이, 오늘날의 많은 젊은이들은 기존의 오래된 가죽 부대를 바라보고 아무런 흥미를 느끼지 못하고 있습니다. 지난 5년 동안, 북미와 여러 많은 나라들에서 많은 젊은이들과 토론하게 되면서 저희들은 다음과 같은 반복적인 이야기를 들었습니다. "저는 예수님을 사랑합니다. 저는 예수님을 따르는 신실한 사람들이 존경스럽습니다. 반항하는 것은 아니지만 저는 기성교회 형태가 아닌 자신을 드려서 무엇인가를 실천할 수 있는 새로운 형태의 교회를 원합니다." 지금 젊은이들은 그들이 열정적으로 참여하면서 체험할 수 있는 그러한 교회를 찾고 있습니다.

단순히 젊은 세대들만 교회 생활에 전적으로 참여하는 데서 물러서 있는 것은 아닙니다. 심지어는 기성 세대들도 자신들이 온전히 참여할 수 있는 새로운 교회 형태를 찾고 있습니다. 한 가지 예로, 50대 정도의 연세가 드신 신사분이 눈물을 흘리며 다음과 같이 자신의 이야기를 나누었습니다. "저는 오래 전에 주님께서 저를 목사로 부르셨다는 것을 알고 있었지만 제가 섬기는 교회에서 어떻게 목사가 될 수 있는지를 알지 못했습니다." 그 사람은 인간관계를 우선으로 하면서 목사님과 같이 사랑의 은사가 많은 사람으로 그의 인생을 향한 하나님의 부르심을 이뤄드리기를 갈망하고 있었습니다. 만일 저는 그가 미세교회(micro-church)와 같은 환경에 있었다면 어떻게 되셨을까 생각해 봅니다. 아마도 그는 이러한 가정교회에 참여하게 되었다면 영적인 아버지로서 그 동안 가슴 아파하면서 이루지 못했던 주님께서 주신 꿈을 이룰 수 있었을지도 모릅니다. 아마도 그는 가정교회 안에서 영적인 가족들을 돌보면서 자신에게 적합한 지위도 찾을 수 있었을 가능성이 많습니다.

비록 단순한 공동체가 세대를 막론하고 사람들 사이에 각광받고 있지만, 더 젊은 세대들도 지역 사회 공동체 안에서 새로운 가정교회를 개척하고 가정교회 간의 네트워크를 시작할 것으로 믿고 있습니다. 그 이유는 현재 교회에 거의 출석하지 않거나 전혀 다니지 않는 오늘날의 젊은이들은 실제적인 관계를 원하는 그들의 필요에 맞는 새로운 가죽 부대를 진정으로 필요로 하고 있기 때문입니다.

다음 세대는 자신들이 기대할 수 있고, 의존할 수 있는 의미 있는 관계들을 찾고 있기 때문에, 좋은 친구 관계와 사교적인 목적을 이룰 수 있는 소그룹들에 더욱 마음이 열려 있습니다. 청년들은 함께 즐겁게 시간을 보내기를 원합니다. 특별히 차세대의 젊은이들은 인터넷을 통한 사이버 공간 상의 가상세계 가운데서 많은 시간들을 보내기 때문에 자신들의 실제적인 삶 속에 인간 관계들이 연결되는 것을 갈망하고 있습니다.

> 특별히 신체적인 접촉에 기본을 두고 있는 우리의 문화는 다른 사람과 대면하지 않고 상품과 서비스를 받을 수 있는 곳으로 변화되고 있습니다. 기술 혁명이 이 변화를 가능하게 하고 있습니다.[3]

인터넷을 통한 이메일, 메신저, 블로그, 뉴스 그룹, 인터넷 재테크 등의 사이버 공간 상의 '공동체'를 형성하고 있지만, 직접 사람들과 접촉할 수 없는 약점이 있습니다. 컴퓨터, PDA, 휴대폰 및 쉽게 구할 수 있는 수많은 기계부품 등의 최첨단의 기술이 있어서 유용한 시대에 우리가 살고 있지만 더 깊은 인간 관계로 연결되기를 원하는 그들의 갈망을 채워 줄 수는 없습니다.

문화에 미치는 영향력

하나님께서는 교회를 바라보고 있는 우리들의 관점이 변화되기를 원하십니다. 하나님은 기성교회를 사랑하지만 새로운 교회를 세우면서도 기성교회를 충분히 존중할 수 있는 용기 있는 사람들을 원하고 그들에게 그분의 교회에 새로운 생명을 부어 주시기를 원하십니다.

제(플로이드)가 청년이었을 때 새로운 형태의 기독교 공동체에 대한 책을 읽으면서 그러한 공동체를 꿈꾸기 시작했습니다. 그러나 하나님께서 저에게 가르쳐 주시기를 원하시는 새로운 일들을 발견할 때까지는 제가 꿈꾸어 왔던 비전들을 제 삶 가운데 용기 있게 실천할 수 없었습니다. 저는 교회 전통 속에 살고 있는 것이 이 세상과 단절되고 있다는 느낌을 종종 갖곤 하였습니다. 비전을 품은 한 젊은이로서 매우 뜨거운 설교를 했지만, 제가 봐왔던 사회의 부정부패들을 반대하는 거리 행진에 절대로 참여하지 않는 기성교회나 종교지도자들에 대해서 의구심을 품기 시작했습니다. 저는 용기를 가지고 제가 꿈꾸는 미래를 대면하기 원했지만 제가 자라왔던 교회 전통들은 기존 교회에 도전하는 사람들을 부정적으로 반응하도록 지시하고 있었습니다.

아내 샐리와 저는 예수님과 초대교회가 시작했던 것과 같이 전통주의 교회에 대해 거부감이 일어나기 시작했습니다. 전통교회에 대한 부정적인 생각이 어디서부터 시작되었는지는 모르지만 우리들은 기성교회 전통을 거리낌없이 비난하곤 했습니다. 또한 몇몇 친구들과 함께 시민 권리 회복 시위에 참여하게 되었을 때 제가 섬기던 교회에서 전통교회의 많은 규정들을 통해서 저를 억압하기 시작하자 결국 저는 그 교회를 떠나게 되었습니다.

저는 길거리에서 방황하는 젊은이들을 돕는 사역에 참여하게 되었습니다. 그리고 그런 젊은이들을 동원해서 열방의 선교사로 파송시키는 기독교 단체에 가입하게 되었습니다. 새로운 도전이 필요했던 저에게 새로운 모험을 시작할 수 있는 기회가 주어졌습니다. 그 당시 저는 아내 샐리와 함께 노방 전도에 참여했고 저희를 통해 길거리에서 전도된 영혼들이 주일날 교회에 참여하도록 돕는 사역을 시작했습니다. 하지만 아쉽게도 교회들은 우리가 전도해 온 특별히 긴 머리에 온몸이 문신으로 덮여 있고 성격마저 거친 이러한 젊은이들을 어떻게 감당해야 할지를 잘 모르고 있었습니다. 매주일 아침마다 전쟁이 치러졌습니다. 그러면서 제 자신도 교회에만 다니는 많은 기독교인들에 대해서 회의가 느껴지기 시작했습니다. 아내와 저는 이전에 경험했던 일주일에 한 번만 출석하는 교회는 저희들이 섬겼던 많은 젊은이들의 삶에는 전혀 영향을 미치지 못하고 있는 것 같아서 매우 실망하고 있었습니다.

저희 부부가 이러한 현실로 무척 좌절하고 있을 때, 한 성경 강사가 우리 사역을 위한 성경 세미나를 하기 위해서 방문했습니다. 그분은 우리가 하는 사역들을 보고 우리가 전도한 많은 젊은이들을 모아서 새로운 형태의 교회를 개척하는 것이 좋겠다고 적극적으로 권면했습니다. "플로이드! 당신은 많은 젊은이들을 열심히 축복하고 있지만 당신은 과연 무엇을 세우고 있죠?" 제가 이 말이 무슨 의미인지 물어보자 그는 우리의 노방 전도 사역을 통해서 주님을 만난 젊은이들에게 제가 영적인 아버지가 되어야 할 책임이 있다고 말씀하셨습니다.

제가 그렇게 나이가 많이 든 것도 아닌데 그들에게 어떻게 영적인 아비가 될 수 있을까요? 그는 저희 부부가 다른 사람들로 하여금 그들을 돌보도록 맡겨서는 안 되며 오히려 그들을 소그룹에 모아서 할 수만 있다면 그들을 위한 특별한 예배를 만들어야 한다고 강력하게 권면했습니다. 그는 이러한 과정이 단순히 말로만 하는 '축복(Blessing)'과는 반대되는 바로 다른 사람을 '세우는(building)' 과정이라고 했습니다. 그는 우리가 건강한 공동체를 세운다는 분명한 목적이 없이 단지 실천 사역만을 감당하는 것은 무책임한 일이라고 조언했습니다. 그리고 그는 하나님께서 더 나은 방법을 제시하고 계신다고 했습니다. 그는 우리가 제자 삼은 사람들을 위한 공동체를 세우고, 그들을 잘 인도하고, 잘 목양해서 그들과 함께 하나님의 세계선교 사역을 감당할 수 있는 교회를 세워야 한다고 권면했습니다.

이러한 만남을 통해서 저에게 매우 놀라운 큰 변화가 곧바로 일어났다고 이야기하고 싶지만, 사실상 큰 변화가 곧바로 있었던 것은 아닙니다. 제 사역은 몇 번이고 중단되었고 그리고 다시 재개되었으며 많은 실수와 시행착오를 거듭했습니다. 감사하게도 하나님께서는 우리들이 이러한 시행착오들을 통해서 많은 것을 배우게 하셨습니다. 그때부터 저는 새로운 공동체를 세우는 사역이 아니면 어떠한 사역에도 관여하지 않겠다는 원칙들을 세워 놓고 그것을 실천에 옮기기 시작했습니다. 그런 원칙들 중의 한 가지는 단기 선교 사역에 참여하는 것이었습니다. 이 단기 선교 사역을 통해서 엄청난 결과들이 나왔습니다. 저희 부부는 창녀들과 교회를 다니지 않은 이웃들을 대상으로 교회를 시작했습니다. 그리고 복음에 '닫혀 있는' 나라들을 포함해 다른 나라들에 선교팀을 보내기 시작했습니다. 이런 사역들을 통해서 우리는 기독교를 자신들의 종교로 받아들이지 않던 사람들이 예수님 중심의 공동체에 마음을 열기 시작하는 것에 정말 놀라기 시작했습니다. 결국, 열방 행진(All Nations)이라 불리는 운동이 우리들의 노력을 통해서 일어나고 복음을 전혀 듣지 못했던 사람들에게도 복음이 미치게 되었고 그 결과로 중앙아시아, 러시아, 인도, 몽골 및 그리스에서 수많은 교회들이 일어나게 되었습니다.

우리가 소그룹 성경공부를 통해 제자화시킨 한 명의 지도자가 몇 개국의 선교지에 가서 40개가 넘는 교회들을 세우면서 교회 성장 운동을 시작했습니다. 우리가 양육한 또 다른 한 젊은이는 현재 수천만 명의 미전도 종족들의 젊은 영혼들에게 영향을 미치는 음악과 예술 축제들을 통해서 열방의 젊은이들에게 영향을 미치고 있습니다. 이러한 노력들의 결과를 통해서 우리가 존재하는 이유를 찾을 수 있었습니다. 우리들은 세상에 전해진 복음에 더 많은 영적인 능력들을 부어 줄 수 있기를 기대하고 있습니다. 하나님께서는 우리들이 기성교회 신자들을 돌보는 사역보다는 방황하는 전도 대상자들에게 주님의 복음을 들고 나아가기를 원하셨다고 믿고 있습니다. 결국, 우리들은 하나님의 선교사로서 교회 밖에서 방황하는 수많은 전도 대상자들을 교회로 인도하는 사역을 위해 헌신을 다했던 것입니다.

우리들은 현재 새롭게 등장하고 있는 영적 지도자들이 무척이나 기대가 되고 있습니다. 이러한 새로운 지도자들을 통해서, 성령님께서 **에클레시아**(ecclesia)라고 불리는 교회 공동체에 자유함을 부어 주실 수 있는 놀라운 가능성이 내재되어 있습니다. 이것은 이 세대의 문화 가운데 속해 있는 사람들을 향한 창조적인 성령님의 임재를 갈망하는 움직임입니다. 성령님께서는 우리가 복음을 들고 이 문화 가운데서 살아가도록 부르시고 계시며 우리가 속한 문화와 상관이 없이 존재하는 영구적인 교회 건물이나 관습을 원하지는 않습니다.

각 세대에 맞는 새로운 교회 형태

각 세대마다 그 시대에 가장 맞는 새 가죽부대가 무엇인지를 발견하고 분별할 수 있는 자유가 있어야 합니다. 아래의 글은 레오나드 스위트(Leonard Sweet)라는 작가가 쓴 〈물 교회(Aqua Church)〉라는 책에 나오는 내용입니다.

제 아내는 차를 즐겨 마십니다. 그녀가 가장 좋아하는 그릇은 제 손가

락을 통과시킬 수 없을 정도로 작은 손잡이가 있는 작은 찻잔입니다. 제가 가장 좋아하는 그릇은 제다이(Jadite) 커피잔입니다(저는 마사 스튜어트가 인플레이션을 일으켜서 그것을 구입하기 힘들게 하기 전에 제다이 불의 제왕(Fire King Jadite)의 소장품들을 수집하기 시작했습니다). 우리집 여덟 살 먹은 아들인 태인(Thane)이 가장 좋아하는 그릇은 주스를 담는 작은 유리잔입니다. 우리집 세 살짜리 딸인 소렌(Soren)이 가장 좋아하는 그릇은 곰돌이 푸우가 그려져 있는 아기용 컵입니다. 8개월 된 에길(Egil)의 가장 좋은 그릇은 병입니다.

모든 세대는 자신의 손(취향)과 영혼에 맞는 형태가 필요합니다. 각 세대에 속한 모든 사람들은 예수 그리스도의 생수를 받을 수 있기 위한 서로 다른 기구들이 필요합니다. 우리들의 과업은 누구나 잡을 수 있는 '모든 것'에 생수를 부어 넣는 일입니다. 여기서 말하는 '모든 것'은 말 그대로 모든 가능한 그릇을 의미합니다. 만일 제가 22세기를 살고 있는 어린이에게 예수 그리스도의 복음을 전한다고 한다면, 제 자신은 그것을 이해하지 못하는 21세기형의 그릇의 형태라 할지라도 22세기의 어린이가 영적으로 살아날 수 있는 그 그릇에 복음의 생수를 담을 수 있도록 내 자신이 준비되어 있어야 합니다. 이것이 바로 사도 바울이 의미하는 "여러 사람에게 내가 여러 모양이 된 것은 아무쪼록 몇몇 사람들을 구원코자 함이니라"는 고린도전서 9장 22절의 말씀에 관한 것입니다.[4]

다시 한번 강조하고 싶은 점은 현 세대는 '각자의 손에 맞는 독특한 형태의 장갑'이 필요합니다. 그러나 그들은 그 형태를 찾기 위해 자유로워질 필요가 있습니다. 제가(Larry) 미국의 어떤 대형교회에서 개최된 리더십 컨퍼런스에서 말씀을 마쳤을 때 어떤 여자분이 제게 다음과 같이 자신의 이야기를 나누어주었습니다.

저희 집에는 매주 20여 명의 젊은이들이 모여듭니다. 그들은 기성교회에 잘 적응하지 못하는 그러한 종류의 젊은이들입니다. 저는 그들이 바로 저희 집에서 교회를 경험하고 있다는 사실을 알고 있지만 제가 출석하는 교회와 경쟁 관계에 있다는 오해를 받고 싶지는 않습니다. 하지만 저희 집에 모여든 젊은들이 믿는 자들의 몸으로서 교회가 되어 가고 있는 것을 볼 수 있습니다.

다른 많은 사람들도 이와 같은 어려움에 직면하고 있습니다. 그들은 자신들의 집에서 역동적인 교회 공동체를 경험하고 있지만, 아직까지 진정한 교회로서 인정받고 자유함을 누리지 못하고 있습니다.

새 가죽부대가 등장하고 있습니다. 그러니 더 이상 거부하지 마십시오. 우리가 기존에 알고 있던 교회의 모습을 변화시킬 수 있습니다. 그러나 새로운 교회와 기성교회가 함께 공존할 수 있도록 우리의 마음을 활짝 열어야 합니다. 새롭게 등장하는 교회들에 자유를 부어 줍시다! 그리고 우리의 가족들과 도시와 열방을 변화시킬 수 있도록 그들의 자리를 마련해 주고 그들에게 기회를 줍시다!

STARTING A HOUSE CHURCH

제2장
다른 종류의 사람들을 위한 다른 종류의 교회

아내인 라베르네(LaVerne)와 저(Larry)는 우리가 멘토하고 있던 젊은 청년 지도자들과 한 팀이 되어서 펜실베이니아 주 중남부 지역 공동체 중 그들이 적응하고 정착할 수 있는 가장 적합한 교회를 찾고 있었습니다. 그러나 이렇게 하는 모든 노력이 그들을 마치 둥근 구멍에 네모난 못을 끼어 넣으려고 애쓰는 것처럼 부적절한 일이었습니다. 우리 지역에 있는 기성교회들 가운데 우리가 전도한 영혼들을 인도하려고 많은 노력을 해보았지만 그들은 결국 그곳에 적응하지 못하고 우리에게 불평을 토로했습니다. 1970년대 후반쯤 많은 젊은 청년들은 기성교회들이 당시 문화와는 많이 단절되어 있다고 느끼고 있었습니다.

그렇다면, 그리스도께로 돌아오지만 교회 가기를 거부하는 많은 젊은 청년들을 위해서 우리가 무슨 일을 시작할 수 있었을까요? 우리는 기성교회와는 다른 새로운 형태의 교회를 시작하기로 결정했습니다. 우리는 이 새로운 교회를 통해서 교회에 나오는 사람들이 가족과 같은 모임에 참여하고 소그룹을 통해서 자신들의 믿음을 더욱 키우면서, 미디어, 문화, 관계, 직장 및 사회 활동 등과 연결되어서 모든 사람들이 교회 안에서 무엇인가 자신들의 역량을 발휘하고 교회를 세우는 데 기여할 수 있는 기회를 제공하기로 결심했습니다.

우리는 주 중에는 작은 셀 그룹으로 만났고, 주일 아침에는 주일 예배를 통해서 축제예배로 예배를 드렸습니다. 주일 오전 예배가 점점 커져서 더 큰 건물이 필요하게 되자 매주 중간에 서로 다른 장소들에서 만나게 했고, 몇 달에 한 번씩 많은 차를 주차할 수 있는 대형 실내 체육관 등에 함께 모여 예수님의 생애를 찬양하며 예배를 드렸습니다. 그리하여 지난 10여 년간 2,300명 이상의 성도가 출석하는 교회로 성장하게 되었습니다.

우리 교회가 성장하게 되면서 전 세계에 셀 그룹 중심의 교회를 세우기를 원한다면 우리가 세운 교회를 포기하고 분리시켜야 한다는 사실을 깨닫기 시작했습니다. 그래서 우리는 우리 교회를 포기했습니다. 우리는 1996년에 펜실베이니아 주 중남부에 위치한 우리 교회를 분리시켜서 8개의 셀 중심 교회로 만들었습니다.

이러한 변화를 통해서 우리는 도브(DOVE) 국제 기독교 연합(DCFI)이라는 성장하는 교회 성장 운동을 탄생시켰고, 곧바로 15 개국에 많은 교회들을 개척하게 되었습니다.

그러나, 몇 년 후에는 이렇게 성장한 교회가 불안정한 교회처럼 느껴졌습니다. 저는 특별히 몇몇의 젊은 청년들에게서 이러한 증상을 느꼈습니다. 그들은 자신들이 적극적으로 참여할 수 있는 더 현대적인 감각의 공간을 갖춘 새로운 형태의 새 부대를 갈망했습니다. 그들은 수년 전에 우리가 경험했던 것과 똑같은 종류의 현상에 대해서 말하고 있었습니다. "우리들은 새로운 것을 찾고 있습니다. 우리는 진정으로 우리의 필요에 맞는 것이 필요합니다." 우리의 포도주 부대는 다시 낡기 시작했고, 이전에는 좋았던 것들이 많은 젊은 세대들에게는 구식으로 보였습니다.

우리는 오랫동안 고민하지 않고 새로운 형태의 교회(새 부대)들을 개척하는 방법을 찾았으며 차세대들에게 지휘권을 넘길 수 있는 절차를 밟을 수 있는 방법들을 찾아야 한다는 결론에 이르렀습니다. 우리가 이런 결론을 내리지 않았다면, 아마 우리가 그동안 이루었던 많은 업적들도 잃었을지 모릅니다.

교회를 바라보는 우리의 관점이 변화되기를 하나님께서 원하셨던 것은 아니었을까요? 하나님께서는 교회가 제자리에 머물러 있지 않고 역동적으로 성장하면서 계속 변화되도록 창조하셨습니다. 성령님께서는 각 세대의 환경과 문화에 맞는 교회를 재조명할 수 있도록 새로운 세대들을 부르고 계십니다. 성령님께서는 모든 세대가 당면한 교회의 문제점들에 대한 해답을 찾고 자신들의 시대에 맞는 교회 모델을 찾기 위해 끊임없이 노력하기를 원하십니다. 그리고 성령님께서는 그들이 하나님과 매일 새로운 교제를 나누면서 그들의 문화에 맞는 새로운 방법들에 대한 구체적인 해답들을 찾기 원하십니다.

그릇 용량의 한계

유리잔 혹은 유리병 중 물을 담을 수 있는 가장 좋은 용기는 무엇이라고 말할 수 있을까요? 사실상 각 용기들은 상황에 따라 독특하게 쓰이게 되고 각각의 용기에는 용량의 한계가 있습니다. 병에 들어 있는 물은 여러분이 이동하고 있을 때나 걸어 다닐 때 한 번씩 한 모금씩 마시고 싶을 때 편리합니다. 잔에 들어 있는 물은 저녁 식사를 하기 위해 앉아 있을 때 유용합니다. 만일 우리가 물을 담기에 필요한 유일한 용기가 물병이라고 주장한다면 사람들은 우리가 조금 제 정신이 아니라고 생각할 것입니다. 마치 서로 다른 종류의 그릇이 다른 용도에 맞게 쓰일 수 있듯이 서로 다른 종류의 교회들이 서로 다른 종류의 사람들을 섬길 수 있습니다.

우리가 특정한 형태의 **그릇**(container)만을 주장하는 것과 같이 특정한 교회 모델에 대해서 지나치게 독단적으로 생각하는 것은 현명한 일이 아닙니다. 우리는 종종 우리가 믿는 하나님께서 새로운 것을 보여주셨다고 믿을 때 지나친 열정을 가지고 도가 지나치게 생각하는 경향이 있습니다. 우리의 그릇이 교회를 개척하는 데 유일 무이한 방법이라고 고집하기도 합니다.

우리는 어떤 그릇이라 이름하는 교단을 시작하고 그 그릇들에 대한 책을 쓰기 시작합니다. 그런 다음, 그 그릇 학교를 시작합니다. 그리고 결국은 미국 회사들이 하는 것같이 새로운 특허 교회들을 만들어서 여기 저기에 동일한 이름의 교회들을 세웁니다. 사실상 중요한 것은 그릇의 종류나 크기나 이름이 아닙니다. 중요한 것은 그 안에 있는 내용물입니다. 우리들이 이름을 내걸고 우리의 그릇을 팔기 시작할 때는 하나님께서 이루시고자 하는 목적들을 성취하기 위해서 다른 것을 사용하실 것입니다.

우리가 이 책을 쓰는 이유는 단순히 교회 개척에 대한 전형적인 공식 또는 정확한 모델을 찾았기 때문이 아닙니다. 우리가 개발한 모델은 모든 사람을 만족시킬 수 있는 교회가 아니며 이러한 한 가지 모델만이 유일 무이한 방법이라고 말할 수 없습니다. 우리 중 누구도 교회를 뜯어 고칠 수 있는 것은 아닙니다.

하나님께서는 기존 교회에 있는 성도들이나 기존 교회를 변화시키는 데 초점을 맞추기 위해서 우리를 부르시지 않으셨습니다. 오히려 주님께서 오늘날 하나님의 교회를 세우기 위해서 다양한 조직들을 사용하고 있으시다고 우리는 믿습니다. 전통교회로부터 새롭게 등장하는 가정교회 네트워크까지, 하나님의 성령이 모든 하나님의 백성들에게 부어지고 있습니다.

미세교회(micro-church)와 같은 가정교회는 단지 하나님의 목적을 성취하기 위한 가장 귀한 그릇들 중의 하나에 불과하다고 우리는 믿고 있습니다. 이 그릇은 아주 단순하고, 쉽게 증가할 수 있는 그릇의 한 종류로 모든 성도들이 참여할 수 있으며 지도력을 쉽게 발휘할 수 있고 성도들의 책임감을 증진시킬 수 있습니다. 우리는 최대한으로 하나님께 영광을 돌릴 수 있으며 사람들의 삶에서 가장 큰 성장을 이룰 수 있는 교회 형태를 추구하고 있었으며 가정교회를 비롯한 미세교회들(micro-churches)이 이러한 범주에 들어가는 교회 형태라는 것을 발견하게 되었습니다.

이와 같이, 하나님께서는 오늘날 전통적인 교회 구조들을 아직까지 사용하고 계십니다. 우리는 기존의 지역교회들(community churches)과 대형교회들(mega-churches)도 하나님이 계획하신 미래에서 그 역할들을 잘 감당할 수 있도록 준비하고 계실 것이라고 믿고 있습니다. 진실로 우리는 새로운 가정교회들이 오늘날의 시대에 살고 있는 신세대에 맞는 맞춤형 교회들이라고 믿고 있지만, 하나님께서는 우리가 만든 모델들이나, 구조들 또는 계획들을 초월해서 하나님의 나라를 세우시고 계실 것이라는 사실을 잘 알고 있습니다.

더 전통적인 교회 구조 안에서 운영되는 교회들과 전통적인 구조들과 상관 없이 운영되는 교회들 모두가 필요합니다. 각 사역에 맞는 사역자들을 세우고 세상에 복음을 전하는 일은 아주 대단한 일입니다. 우리는 함께 일할 수 있는 모든 사람들이 다 필요하며 차세대 교회와 기존 교회가 함께 공존하면서 서로가 서로를 보완하기를 원합니다. 서로 힘을 합하면 이 땅에 하나님의 나라가 확장되는 더욱 더 큰 공헌을 하게 될 것입니다.

지역교회(The Community Church)

동네 상점과 같은 **지역교회들**(Community Churches)
대형교회(Mega-churches)
가정교회 네트워크(House-Church Networks)

우리는 '지역교회들(community churches)'이라고 부르는 기성교회들을 전 세계 어느 도시를 가든지 발견할 수 있습니다. 대부분의 교회들은 매주일 아침마다 교회 건물에서 만나고 주중에도 교회 부속 건물에서 또 만납니다. 매우 다양한 형태와 특징을 갖춘 다양한 공동체형 교회들이 많이 존재하고 있습니다. 감리(Methodist)교회, 침례(Baptist)교회, 회중(Congregational)교회, 감독(Episcopal)교회, 장로(Presbyterian)교회, 빈야드(Vineyard)교회, 하나님의 성회(Assmbly of God)교회, 초교파(Nondenominational)교회, 독립(Independent)교회 등 매우 많이 존재하고 있습니다.

어떤 교회들은 캘빈주의 교회들이며, 어떤 교회들은 아르메니안주의 교회들입니다. 또 어떤 교회들은 예배 가운데 성령의 강한 역사를 강조하며, 또 어떤 교회들은 전통적인 예배를 강조합니다. 어떤 교회들은 신학적으로 세대주의를 따르고 있으며, 또 다른 교회들은 반세대주의를 따르고 있습니다. 어떤 교회들은 셀 그룹 중심으로 모이고 있으며, 또 어떤 교회들은 초신자들이 예수 그리스도를 잘 따를 수 있도록 도움을 주는 '새신자 중심 예배'와 기존의 성숙한 성도들을 위한 예배를 따로 드리는 교회들도 있습니다. 우리는 이러한 독특한 형태들로 구성된 그리스도의 몸 된 많은 교회들을 사랑합니다. 만일 각 교회들이 똑 같은 형태로 예배를 드린다면 정말 지루할 것입니다.

저희(Larry) 가족들은 펜실베이니아 주의 조그만 랭커스터 지역에 살고 있습니다. 이 도시에서만도 600여 개의 공동체형 지역교회들이 있으며 모든 교회들이 거의 똑같은 형태의 교회이며 우리가 보지 않아도 쉽게 상상할 수 있는 교회들입니다. 이러한 교회들의 성도 수가 보통 50명에서 200명 정도들인 교회들이 대부분이며 가끔 출석 성도 수가 400~500명 이상 또는 800~900명이 넘는 교회들도 있습니다. 비록 다양한 크기의 공동체형 지역교회들이 있을지라도, 이들 모두 사람들이 모여 사는 중심가를 겨냥하고 있습니다. 많은 경우 출석하고 있는 성도들과 교회에서 겨냥하고 있는 사람들은 거의 인구 밀도가 높은 지역에 살고 있습니다.

동네 상점과 같은 지역교회

지역교회들은 그 지역의 동네 상점들과 같습니다. 당신은 주로 어느 곳에서 식료품을 구입합니까? 물론 동네 가까이에 있는 식료품 상점에서 구입하실 겁니다. 조그만 구멍가게일 수도 있고, 체인이 있는 대형 마트일 수도 있습니다. 당신은 가게 종업원도 알고 있으며 원하는 상품이 어느 곳에 위치하고 있는지도 잘 알고 있을 것입니다. 어떤 대형 마트들은 다른 상점들보다 훨씬 크기 때문에 식료품 코너는 아마 대형 마트의 한쪽 구석에 위치하고 있을 것입니다.

당신은 집에서 가까운 거리에 있는 동네 상점에 자주 갑니다. 이와 같이, 지역교회들은 소도시의 정서에 맞게 그 지역을 섬길 수 있는 장소들입니다. 이것은 마치 소수의 사람들만이 식료품을 사기 위해서 멀리 있는 대형 마트나 백화점을 찾는 것처럼, 많은 사람들이 집에서 멀리 떨어져 있는 교회에서 매주일 예배를 드리는 것보다는 집 가까이에 있는 지역교회에 출석하는 이치와 비슷합니다. 마치 지역의 식료품 상점들이 거리와 교통 수단이 편리한 이점이 있듯이 지역교회도 동일한 이점을 가지고 있습니다.

30년 전, 미국의 모든 교회들은 출석 성도수가 50여 명에서 1,000명 정도인 지역교회들이 많았습니다. 당시에 미국 기독교인들과 목사님들은 한국에 있는 대형교회들이 성장하고 있다는 소식을 접하게 되었습니다. 한국의 서울에는 10만 명이 넘는 성도를 자랑하는 여의도 순복음 교회가 있습니다. 이 교회는 지속적으로 성장해 2003년 통계에 의하면 78만 명이 넘는 성도를 가진 세계 최대의 교회를 이루었다고 합니다.[5]

서울에 있는 세계 최대 규모의 여의도 순복음 교회의 담임을 맡고 있는 조용기 목사님은 미국에 있는 교회들을 방문해서 미국의 목사님들도 '기도와 순종'을 통해서 대형교회로 성장시킬 수 있다고 설명해 주었습니다. 조용기 목사님은 교회 지도자들에게 성령님의 음성에 순종하고 셀 그룹과 같은 소그룹을 위해서 지도자들을 많이 훈련시켜서 하나님의 사역을 그들에게 맡겨야 한다고 가르쳤습니다. 소그룹들을 통해서 교회는 급속도로 증가하게 되고 성장하게 됩니다.

대형교회(The Mega-church)

동네 상점과 같은 **지역교회들**(Community Churches)
대형 월마트(Wal-Mart)와 같은 **대형교회들**(Mega-Churches)
가정교회 네트워크(House-Church Networks)

지난 20세기에 등장한 새로운 가치관들이 미국의 도시 중심부와 외곽에 위치한 많은 대형교회들에 파도처럼 영향을 미치며 주도하기 시작했습니다. 대부분 이러한 교회들은 셀 그룹을 통해서 성장한 교회들입니다. 예를 들면, 오클라호마 주의 툴사(Tulsa) 시에 세워진 빅토리 기독교 센터(Victory Christian Center)는 대형교회로 성장하면서도 25년 이상 동안 셀 그룹을 지속적으로 잘 돌보고 있습니다.

최근 미국에서는 대형교회에서 드리는 예배에 참석하기 위해서 한 시간 이상 운전해서 가는 사람들이 많아지고 있습니다. 대형교회는 다양한 프로그램들과 예배들을 제공하고 있습니다. 중독자들을 위한 프로그램, 성경학교, 콘서트, 주일학교, 청년 및 싱글 사역 등 가족 한 사람 한 사람에게 알맞은 모든 예배들과 사역들을 갖추고 있습니다. 많은 프로그램들을 갖추고 있는 대형교회들은 아주 세련된 예배들을 즐기며 이들 교회들만이 가지고 있는 규모와 예배 음악 등에 매료된

베이비 붐 세대에 속하는 사람들을 많이 끌어들이고 있습니다.[6]

이러한 교회의 대형화 현상은 그동안의 미국 교회들이 가지고 있던 특성을 바꾸어 놓았습니다. 유명한 성경 강사인 제이크스(T. D. Jakes) 목사는 웨스트 버지니아에서 텍사스 주의 댈러스 시로 이사했을 때 자신의 가족들과 50여 가정이 함께 대형교회를 개척한 다음 새로운 교회의 이름을 '토기장이의 집(The Potter's House)' 이라고 지었습니다. 18개월 만에 그 교회는 출석 성도가 1만4,000명이 넘는 교회로 크게 성장했고 미국에서 가장 급속도로 성장하는 대형교회 중의 하나가 되었습니다. 〈크리스처니티 투데이(Christianity Today)〉지는 "캘리포니아의 미션 비에조(Mission Viejo)에 있는 새들백 교회(Saddleback Valley Community church) 및 일리노이드 주의 시카고 근교인 사우스 배링톤(South Barrington)에 위치한 윌로 크릭 교회(Willow Creek) 등과 같은 교회들이 몇 년 만에 대형교회가 되었다" 라는 기사를 내보냈습니다.[7]

대형교회들이 급성장한다는 사실을 부인할 수 없습니다. 하트포드(Hartford) 신학교의 하트포드 종교 연구소에서 실시한 2005년 연구 조사에 의하면, "미국에서 매주 출석 성도가 2,000명이 넘는 교회는 1,220개 정도 되며 5년 전에 비하면 약 2배가 성장했다"[8]고 합니다.

월마트(Wal-Mart)와 같은 대형교회

잠깐 동안 대형교회를 '월마트형 대형 상점 교회'라고 불러보기로 하겠습니다. 월마트는 폭풍우처럼 미국을 점령해 왔습니다. 약 25년 전만 해도 월마트는 주로 미국의 남부 지방에서나 볼 수 있는 백화점의 한 체인이었습니다. 그러나 현재 월마트는 전 세계에 퍼져 있습니다. 사람들은 가격이 저렴하고, 대량의 소비 상품들을 구매할 수 있는 월마트에서 쇼핑하기 위해 자동차로 몇 시간이 걸리는 거리를 운전해서 갑니다. 이렇게 사람들이 월마트를 찾는 이유는 한 번에 한 장소에서 그들이 원하는 모든 것을 얻을 수 있기 때문입니다.

월마트형 대형 상점들과 같은 대형교회들은 매우 크기 때문에 교회를 다니는 사람들에게 매우 다양한 예배들을 충분히 제공할 수 있습니다. 마치 월마트처럼 모든 것들을 한 장소에서 접할 수 있습니다. 그러나, 대형교회를 다니는 성도들은 모든 교회 성도들이 서로를 잘 아는 작은 지역교회와는 달리 겨우 소수의 사람들만 서로 잘 알고 지냅니다. 모든 사람들이 서로 다른 필요들이 있어서 어떤 사람들은 월마트에서 쇼핑하는 것을 매우 좋아하지만 또 다른 사람들은 월마트에 가는 것조차도 싫어하는 사람들이 있습니다. 이 시대는 진실로 사람들이 어떤 교회에 출석해야 할지 잘 결정할 때가 온 것 같습니다. 어떤 사람들은 대형교회를 좋아하고 어떤 사람들은 그런 큰 교회에서는 소외되는 것 같아서 조그만 지역교회들을 선호합니다.

1980년에 저(래리)는 주중에는 가정집들에서 셀 그룹으로 중심으로 모이고 주일 아침에는 함께 모여서 대예배를 드리는 한 교회에서 목회를 시작했습니다. 우리 교회는 셀 그룹 구조를 이용해 지속적으로 대형교회 정도의 규모를 갖춘 교회가 될 때까지 성장했습니다. 우리 교회 성도들 대부분이 주일 대예배에 참석하기 위해 한두 시간이나 되는 거리를 운전해서 왔습니다. 성경학교, 역동적인 청년 사역, 싱글들 및 이혼을 겪은 가정을 돌보는 사역들, 단기 선교 사역 및 기타 특수 사역들이 많이 진행되었습니다.

전 세계 최대 교회의 담임을 맡고 계신 조용기 목사님께서도 우리 교회에서 진행되는 지도자 회의에서 말씀을 전해 주시기 위해서 방문하신 적이 있었습니다. 우리 교회는 대형교회가 되면서 영적인 월마트가 된 듯한 느낌이 들었으며, 그곳을 섬기는 동안 저도 그것을 자랑스럽게 생각했습니다. 그러나 저는 각 사람들에 맞는 서로 다른 형태의 교회들이 필요하다는 것도 인식하기 시작했습니다. 한때는 대형교회에서 목회하는 것을 자랑스럽게 생각했고 또한 여러 가지 중소형의 지역교회들에 대해서 감사하다는 생각도 했지만 가정교회 네트워크에

가정교회 네트워크(House-Church Networks)

동네 상점과 같은 **지역교회들**(Community Churches)
월마트 대형 상점과 같은 **대형교회들**(Mega-churches)
많은 상점들과 함께 공유하는 쇼핑 몰과 같은 **가정교회 네트워크**(House-Church Networks)

대해서 더 할 말이 많이 있습니다.

몇 년 전에 저(래리)는 16세인 아들 조쉬(Josh)를 홈스쿨(home-school)을 통해서 공부를 시키기로 마음 먹었습니다. 약 35년 전만 해도 저의 아들을 홈스쿨을 통해 지도하겠다고 사람들에게 말했다면 아마 저는 새로운 이교도에 관련되어 있는 이상한 사람으로 오해받았을 것입니다. 미국에서 35년 전만 해도 홈스쿨이라는 교육 제도가 존재하지 않았습니다. 그럼에도 불구하고 홈스쿨을 지지하던 사람들은 미국의 교육제도에 이러한 홈스쿨 제도를 도입할 수 있도록 많은 노력을 기울이게 되었고, 이 제도는 기존의 학교 교육을 대체할 만한 제도로 수용되고 정착되면서 보편화되었습니다. 오늘날 미국에서는 부모들이 홈스쿨, 공립학교, 또는 사립학교 중 어느 한 가지 교육 제도를 통해서 자녀들을 교육시킬 수 있는 선택의 폭이 주어집니다. 이 세 가지 교육제도 모두가 미국의 거의 모든 주들과 지역 사회에서 실시되고 있습니다.

마치 홈스쿨 현상이 1980~1990년 사이에 미국 전역에 우후죽순처럼 일어났듯이 향후 몇 년 이내로 가정교회 네트워크가 활성화될 가능성이 많이 있습니다. 우리가 교육제도를 선택해서 자녀 교육을 잘 시킬 수 있듯이 가정교회들은 네트워크를 통해서 공존하게 될 것이며 매주일 지역사회에서 전통적인 교회 건물에서 주일 예배를 드리는 중소형의 지역교회들과 대형교회들을 연결하게 될 것입니다. 우리들은 하나님께서 세 가지 형태의 교회들, 즉 중소 지역교회, 대형교회, 그리고 가정교회 네트워크 등 이들 모두를 사용하시며 축복하시리라 믿습니다.

지역교회는 동네 상점으로 비유되고 대형교회는 월마트형 대형 상점으로 비유되는 반면에 가정교회 네트워크는 쇼핑몰에 있는 많은 작은 상점들에 비유될 수 있습니다. 만일 쇼핑몰에 있는 작은 상점들이 쇼핑몰에서 나와서 개별적으로 운영된다면 아마 1년이 채 되기도 전에 이 상점은 파산하게 될 가능성이 있습니다. 이는 작은 상점들 하나 하나가 독특하지만 다른 상점들과 연합할 때 아름답게 조화를 이루면서 존재할 수 있기 때문입니다. 쇼핑몰의 상점들은 자신들이 존재하기 위해서 다른 상점들이 함께 필요하지만, 큰 쇼핑몰이라는 테두리 안에서 각 상점들은 독립적인 '상점'으로 존재하게 됩니다.

가정교회들은 쇼핑몰의 상점들과 같은 기능을 합니다. 즉 그들은 개별적이면서도 독특한 개성들이 강하게 있지만 그들은 다른 가정교회들과의 네트워크를 통해서만 성장할 수 있습니다. 가정교회들이 어떻게 네트워크를 하는지에 관해서는 다음 장에서 설명하기로 하고 우선은 각 가정교회가 어떻게 교회로서의 역할을 감당하는지를 설명하겠습니다.

가정교회들은 독특한 개성이 있다

가정교회에 대한 개념을 이해하기 위해서 우리는 기존에 가지고 있던 사고 방식에서 벗어나서 새롭게 다시 생각해야 합니다. 가정교회와 같은 미세교회들에 다니는 성도들은 중소 지역교회나 대형교회처럼 가정교회의 크기가 커가는 데 초점을 두지 않습니다. 그들은 더 많은 새로운 가정교회들이 탄생하는 데 더 관심이 있습니다.

가정교회들은 크기가 작기 때문에 집에서든 대학교 기숙사든 커피숍이든 회사 회의실이든지 장소에 상관없이 모임을 가질 수 있습니다. 이러한 장소들에서 만날 때 그 크기가 커져서 더 많은 사람과 그룹들을 수용할 수 있는 건물들을 건축해야 한다는 부담이 없습니다. 그대신, 그들은 "어떻게 하면 우리가 지도자들을 더 많이 양성하고 더 많은 가정교회들을 시작할 수 있을까?" 또는 "어떻게 하면 각 가정교회 지도자들이 더 잘 연합해 협력할 수 있을까?"라는 질문들을 던지곤 합니다.

던(DAWN)이라고 불리는 "포화(saturation) 교회 개척 사역(마을, 도시, 지방 혹은 국가 안에서 열방을 제자화할 수 있는 모든 사람들과 쉽게 접촉할 수 있는 한 교회를 세우기 위해서 그리스도의 사람들을 동원하는 데 목표를 둔 사역)"은 다음과 같은 사항을 분명히 명시했습니다.

가정교회는 교회의 핵심적인 특성을 반영하는 구조입니다. 영적으로 확장된 유기적인 가족입니다. 교회는 본질적으로 참여 중심적이며 소비자-공급자 형태의 구조가 아닙니다. 이런 책임적인 구조는 매우 단순하며 효과적입니다. 개별적인 가정교회들은 5가지 직임(사도, 선지자, 복음 전도자, 목사, 및 교사)에 속한 사역자들과 같이 순회하는 사역자들로 훈련받은 장로들이 아버지의 마음으로 관리하게 됩니다(엡 4:11-13 참조). 비록 그들은 자신들의 소박한 사도적인 열정과 비전을 가지고 그 지역의 영적 아버지로서 예수님 당시의 도시들과 마을들을 가득 채웠던 지역적인 운동이 닻을 내리던 장소에서 '교회의 기둥'과 같이 중요한 사람들이 되었습니다. 교회는 하나님의 사람을 일컫습니다. 그래서 교회는 일반 가정에 있는 사람들이 있는 가정집에서 이루어졌고 또한 현재에도 이런 가정집에서 이루어지고 있습니다.[9]

다시 "기도하고 순종해야 할" 때입니다

시간은 계속해서 흘러가고 있습니다. 수년 전에 새롭고 독특했던 것이 요즘에는 다시 헌 가죽 부대가 되어버렸습니다. 다시 기도하고 순종해야 할 때가 왔다고 우리는 믿습니다. 미국에 있는 현 세대는 또 다른 형태의 교회인 가정교회를 꿈꾸고 있습니다.

요즘 우리는 어디를 가든지 지역 상점 교회와 월마트형 대형교회를 발견할 수 있습니다. 주님께서는 이런 교회들을 계속 사용하셨고 앞으로도 계속해서 사용하실 것입니다. 그러나 주님은 하나님의 나라를 세우기 위해서 다른 예배 형태와 구조를 가지고 있는 새로운 가정교회들도 사용하실 것입니다. 우리는 미국 전역에 작고 보잘 것 없는 가정교회가 조용히 성장하면서 혁명적인 바람을 일으키고 있는 것에 우리 마음의 문을 활짝 열어야 합니다. 이 작은 그리스도의 몸된 교회는 미국에서 예수 그리스도의 교회에 새로운 활력을 주고 급속하게 성장할 수 있는 가능성을 다분히 가지고 있습니다.

STARTING A HOUSE CHURCH

제3장

가장 효과적인 전도 방법 : 새로운 모델의 교회를 시작하라!

건강한 가정교회가 되기 위해서 중요한 점은 교제에만 치중하는 것이 아니라 전도와 제자 양육이라는 두 가지 중점 사역을 하는 것입니다. 이는 교회가 반드시 해야 하는 성경적으로 중요한 사역들이 전도와 제자양육이기 때문입니다. 성도의 교제는 가정교회가 지속적으로 다른 사람들을 전도해 나아갈 때 자연스럽게 이루어지는 건강한 부산물과 같은 것이지 하나님을 온전히 기쁘시게 해 드리기 위해서 가정교회들이 반드시 이루어야 할 중요한 목표가 될 수 없습니다.

기도와 교제는 가정교회 내부의 필요를 채우고 관계들을 형성하기 위한 것이지만 최고의 우선 순위는 항상 예수 그리스도를 모르는 사람들을 전도해서 데리고 오는 데 있습니다. 이것은 가정교회가 성숙하고 스스로 재생산할 수 있으며 지도력 개발을 위해 더 많은 사람들을 배치시킬 뿐 아니라 잃어버린 영혼들을 구원하고 제자화할 수 있도록 주님께서 주신 은사들을 사용할 수 있는 기회를 더 많은 성도들에게 주는 데 사용될 것입니다. 교회가 단순히 일주일에 한 번을 위한 기능을 가지고 있고 또 성도들이 그것을 방관자의 모습으로 관람만 하는 대신에 그들이 다른 사람들을 전도하기 위한 공통의 목표를 달성하기 위해서 그 공동체에 속한 모든 사람들이 적극적으로 교회의 각 부분을 맡아서 일해야 합니다.

그리스도 안에서 영적인 성장을 위해 가장 중요한 점은 자신만 바라보던 우리의 시선을 예수님께 돌리고 우리 주변의 필요들에 돌리기 시작하는 것입니다. 자기 자신만을 항상 바라보던 사람들과 현재 일어나는 현상들에만 관심을 가지고 만족하던 일단의 사람들은 결코 성장하지 못하고 교회를 배가시키지 못할 것입니다. 가정교회들이 똑 같은 모습으로 머무르며 만족하게 된다면 자기 자신들만의 벽을 세우는 것이 될 것이고 다른 사람들이 들어왔을 때 그들은 환영받지 못한다고 느끼게 될 것입니다. 반면에, 새 신자들을 전도하고 제자 양육을 위한 열정이 있는 그룹은 그 과정에서 엄청난 교제와 의미 있는 관계들을 진행시켜 가게 될 것입니다. 발톱이 살을 파고 들어가면서 고통을 유발시키는 것처럼 내면만을 바라보게 되면 성장하는 것이 방해받지만 바깥에 초점을 두게 되면 모든 사람에게 결국 유익을 주게 되었다고 이 과정을 통해서 고백할 수 있게 될 때가 올 것입니다. 내부만을 바라보는 것은 결국 서로 경쟁하는 것과 정체되는 것, 혹은 더 악하게는 영적인 교만에 빠지게 되는 결과들을 초래할 수 있습니다.

가정교회의 목적에 대해서 어떤 사람들은 동의하지 않을 수 있다고 생각됩니다. 그러나 교회가 하나님께 영광을 돌리고 사람들에게 예수 그리스도를 소개하는 데 존재한다고 우리가 말할 때 성경적인 근거에서 가정교회를 세운다고 우리는 믿고 있습니다. 요한복음 15장에서 예수님께서 제자들에게 하나님의 나라의 세 가지 중요한 가치관이 있다고 선포해 주셨습니다. 첫 번째는 하나님 아버지의 사랑 안에 매일 거하면서 안식하는 것이고, 두 번째는 서로가 사랑하는 것이며, 세 번째로는 세상 가운데서 그분을 증거하는 것입니다.

예수님의 지상 명령이 예수님의 첫 번째 제자들뿐만 아니라 모든 기독교인들에게 주어졌습니다. 예수님께서 제자들에게 선교 사명을 가지고 세상 가운데 가라고 명령하셨을 때 그것이 좋은 생각인지 아닌지를 판단해 보라고 말씀하지 않으셨습니다. 예수님의 제자들인 우리들은 보냄을 받은 사람들입니다. 하나님께서는 독생자인 예수님을 알고 사랑하고 순종하는 것을 통해서 그분의 목표를 성취하시기 위한 유일한 방법을 계획하고 계십니다.

우리가 가정교회에서 함께 동역하게 된다면, 잃어버린 영혼들을 전도하고 제자 양육을 하는 데 매우 다양하고 창조적인 방법들이 더 계발되리라 믿습니다. 그리고 한 가지 놓치지 말아야 할 것은 분명하고 확실한 비전인 주님의 지상명령을 수행하는 데 우리가 부르심을 받았다는 사실입니다. 단순히 일주일에 한 번씩 가정교회 모임에 참석하고 거리에 나가 한 번씩 전도하는 것으로 주님의 지상 명령을 완수하기는 어렵습니다. 가정교회들의 성도들로서 우리 자신의 문제들에서 벗어나서 우리가 영향을 미칠 수 있는 세상 가운데 예수 그리스도의 제자들을 양육해 나갈 때 주님의 지상 명령이 완성되기 시작합니다. 이러한 과정을 통해서 하나님께서 창조적인 사고와 기회들을 더 많이 주시는 것을 우리는 발견하게 될 것입니다.

만일 이러한 전도 활동의 기회들을 통해서 아무런 전도의 열매를 맺지 못하는 것처럼 보일지라도 우리는 단순히 가정교회의 구성원이라는 차원을 넘어서 예수님을 모르는 사람들에게 지속적으로 관심을 가질 때 가정교회 공동체는 영적인 활력이 넘치게 됩니다. 하나님께서 우리에게 부여하신 선교의 비전 및 건강한 관계 등에 대해서 중요한 가치로 여기는 사람들이 많은 공동체는 살아 있는 공동체입니다. 우리가 의도적으로 이러한 공동체를 세워 감에 따라서 사람들의 삶 속에서 더 영향력을 미칠 수 있게 될 것입니다.

그러므로, 가정교회의 핵심은 하나님의 선교입니다. 전 세계가 선교 대상지역이며 경제계, 교육계, 예술계 및 연예계, 정치계, 과학 분야, 산업계 및 시장 등 모든 분야가 선교의 대상 분야들입니다. 교회에 속한 어떤 사람들은 다른 나라에 가서 잃어버린 영혼들을 위해서 선교사로 나가고 또 어떤 사람들은 직장이나 학교의 잃어버린 영혼들을 위해서 세상의 선교사로 나갑니다. 우리가 살며 일하고 누리고 있는 모든 '세상(world)'은 바로 하나님께 속한 세계입니다. 예수님께서 말씀하시기를 우리가 그리스도인으로서 모든 세상으로 나아갈 때 그것이 바로 주님께서 정확하게 원하시는 것이라고 말씀하십니다. 그리고 주님께서 "내 아버지께서 나를 보내신 것같이, 나도 너희들을 보내노라"고 말씀하실 때, 그분께서 진실로 우리가 선교하러 나가기를 원하셔서 하시는 말씀입니다.

새로운 모델의 교회는 예수 그리스도를 전할 수 있는 더 많은 기회들을 제공할 것이다

국제 추수 선교회(Global Harvest Ministries)의 지도자이신 피터 와그너(Peter Wagner) 박사는 "전도하기 위한 가장 효과적인 방법은 새로운 교회를 개척하는 것이다" 라고 말씀하셨습니다.[10]

미국의 풀러 신학교(Fuller Theological Seminary)에서 발표한 연구 논문에 의하면 개척한 지 10년 정도된 교회에서 1명을 전도하는 데 약 85명의 성도가 필요하다고 발표했습니다. 개척한 지 4~7년 정도 된 교회에서는 1명을 구원하는 데 약 7명의 성도가 필요합니다. 그리고 개척한 지 3년 이내의 젊은 교회에서는 1명을 구원하는 데 3명의 사람이 필요합니다(아래의 표를 참조하십시오).[11]

우리는 이 연구 결과들을 통해서 많은 사실을 알 수 있습니다. 새로운 교회를 개척하는 것은 더 많은 사람을 전도할 수 있는 가장 효과적인 방법입니다. 교회 개척은 우리의 신앙을 계속해서 살아 있게 하고

교회의 나이	성도/구원되는 영혼 비율
10년	85:1
4~7년	7:1
3년	3:1

우리의 목표를 분명하게 합니다. 가정교회와 같은 미세교회들이 개척될 때마다 한 지역에서 이 작은 교회들이 더 많이 급속히 생성될 수 있도록 하나님께 간절히 기도할 수 있습니다. 이렇게 작고 단순한 교회들이 네트워크를 형성하며 성장해 나갈 때, 복음을 가지고서 많은 사람들에게 전도할 수 있는 더 많은 기회들이 형성될 것입니다.

가정교회들의 네트워크 안에서 어떤 교회들은 다른 교회들보다 더 많이 전도의 열정을 가질 것이고, 교회 안에서 이루어진 인간 관계를 통해서 서로 더욱 의지하게 될 것입니다. 이러한 사실을 우리가 충분히 이해할 수 있는 일이지만 우리는 모르는 많은 사람들에게 그분의 사랑을 전하고 나누라는 예수님의 지상 명령을 결코 잊어버려서는 안 됩니다. 우리 모두는 주님의 마음으로 그리스도를 믿지 않는 많은 영혼들에게 다가가도록 주님으로부터 전도의 사명을 받았습니다. 각각의 미세교회들은 잃어버린 영혼들을 찾고 구원하라는 예수님의 지상 명령이라는 목표를 향해 계속해서 전심전력을 다해야 할 것입니다.

대부분이 새신자들로 구성되어 있는 온타리오 주의 케스위크(Keswick)라는 도시에 있는 한 가정교회가 좋은 예라고 할 수 있습니다. 그 교회 성도들은 교회 분위기를 더욱 편안하게 만들었습니다. 그러한 교회 분위기 때문에 전도해 온 불신자들이 쉽게 그 교회의 '가족'이 됩니다.

이렇게 전도된 새신자들은 자기가 알고 있는 다른 믿지 않는 사람들과 믿는 사람들을 이 가정교회 모임에 초대하게 됩니다. 그들과 함께 좋은 시간을 보내면서 자신들의 삶에 대해서 이야기를 나누고 성경 말씀이 삶 속에서 어떻게 적용되는지를 나누는 시간을 갖습니다. 이런 모임에 참석하는 사람들을 비롯해 많은 사람들이 자신들의 영성이 삶에 실제적으로 어떻게 적용되는지를 알고 싶어합니다. 그들은 자신들이 입으로 말하는 사실이 실천적인 행동으로 삶 가운데 나타나기를 원하고 있습니다. 그래서 가정교회들은 이렇게 진실한 삶을 충분히 나눌 수 있는 진정한 교제 장소가 되고 있습니다.

온타리오 주에 있는 가정교회들이 보여 주듯이 믿는 성도들이 그리스도를 위해서 다른 사람들에게 영향력을 미치기 위해서는 많은 시간이 필요하지 않습니다. 그러나, 어떤 사람들은 기독교인들이 자녀들을 많이 둘 때 기독교인 인구가 많이 성장할 것이라고 주장하기도 합니다. 가끔 어떤 사람들은 그들이 예수님을 믿게 될 때 삶 속에서 혼란스러움을 경험하기도 합니다. 또한, 우리 모두는 영적으로 성장할 때 혼란스러움을 경험할 때도 있습니다. 그렇지만 영적인 아기들을 교회로 데리고 오십시오! 잠언 14장 4절 말씀에, "소가 없으면 구유는 깨끗하려니와 소의 힘으로 얻는 것이 많으니라"고 했습니다. 우리는 추수하기를 원하고 그래서 어떠한 혼란이라도 감수할 수 있는 용기가 있습니다.

어떤 사람들은 교회가 더 많이 **필요하지 않다고** 말하기도 합니다. 그러나, 우리는 교회가 왜 **필요한지**를 지금부터 설명해 보이겠습니다. 앞에서 언급했듯이, 현재 600개 이상 되는 교회들이 존재하는 펜실베이니아 주 랭커스터(Lancaster) 라는 도시는 역사적으로 종교성이 강한 지역입니다. 그곳에는 무수히 많은 교회들이 존재합니다. 그러나, 이들 각 교회들의 현재 출석 성도수의 비율은 이 도시 인구의 17%에 지나지 않습니다.

만일 이 도시에서 올해 25명의 성도들이 있는 새로운 가정교회 800개가 시작되었다면, 교회 성도 수는 전체 인구의 약 21.5%에 이르게 될 것입니다. 이것은 새로운 관점을 우리에게 보여 줍니다. 더 많은 지역교회와 더 많은 대형교회와 더 많은 가정교회들이 그리스도를 모르는 사람들을 전도하기 위해 서로 협력해야 할 필요가 있다는 사실입니다.

비록 미국 사람 중에서 교회를 정규적으로 출석하는 비율이 40% 정도된다는 통계를 몇 년간 들어왔지만 우리들은 그 통계에 동의하지 않습니다. 펜실베이니아 주 랭커스터 시에서 일어나고 있는 일이 미국에서 일어나고 있는 교회 출석 성도들에 대한 사실을 보여 주고 있습니다.

1900년에서 2000년까지 미국 전체 인구가 13.2 % 증가하는 동안 전체 교회 출석률은 단지 3%만 증가했습니다. 2000년에서 2004년까지 미국 전체 인구는 4% 정도로 약간 느리게 증가했지만 교회 출석률은 0.8%가 증가했습니다. 통계에 의하면 2020년까지 미국 인구의 14%만이 교회를 다니게 될 것이고, 교회 2050년까지 10% 미만으로 떨어질 것이라고 합니다.[12]

미국은 급속도로 탈기독교 국가가 되어가고 있습니다. 미국을 깨우쳐서 복음화가 다시 일어날 수 있도록 해야 할 필요성이 있습니다.

미국의 복음화가 다시 일어날 수 있는 최선의 방법은 무엇일까요? 사람들의 일상 생활에 밀접하게 연결되어 있는 새로운 교회가 필요합니다. 어떤 사람들은 예수님을 따르는 것이 무엇인지 배우기 위해 단지 크고 비인격적인 모임에 가기도 하지만 대다수의 미국인들이 그분을 따르는 사람들과 개인적인 관계들을 통해 그리스도 안에서 믿음이 성장하게 된다고 믿습니다. 또한 작고, 단순하고, 건물 중심으로 되어 있지 않고, 목회자 중심이 아니라 가족적인 친근한 관계를 바탕으로 하는 공동체들이 미국을 다시 복음화시킬 수 있는 중요한 요소들 중의 하나일 것이라고 믿고 있습니다.

최근 어떤 대형교회 목사님과 대화하는 가운데 저(플로이드)는 대형교회들이 수적으로 증가하면서 미국에 영향을 미치고는 있지만 전체적으로 기독교가 설 자리를 잃어가기 때문에 그 결과는 잘못된 것이었다고 표현했습니다. 그 목사님은 제 말을 믿으려 하지 않았습니다.

대형교회들이 성장하고 있기 때문에 교회들이 성장하고 있다고 한다면 이것은 잘못된 표현입니다. 진실은 이보다 훨씬 적은 비율의 미국 사람들이 크고 비인격적인 교회 모임들에 참석하기를 원한다는 것입니다. 그들은 더 많은 교회들을 찾아서 헤매고 있습니다. 미국에서 대형교회가 증가하고 있지만, 전체적인 교회 수나 그리스도를 따르는 사람들의 수는 더 감소하고 있습니다.

건강한 가정교회들은 급속도로 증식한다

가정교회와 같은 미세교회 모델은 더욱 진실한 관계를 형성할 수 있습니다. 더 깊고 자연스러우면서도 책임감 있게 제자 양육을 할 수 있습니다.

또한 지도자를 빨리 양성시킬 수 있으며 모든 성도들이 참여할 수 있는 장점들이 있습니다. 이러한 이유들로 인해 가정교회 네트워크들을 통해서 더 많은 가정교회들이 급속도로 증식할 수 있습니다.

데이비드 게리슨(David Garrison)은 〈하나님의 교회 개척 배가 운동(Church Planting Movements)〉이라는 그의 책을 통해서 다음과 같이 기록하고 있습니다.

> 교회 개척의 은사가 있는 분들은 교회 개척에 관해서 '탄생'과 관련된 단어들을 써서, "새로운 교회가 탄생하는 데 얼마나 걸릴까요?" 라는 질문을 던지곤 합니다. 이 임신기간은 마치 동물의 왕국에서와 같이 각 나라마다 다릅니다. 전형적으로 아기 코끼리가 탄생되는 데 약 22개월의 잉태기간이 걸리고 토끼는 3개월마다 새끼를 낳을 수 있습니다. 교회 개척 운동들은 마치 토끼들의 잉태기간과 비슷합니다![13]

미세교회들은 수적으로 증가할 수 있는 엄청난 가능성이 있다는 사실을 쉽게 발견할 수 있습니다.

제한된 지역에서는 교회들이 가정집에서 만나게 된다

미국의 많은 도시들 대부분이 도시 개발 제한 구역으로 묶여 있어 교회 건물 건축을 더 이상 허가하지 않습니다. 도시 인구 증가로 인해서 교회 건물을 세울 수 있는 부동산을 획득할 수 없는 상황입니다. 가정교회들은 이러한 딜레마에 대한 분명한 해답입니다. 시청과 싸우는 대신에 작고 단순한 교회 공동체들의 숫자들을 증가시킬 수 있는 기회를 잡아야 합니다.

어떤 나라들은 교회 건물에서 예배 드리는 것이 법적으로 금지되어 있기 때문에 어쩔 수 없이 가정교회를 시작해야 합니다. 제(래리)가 쓴 〈셀그룹 리더십(House to House)〉[14]이라는 책에서 저는 정부의 강압으로 지하교회로 모여야 하는 에티오피아의 교회들에 대한 이야기를 기록했습니다. 1982년 에티오피아의 복음주의 교회의 절반 이상이 정부의 강압과 법적 금지 및 핍박 등을 통해서 문을 닫게 되었습니다. 예를 들면, 메세레테 크리스토스 교회(Meserete Kristos Church)는 완전히 법적으로 금지당하고 모든 교회 건물들도 압수당해서 다른 용도들로 사용되었고 그 교회의 뛰어난 지도자들이 혐의도 없으면서 재판도 받지 못한 채 몇 년 동안 감옥 생활을 해야 했습니다.

그 당시 메세레테 크리스토스 교회 성도의 수는 약 5,000명에 달했습니다. 이런 핍박의 불덩이가 해마다 더 뜨겁게 달아오르게 되면서 그들은 비밀리에 가정집들에서 그룹으로 만날 수밖에 없었습니다. 그리고 약 10년이 지난 다음, 막심(Marxist) 정권이 무너졌고 1980년대 초에 교회의 문을 닫아버렸던 정부 관료들이 하나님의 백성들을 다시 교회 건물에 모일 수 있도록 도와주었습니다. 그런데 놀라운 사실은 '지하교회'로 숨어서 예배를 드리는 동안 5,000명이었던 성도수가 무려 5만 명이 넘는 성도로 증가하는 성장을 이루었다는 것입니다!

핍박을 받는 동안, 믿는 사람들은 소그룹 형태로 이 가정에서 저 가정으로 옮겨 다니면서 모임을 가졌습니다. 수백 명의 성도들이 이러한 소그룹 가정교회들의 사역에 동참하게 되었습니다. 그들은 더 이상 교회 건물이나 행사에 초점을 맞추지 않게 되었습니다. 대신에 그들은 시간을 드려 함께 기도하고 제자를 삼고 예수 그리스도를 모르는 사람들에게 다가갔습니다.

20세기 후반의 에티오피아 교회가 보여 주었던 증거를 통해서 하나님의 나라를 세우기 위한 하나님의 중요 관심은 전도와 제자 양육입니다. 하나님께서는 온전히 추수를 잘할 수 있는 훈련된 일꾼들을 찾으십니다. 예수님께서는 "나의 양식은 나를 보내신 이의 뜻을 행하며 그의 일을 온전히 이루는 이것이니라. 너희가 넉 달이 지나야 추수할 때가 이르겠다 하지 아니하느냐 내가 너희에게 이르노니 눈을 들어 밭을 보라 희어져 추수하게 되었도다"(요 4:34-35)라고 말씀하십니다.

역사를 통한 교훈 – 감리교회 부흥

교회사를 통해서 소그룹 운동이 부흥의 불을 일으키는 데 중요한 역할을 했다는 사실을 종종 발견할 수 있습니다. 예를 들면, 감리교회의 창시자인 존 웨슬리(John Wesley)는 예수님께서 헌 가죽부대를 새 가죽부대로 대신하신다는 말씀이 무엇을 의미하는지 잘 이해하고 있었습니다. 웨슬리는 18세기 영국에서 감리교회 부흥운동이 일어나는 동안 그리스도에게로 돌아오는 새 신자들을 제자 양육시킬 수 있는 모임을 시작했습니다. 부흥의 핵심은 바로 소그룹들 안에서 보여 준 서로에 대한 책임감이었습니다.

가정교회들 안의 성경공부 시간들이 효과를 보기 시작했습니다. 많은 지역에서 가까이 살고 있는 이웃 사람들이 모여서 성경 공부에 참석하고 있었습니다. 성경 공부를 인도하고 있는 여성 및 남성 리더들이 제자 양육에 앞장섰습니다. 성경 공부들은 보통 일주일에 한 번 저녁 시간에 한 시간 정도 이루어졌습니다. 각 사람들은 자신들의 영적인 상태와 성장들을 나누고 자신들의 형편과 기도 제목들을 나누었으며 다른 사람들로부터 기도와 격려를 받았습니다. 성경 공부 조직들은 멀리 흩어져 있는 감리교회 사람들을 효과적으로 연결하게 했고 수십 년간 감리교 부흥을 지속시킬 수 있는 중요한 요소가 되었습니다. 지금 여기에서 놀라운 일이 일어나고 있습니다. 우리는 소그룹을 책임질 수 있는 리더들이나 교회에서 책임지고 사역을 감당할 사람들이 부족하다는 이야기를 듣고 있습니다. 웨슬리는 중요한 사역과 리더십 계발을 위해서 10명으로 구성되어 있는 소그룹에 1명의 리더를 세우거나 5명으로 구성되어 있는 그룹에 1명의 리더를 세웠습니다. 그런데 여기에 세워진 리더들은 어떠한 사람들일까요? 지식이 많은 사람도 아니고 부자도 아니며 단지 영적인 은사와 섬김의 열정이 있는 남녀 노동자들, 남편과 부인들, 거의 훈련받지 않은 젊은 청년들이었습니다. 웨슬리는 대규모의 집회에 가서 설교할 뿐만 아니라 그들 중에서 수천만 명의 리더들을 세우게 되었습니다.[15]

그러나 점진적으로 감리교도들은 매주일 교회 건물에서 예배 드리는 일에 더 많이 치중하게 되었습니다. 이들이 소그룹 성경 공부 모임을 통해서 서로 책임감 있는 관계의 중요성을 강조하지 않게 되면서 감리교 부흥 운동은 쇠퇴기를 맞이하게 되었습니다.

피터 번톤(Peter Bunton)은 그의 책 〈역사가 교훈하고 있는 셀 그룹과 가정교회들(Cell Groups and House Churches: What History Teaches Us)〉에서 교회사적으로 가정교회 모임에 대한 사례 연구들을 많이 보여 주고 있습니다. 예를 들면, 16세기 종교 개혁에서 중요한 인물인 마틴 부서(Martin Bucer)는 소그룹들이나 기독교 공동체들을 통해 시작될 수 있는 획기적인 교회 개혁을 지지하는 사람이었습니다.

진정으로 그는 신약에서 모델로 보여 준 소그룹 공동체를 통해서 서로의 삶을 나누는 것이 십계명을 지키는 유일한 방법이라고 가르치고 있었습니다. 게다가 관심 있는 것은 각 소그룹들이 서로에게 연결되어 있었다는 것입니다. 리더들은 매주 서로 만났으며 한 달 내지 두 달 만에 각 교구에 속해 있는 모든 소그룹 모임들이 교육을 받기 위해서 함께 모였습니다(이러한 모임들은 200년 후에 웨슬리가 세운 감리교회 조직의 모형이 되었

습니다).¹⁶

교회사를 통해서 1세기에 있었던 것과 동일한 방식으로 교회가 돌아가기를 원하는 많은 영적인 움직임이 있었습니다. 가정교회의 비전은 믿는 자들이 각 가정집들에서 만나는 신약시대의 형태와 같은 교회 구조로 돌아가는 혁신적인 개혁입니다.

초대교회는 교회가 처음 시작된 지 약 250년이 지난 다음에 교회 건물들을 세우기 시작했습니다. 수세기 동안 그들이 체험했던 교회 경험들을 더 확장시키기 위해서 교회 건물에서 예배를 드리기 시작했습니다.

현대 교회들도 기독교인들이 매주일 교회 건물에서 모이는 것에 익숙해져 있으며 그 모델을 깨뜨리기는 매우 어렵습니다. 전통 자체를 유지하기 위해서 어떤 형태의 전통을 형성하는 것은 또 다른 어려움을 유발시킬 수 있습니다.

왜냐하면 사실상 우리가 속한 문화에 적극적으로 참여하고 우리들의 친구들과 이웃들의 삶에 영향을 미치는 새로운 차원의 교회를 세우기 위해 하나님께 의지하기보다는 우리가 가지고 있는 한두 가지 방법들에 더 많이 의존하는 경향이 있기 때문입니다.

그래서, 가정교회와 같은 교회 구조들도 만일 출석하는 성도들이 하나님께서 인도하는 방법들에 열려 있어 유동적인 것을 받아들이기보다는 그 방법이나 구조 자체에 더 의존하게 될 때 율법적이 되고 관습화되기 쉽습니다.

가정교회 네트워크 및 선교 사역

지역교회나 대형교회 등 만을 유일하게 경험했던 서구 선교사들은 그들이 경험했던 교회 방식이 유일한 포도주 가죽부대라고 생각하고 이러한 방법들을 다른 나라에 수출하려고 하는 경향이 있습니다. 반면에, 가정교회 네트워크나 외부 지향적인 셀 그룹 중심의 교회에서 파송된 선교사들은 그들이 경험했던 기본적인 기독교 공동체 및 신약시대와 같은 가정교회의 삶들을 도모합니다. 가정교회 네트워크가 사도행전에서 쓰인 대로 단순한 형태들을 따르기 때문에 이러한 교회들은 어떠한 나라나 문화 가운데서도 쉽게 적용될 수 있습니다. 더 큰 프로그램 및 건물 중심의 교회에서 파송된 선교사들은 미전도 종족 지역에서 복음을 효과적으로 전파하기 위해 그들이 경험했던 대형교회 중심의 사역 방식을 포기해야 하는 반면에 가정교회에서 파송된 선교사들은 그들이 배워 왔던 사역방식을 포기할 필요가 없습니다.

제(플로이드)가 타문화권에서 교회 개척을 준비하는 데 실시했던 많은 훈련들은 예수 그리스도에 대해 한 번도 들어보지 못한 이 지구상 인구 31억 명의 필요와 문화들에 맞지 않는 무익하고 부적절한 교회 사역 모델들을 포기하는 것을 돕는 것이었습니다. 교회 개척 사역을 위한 6개월간의 집중 훈련과 지도교육을 통해서 실시했던 대부분의 훈련들은 교회 개척자들이 건물이나 프로그램이나 교육 이론 등을 중심으로 하는 서구 교회 모델로부터 탈피할 수 있도록 도와주는 것이었습니다. 제 경험에 의하면, 서구 교회는 거의 대부분 선교지의 상황에 부적절하

며 어떤 경우에는 악영향을 미치는 경우도 있었습니다.¹⁷

비록 대형교회 및 지역교회들도 소그룹을 중심으로 많이 모이고 있지만, 저(래리)와 다른 팀 리더들과 함께 교회들의 네트워크를 감독하고 있는 도브(DOVE) 국제 기독교 연합(DCFI)에서는 지난 6년간 가정교회 네트워크를 포함하기 위해서 우리의 비전을 더욱 크게 확장했습니다. 이러한 변화에 발 맞추어 현재 해마다 교회 개척 및 리더십 훈련 학교에서 가정교회 개척자들을 위한 특별 훈련 코스를 추가했습니다. 다양한 교단과 교파에서 온 학생들이 아홉 달 동안 한 달에 한 번씩 참여해 교회 개척과 리더십을 훈련받고 서로 간의 네트워크를 위해서 펜실베이니아 주에 몰려들고 있습니다.¹⁸

가정교회들을 통한 하나님의 선교 사역

짐(Jim)은 최근 자기가 일하고 있는 직장에서 하나님의 선교 사역을 감당할 수 있다는 사실을 깨닫고 있는 사람입니다.

"제 직업이 목수이지만 저의 첫 번째 부르심은 예수 그리스도를 대표해야 한다는 것을 이제야 깨닫게 되었습니다. 제 주변이나 직장에서 일하고 있는 사람들을 볼 때 제가 이곳에 있는 목적은 하나님의 선교 사역에 동참하고 있다는 사실을 더욱 많이 깨닫습니다. 저는 의도적으로 부르심을 인식하면서 살고 있습니다. 아침에 일어날 때마다 저는 '하나님, 오늘 제가 어떤 사역을 감당하기를 원하십니까?' 하는 질문을 하면서 하루를 시작합니다."

가정교회의 미덕들 중의 하나는 교회 공동체에 단순히 참여하고 있는 것 이상의 강한 부르심을 확인하고 그것들을 놓치지 않게 되는 것입니다. 가정교회의 성도들은 다음과 같은 질문들을 합니다. "과연 제 역할은 무엇일까요? 예수님을 위해서 사람들에게 다가가기 위해서 제가 해야 할 일은 무엇일까요? 왜 하나님께서 저를 이곳에 두셨을까요? 하나님께서 하시고자 하는 일은 무엇이고 제가 어떻게 그 사역에 동참할 수 있을까요?" 그들은 자신들의 부르심에 대해 인식하고 있습니다. 그들은 하나님의 사람으로 하나님의 세계를 정복하고 하나님의 영광을 위해 그분의 선교에 동참하고 있습니다.

제(플로이드)가 몇 년 전 인도의 중부 지역을 방문하고 있을 때 그 지역의 100여 명의 가정교회 사역자들과 시간을 보내고 있었습니다. 그들은 20~30명이 넘지 않는 조그만 마을 교회들에서 사역하고 있었습니다. 그들은 하나님께서 이웃 마을에서 어떤 일을 하셨는지에 대해 서로 정보를 나누고 서로의 이야기를 들을 수 있었습니다. 또 중앙 아시아나 중국 및 세계 다른 나라들에서 일어나고 있는 하나님의 사역에 대해서 제가 들려주었을 때 그들은 용기를 얻기 시작했습니다. 그래서 제가 그들 중 연세가 지긋한 한 리더에게 왜 그렇게 그들이 감동받고 있는지를 물어 봤더니 다음과 같이 대답했습니다. "이런 이야기가 그들에게 위엄과 용기를 주고 있습니다. 그들은 지금 매우 크고도 중요한 일의 한 부분을 자신들이 감당하고 있다고 느끼고 있습니다." 진실로 그들은 자신이 중요한 존재임을 느끼고 있었습니다! 서구 세계에 사는 우리도 우리가 가지고 있는 의복이나 돈이나 세상적인 것에 가치를 두지 않고 이들처럼 하나님이 이 세상 가운데서 하시는 큰 사역의 일부를 자신들이 감당하고 있다는 사실에만 소망과 가치를 두고 기뻐할 수 있기를 간절히 바라는 마음입니다.

우리가 기독교인으로서 무엇을 하든지 하나님의 영광을 위해서 해야 합니다. 우리가 하는 일의 목적은 하나님께 영광이 되어야 합니다. 중요한 사실은 교회가 우리를 위해서 존재하는 것이 아니라 하나님을 위해서 존재한다는 것을 기억해야 합니다. 하나님께서는 우리의 영광을 위해서 우리를 인도하는 것이 아니라 하나님 자신을 위해서 우리를 인도하십니다. 우리가 이러한 사실을 온전히 믿을 때 인도에 있는 우리 형제 자매님들이 느꼈던 것과 동일한 소망과 중요한 가치를 느끼게 될 것입니다.

당신은 이미 성경 안에 나타나 있는 주인공이 하나님이라는 사실을 발견했을 것입니다. 성경은 하나님에 관한 이야기입니다. 그러나 성경을 읽을 때 종종 우리는 마치 우리들에 관한 이야기인 것처럼 읽기도 합니다. 우리는 우리 자신들에게 용기를 주는 말씀이나 삶의 방향을 주는 말씀들을 찾습니다. 로마서 15장 7절에서 우리가 하는 모든 삶의 목적은 하나님을 위한 것이고 하나님께서 영광 받으시기 위한 것이라고 분명하게 말씀하고 있습니다. 하나님의 간절한 소원은 이 세상을 하나님의 영광으로 가득 채우시는 것입니다. 하나님께서는 선하심과 위대하심으로 하나님 자신이 창조한 모든 피조물들이 영향을 받고 감동받기를 원하십니다.

하나님께서는 세상 가운데 그분의 백성들을 통해서 선교 사역을 성취하시기를 원하십니다. 만일 첫 단추를 잘못 끼운다면, 모든 단추가 잘못 끼워질 것입니다. 우리가 출발선부터 궤도를 잃어버린다면 우리는 인생의 방향을 완전히 잃어버리게 될 것입니다. 우리가 하는 모든 것들의 초점과 이유와 목적은 하나님 한 분께만 목표를 두어야 합니다. 하나님께서는 선교 사역이 있으시며 모든 사람들이 그 사역의 일부를 감당하기를 원하십니다. 그 선교 사역은 바로 하나님의 위대하신 긍휼하심을 통해서 그분을 영화롭게 하는 것입니다.

우리가 하나님께서 보시기에 바르게 만들어졌을 때 우리는 하나님을 위해서 구원받았고 그분의 사랑과 긍휼의 복음을 전하는 하나님의 사역에 동참하도록 부르심을 받았습니다. 우리가 하나님과 관계를 형성할 수 있는 자비와 은혜의 언약 관계인 새로운 언약은 전적으로 하나님을 위한 것이어야 합니다. 첫 번째로 우리는 하나님을 위해서 구원받았으며, 두 번째로 다른 사람들을 위해서 구원받았습니다.

만일 영원한 하나님의 계획의 최종 목표가 그분께 영광을 돌리는 것이라면 우리 모두는 그분의 영광을 구하고 맛보며 전하도록 부르심을 입은 자들입니다. 교회는 부르심을 받은 자들과 부르심을 받지 않은 자들, 또는 나가는 자와 머무르는 자, 또는 그분의 영광을 위해서 사는 자와 그렇지 않은 자 등으로 구분되지 않습니다. 우리는 하나님의 사역에 동참하고 있고 이것은 비밀스러운 사역이 아니지만 모든 에너지가 동원되는 선교 사역이며 그 선교 사역은 바로 하나님의 영광입니다.

한 기독교인 기술자는 마치 자신이 태국에 나가 있는 선교사라는 의식을 가지고 하나님의 선교 사역을 자신의 직업을 통해서 이루려고 합니다. 우리 모두는 예수 그리스도께 속하도록 부르심을 받았습니다. 우리 모두는 열정과 사명을 가지도록 부르심을 입었습니다. 어떠한 장소도 어떠한 직업도 그분 앞에서 거룩하지 않는 것이 없습니다.

제가 네덜란드 암스테르담의 한 홍등가에서 교회 개척을 하고 있을 때 저에게 멘토를 해주시던 분이 다음과 같이 말씀했습니다. "플로이드! 난 당신께 이 홍등가가 거룩한 장소라고 말하고 싶습니다." 물론, 제가 이 홍등가를 거룩한 장소라 생각할 것이라고 여러분은 생각하지 않으실 것입니다! 그런데 그는 계속해서 저에게 다음과 같이 말했습니다. "성경에서 전 세계가 하나님께 속했다고 했습니다. 그 의미는 아마도 사탄이 이 홍등가 지역에서 역사하고 있다는 의미일 것입니다."

그것이 사실이라면 전 세계가 하나님께 속했고 그분은 경제와 교육과 정치와 예술의 서로 다른 분야들도 창조하셨을 것입니다. 그분이 이런 삶의 전반적인 것을 창조하고 그 특별한 영역들에 우리들이 가서 일하고 섬기도록 호흡을 불어넣고 계신다면 우리들의 '직업들(또는 소명) 은 바로 **거룩한 부르심들**(holy callings)입니다. 그것은 하나님께서 그분의 거룩한 계획에 따라 우리들 각자에게 부담과 소망과 능력과 열정들을 불어넣어 주신다는 것을 의미합니다. 이렇게 그분의 매우 다양한 성품과 특성을 하나님의 사람들에게 제공해 주십니다. 각자의 직업들을 통해서 하나님께 영광을 돌리면서 살 수 있도록 우리를 부르신 분은 바로 성령 하나님이십니다. 하나님의 영광을 위한 선교 사역을 위해서 우리가 의식을 가지고 살아갈 수 있도록 하나님의 백성을 일으키시고 찾고 계신 분도 하나님이십니다.

하나님의 선교 사역에 동참하기

저(플로이드)와 제 아내인 샐리가 캔자스 시티(Kansas City)에 39 가정이 있는 새로운 공동체로 이사했을 때, 우리가 단지 좋아하는 집을 샀다고 믿지 않고 하나님께서 우리를 그곳에 보내어서 새로운 이웃들에게 다가가서 그리스도에게로 인도하라는 사명을 받았다고 믿었습니다. 우리가 출석했던 첫 번째 가정 모임에서 이웃들이 서로 적대적인 관계에 있다는 사실에 너무나 놀랐습니다. 모임은 서로를 협박하고 공갈하는 분위기였고, 여기 저기서 서로를 비방하는 말들이 터져 나왔습니다.

그 당시 저는 한 지역교회에서 목회를 하고 있었지만, 바로 우리 이웃에서 하나님의 교회를 시작하도록 부르심을 받고 있다는 사실을 알게 되었습니다. 그래서 우리의 이웃들을 위해서, 그곳의 하나님의 교회로서 우리는 기도하면서 하나님의 선교 사역에 동참했습니다. 우리 이웃들의 주변의 땅을 밟으면서 정기적으로 기도했습니다. 문제들이 더 많이 터질 때마다, 더 많이 기도했습니다. 밤에는 이 집에서 저 집 주변을 돌아다니며 그들의 집 앞에 서서 다음과 같이 말했습니다. "하나님! 저는 이 집에 당신을 초청합니다. 저는 이 가정의 삶에 당신이 직접 개입하실 수 있도록 초청합니다." 저는 그들을 축복하며 기도했습니다. 그리고 그들의 결혼 생활과 자녀들과 직장들을 놓고 기도했습니다.

특별히 우리 이웃에 분열과 싸움을 일으키기를 좋아하는 한 여인을 놓고서 집중적으로 기도했습니다. 한번 큰 소동이 일어난 후에 저와 제 아내는 큰 꽃다발을 준비해서 그녀에게 주고 그녀와 남편을 저녁식사에 초대했습니다. 어머니 날과 다른 공휴일에도 그녀에게 선물을 주고 우리 이웃에 긍정적인 영향을 미치고 있다고 칭찬하면서 감사의 표시를 해주었습니다. 그녀가 공동체에 미친 긍정적인 영향이 무엇인지 찾기 위해 애쓰다 보니 사실상 그녀가 이웃에 미친 긍정적인 영향력이 몇 가지는 있었습니다.

이렇게 단순한 호의적인 행동과 기도를 통해서 우리 이웃 가운데 하나님의 선교 사역에 동참하게 되었습니다. 하나님의 선교 사역은 요란한 것도 아니며 남을 속이는 일도 아닙니다. 그러한 나쁜 일들을 시작하거나 대변해서도 안 됩니다. 하나님께서는 그분의 선교 사역을 소유하고 계시며 우리가 그분께서 일하시도록 우리 자신을 열어드릴 때 우리를 통해서 그분의 선교 사역을 이루어 가실 것입니다.

STARTING A   HOUSE CHURCH

제4장

영적인 부모의 역할

만일 가정교회로 교회를 개척하는 것이 이미 바쁜 일정 속에서 살고 있는 우리의 삶에 또 하나의 모임을 추가하는 것과 같다면 우리를 쉽게 지치게 만들고 계속 참여하고자 하는 마음이 금방 사라지게 될 것입니다. 다행스럽게도 친구들과 시작하는 작은 소그룹 모임으로 개척된 교회는 또 하나의 모임 정도가 아니라 우리의 삶의 한 부분이 될 수 있는 사람들의 공동체가 될 것입니다. 그것은 바로 영적인 가족입니다. 영적인 아버지들과 어머니들이 자신들을 헌신해서 또 다른 영적인 부모들이 생겨날 수 있도록 노력하게 됩니다. 영적인 가족으로서의 가정교회 공동체의 중요한 점은 바로 **영적인 부모되기**(spiritual parenting) 입니다.

저(래리)의 첫째 아기가 태어났을 때를 결코 잊지 못할 것입니다. 저는 아내와 함께 열심히 출산 교육 수업을 받으러 다니면서 아내가 출산을 잘할 수 있도록 돕는 방법도 배웠습니다. 그러나 막상 출산 예정일이 되어서 진통이 시작되자 '우리 아기가 드디어 나오는구나!' 하며 저는 너무 긴장하게 되었습니다. 저는 제가 준비가 되었다는 느낌이 들지 않았습니다. 저는 너무 젊었습니다. 이전에 이런 일을 경험한 적도 없었습니다. 저는 아내에게 다음과 같이 말했습니다. "당신! 우리가 준비될 때까지 아기 낳는 일을 몇 달만 연기할 수 없을까?" 그러나 기다림은 선택 사항이 아니었습니다. 아내는 아기를 낳게 될 것이고 제가 준비되었다고 느끼든지 그렇지 않든지 우리 딸 아이는 나올 예정이었습니다.

아빠가 된다고 생각하니 정말 이상한 느낌이 들었습니다. 비록 우리가 이전에 부모 대열에 들어가 본 적은 없었지만, 부모님과 친구들의 친절한 충고를 받으면서 드디어 부모가 되었습니다.

바로 30년 전의 일이었습니다. 제 딸 '아기'가 성인이 되어서 결혼했을 때, 우리는 그녀를 포기해야 했습니다. 제 딸은 아기에서 십대 소녀가 되고 그 다음에는 어른이 되고 그 다음에는 다음 세대를 키울 부모가 될 준비가 되었습니다. 이 책을 쓰고 있을 때, 제 딸은 벌써 세 아이의 엄마가 되었고 언젠가 제 손주들은 그 다음 세대의 부모들이 될 것입니다.

영적인 부모가 된다는 것은 잠재적으로 육신의 부모가 경험하는 것과 동일한 감정을 겪는다는 의미가 담겨 있습니다. "어떻게 하나님께서 나를 영적인 부모로 사용할 수 있으실까요? 제가 그 역할을 제대로 감당하지 못한다면 어떻게 하죠? 제가 영적인 부모가 될 준비가 진정으로 되어 있는 것일까요?" 그러나 그들이 믿음과 순종의 발걸음을 떼어 놓음으로써 더욱 용기를 얻게 될 것이며 그들은 영적인 아버지 또는 어머니가 된다는 기쁨을 경험하기 시작할 것입니다. 그들은 다른 사람들의 영혼을 구원하고 축복하기 위해 훈련받는 것을 만족스러워할 것입니다.

마치 건강한 육신의 부모들이 그들 자녀들이 가정을 떠나고 그들이 새로운 가정을 꾸려 나가는 것을 기대하는 것처럼, 건강한 영적인 부모들도 이와 똑같이 생각해야 합니다. 특별히 가정교회 리더들과 같은 기독교 리더들은 영적인 자녀들이 자기 자신의 영적인 새로운 가족, 즉 새로운 가정교회들을 시작할 수 있도록 그들을 잘 섬기는 성도들을 '포기'하도록 부르심을 받았습니다.

성경에 의하면 교회에는 영적인 수준에 따라 세 가지 종류의 영적인 다른 사람들이 존재하고 있다고 합니다. 그들은 바로 영적인 어린 아이들, 청년 남녀, 그리고 아버지와 어머니 등입니다. 요한일서 2장 12-13절 말씀은 다음과 같은 메시지를 전해 주고 있습니다.

> 자녀들아 내가 너희에게 쓰는 것은 너희 죄가 그의 이름으로 말미암아 사함을 얻음이요 아비들아 내가 너희에게 쓰는 것은 너희가 태초부터 계신 이를 앎이요 청년들아 내가 너희에게 쓴 것은 너희가 강하고 하나님의 말씀이 너희 속에 거하시고 너희가 흉악한 자를 이기었음이라 (요일 2:12-13).

이제부터 우리는 세 가지 유형의 영적인 사람들을 살펴보고 이들이 어떻게 준비되고 훈련되어서 영적인 부모가 될 수 있는지를 알아보겠습니다.

1. 영적인 어린 아이들

교회는 영적인 고아들로 가득 차 있습니다. 교회에 다니면서 한 번도 영적인 아버지나 어머니를 통해 양육을 받아 본 적이 없는 성도들이 너무나 많이 있습니다. 문제의 근원은 아마도 많은 '영적으로 어린 기독교인들'이 영적으로 성장하지 못했고, 그들 대부분은 자신들이 아직까지 그리스도 안에서 영적인 어린 아이로 남아 있다는 사실을 인식하지 못하고 있습니다. 그들의 영적인 연령은 20세, 30세, 40세 혹은 50세일 수도 있지만 아직까지 '젖을 먹는' 단계에 머물러 있을 수도 있습니다. 그들은 자신들이 원하는 방식으로 얻을 수 없을 때 혼란에 빠지며, 영적인 공급을 받지 못할 때는 불평을 하며, 예수 그리스도를 알아가고 사랑하며 그분께 순종하기 위해서 다른 사람에게 다가가거나 다른 사람들을 훈련시킬 수 있는 영적인 책임감을 가지지 못하고 있습니다.

2. 영적인 청년들

성경은 영적인 청년들은 하나님의 말씀을 가지고 있고 그 말씀 안에 거하면서 악한 자를 이기었다고 표현하고 있습니다. 그들은 사탄을 대적하기 위해서 자신들이 하나님의 말씀으로 훈련하기를 배우지만 아직은 영적인 부모가 되지 않았다고 합니다.

우리가 어린 아이였을 때 우리는 부모님이 모든 것을 알고 있다고 생각했습니다. 그런 다음 우리가 사춘기를 겪고 부모님이 모르는 것들도 있다는 사실을 발견하게 됩니다. 청소년기에 이르게 되면 자존심이 살아나게 되어서 부모님들이 아직까지 구시대에 산다고 생각합니다. 그러나 우리들이 부모가 되었을 때 우리는 우리의 부모님들이 우리가 십대를 지나고 있을 때에도 계속 공부하며 배우기를 힘쓰셨다는 것을 알게 된 다음에 무척이나 놀라게 됩니다. 사실상 우리 자신이 부모가 되면서 우리의 관점이 바뀌게 됩니다. 영적인 자녀들을 갖게 되면 우리의 관점이 바뀌게 됩니다.

우리가 영적인 자녀들을 가지게 될 때 우리는 다른 사람으로부터 우리가 배워야 할 것이 많다는 사실을 인식하게 됩니다. 우리를 돌봐주고 가르쳐 줄 영적인 어머니들과 아버지들이 필요합니다. 우리가 삶을 통해서 하나님의 뜻을 따르기를 원하지만 주님 안에서 우리보다 더 연세가 많은 분들로부터 경건한 삶을 어떻게 살아야 하는지에 대한 정보를 배우지 않은 채 그분의 뜻을 좇을 수는 없습니다.

3. 영적인 아버지와 어머니

기독교인으로 성숙할 수 있는 가장 최고의 기회 중의 하나는 영적인 아버지 또는 영적인 어머니가 되는 것입니다. 오늘날 교회에서 표면화된 많은 문제들은 첫 번째로 하나님의 말씀으로 충만한 영적으로 젊은 남녀 청년들이 영적인 부모가 되는 경험을 해보지 못한다는 것이며, 두 번째는 훈련되지 않은 교회 리더들이 자신들의 영적인 자녀들을 갖기 위해 영적인 남녀 청년들을 자신들의 교회 안에 남아 있게 한다는 것입니다. 가정교회 성도들과 리더들이 자연스럽게 가족과 같은 환경에서 영적인 아버지들과 어머니들을 가정교회 내에서 잘 계발할 수 있다면 가정교회들은 이러한 훈련과 지도자들의 문제점들을 해결할 수 있습니다.

우리가 어떻게 하면 영적인 부모가 될 수 있을까요?

사도 바울은 고린도 교회에 영적인 아버지가 절실하게 필요하다고 말하고 있습니다.

> 그리스도 안에서 일만 스승이 있으되 아비는 많지 아니하니 그리스도 예수 안에서 복음으로 내가 너희를 낳았음이라. 그러므로 내가 너희에게 권하노니 너희는 나를 본받는 자가 되라(고전 4:15-16).

그렇다면 어떻게 젊은 남녀가 영적인 부모가 될 수 있을까요? 젊은 남녀가 영적인 부모가 되는 유일한 방법은 양자를 삼든(예수님을 믿지만 아직 제자 양육을 받지 못한 사람들에게 영적인 아버지가 되거나 어머니가 되는 방법) 또는 직접적인 출산을 통해서든(직접 전도한 영혼에게 영적인 아버지 또는 어머니가 되고 또한 자기 자신을 헌신해 그 영혼이 영적으로 성숙할 수 있게 하는 방법) 영적인 자녀들을 갖는 것입니다. 바울은 감옥에서 오네시모를 전도하는 '자연적인 출산'을 통해 영적인 부모가 되었습니다(빌레몬서 10). 또한 바울은 디모데를 에베소에서 만난 다음, 이번에만 유일하게 '양자 입양'을 통해서 디모데의 영적인 아버지가 되었습니다(사도행전 16:1-4).

가정교회들과 셀 그룹들은 모든 사람들이 영적인 가족의 구성원으로서 영적으로 풍부한 삶을 경험할 수 있도록 이상적인 기회들을 제공하게 되고 결국은 그들의 영적인 부모들이 됩니다. 가정교회를 증식시키고 셀을 증식시키기 위한 목적으로 사람들은 그들의 친구들을 그리스도께로 인도하고 그들이 영적으로 성장하는 데 도움을 주는 것을 통해서 기쁨을 느끼게 될 것입니다. 이를 위해서 소그룹 안에서 모든 사람들이 이러한 기쁨을 누릴 수 있는 기회들을 더 많이 창출해야 할 것입니다.

영적인 아버지 대한 개념

성경말씀은 우리 자신을 다른 사람들 앞에서 높임받고 존경받는 지위를 얻기 위해 노력하는 것에 대해서 경고하고 있습니다.

"땅에 있는 자를 아비라 하지 말라 너희 아버지는 하나이시니 곧 하늘에 계신 자시니라… 너희 중에 큰 자는 너희를 섬기는 자가 되어야 하리라"(마태복음 23:9, 11). 영적인 아버지는 먼저 섬기는 자가 되어야 합니다. 어느 누구도 하나님 아버지를 대신할 수 없습니다. 단지 영적인 아버지들이 영적인 자녀들에게 하나님 아버지를 대신해서 책임을 지고 있습니다.

사도 바울이 자기 자신을 아버지로 드리고 있다고 성경에 몇 번 기록되어 있지만 여기서 사용된 '아버지'라는 명칭은 "**권위**(authority)가 아닌 **사랑**(affection)을 가지고 그래서 그는 **강압받는**(obliged) 자식들로서가 아니라 **사랑받는**(beloved) 자녀들로서 그들을 부른다"라고 지적하고 있습니다(고전 4:14 참조).[19] 영적인 아버지가 얼마나 위대한지는 그의 지위가 아니라 섬김과 사랑의 수준으로 측정할 수 있습니다.

영적인 아버지들과 어머니들은 '멘토들'이라고도 불립니다. 영적인 멘토는 사람들이 그리스도 안에서 어떻게 자랄 수 있는지 그들에게 모델을 보여 주고 설명해 주면서 그들을 잘 돌봐주고 경험을 통한 가르침을 통해서 사람들이 발전한다는 것을 인식할 수 있어야 합니다. 우리는 영적인 부모를 다음과 같이 간단히 정의할 수 있습니다.

영적인 아버지 또는 어머니는 그들의 영적인 아들 또는 딸이 하나님이 주신 가능성들을 잘 계발할 수 있도록 돕는 사람들입니다. 영적인 부모가 되는 것은 그리 복잡하지 않으며 매우 심오한 비밀이 담겨 있습니다. 밥 빌(Bobb Biehl)은 다음과 같이 말하고 있습니다.

"멘토링은 '내가 네게 무엇을 가르쳐 줄까?'라고 말하는 것보다 오히려 '내가 너를 어떻게 도와줄까?'에 해당합니다."[20]

플로이드 부부와 저희(래리) 부부는 몇 년 전에 우리에게 연결되어 있는 젊은 남녀 청년들에게 우리의 삶을 드러서 그들을 기쁘게 섬기고 있었습니다. 30년 전에 우리 부부와 젊은 청년들은 새 신자들과 함께 바울과 디모데 같은 관계들을 형성하기 시작했습니다. 저는 매주 시작된 성경 공부와 기도 모임을 통해서 형제들을 만나 그들의 인생에 관한 많은 질문들에 답을 해주려고 노력했습니다. 제 아내 라베르네(LaVerne)는 자매들을 만나서 저와 동일한 사역을 했습니다. 영적인 어린 아이에서 청년들로 자라고 그 다음에는 그들 자신이 영적인 부모가 될 수 있도록 자라는 것을 지켜보면서 우리는 무척이나 많은 보람과 기쁨을 느낄 수 있었습니다. 우리 자신의 영적인 삶을 통해서 그들이 잘 성장할 수 있도록 도와주었던 것을 알게 되었습니다.

저(플로이드)와 제 아내 샐리도 네덜란드 암스테르담의 주요 항구에 있는 두 채의 집같이 생긴 배에 살면서 동일한 사역을 시작했습니다. 최근에 저는 독일의 선교적인 공동체의 리더들을 위한 세미나를 개최했습니다. 그 세미나에 출석한 한 리더는 독일의 스투트가르트(Stuttgart)에서 온 크리스틴(Christine)이라는 자매님이었습니다. 크리스틴은 제주 스프리크스(JezusFreaks)라고 불리는 독특한 선교 공동체의 리더였습니다. 그녀가 저에게 이렇게 말했습니다.

"당신은 제게 영적인 대부와 같은 분입니다. 당신이 암스테르담에서 전도했던 청년들 몇 사람이 독일에 와서 친구들에게 예수님에 대해서 나누었고 그 결과로 제가 그리스도를 따르는 사람이 되었습니다."

환하게 웃는 그녀의 얼굴에서 사랑과 광채가 흘러 나왔습니다. 저에게도 정말 좋은 경험이었으며 어떠한 고난이 와도 주님께서 주신 사역은 끝까지 감당할 만한 가치가 있다는 것을 실감할 수 있는 좋은 기회였습니다.

영적인 자녀 생산하기: 출산과 양육

영적인 어머니와 아버지로서 우리가 해야 할 중요한 점은 다른 사람들이 그들 자신의 자녀를 낳을 수 있도록 도와주어야 합니다. 하나님 아버지께서 우리들을 그분의 자녀로 양육하셨듯이 우리가 우리들의 아들과 딸들을 양육할 수 있기를 원하십니다. 그러나 예수 그리스도를 모르는 사람들의 삶 속에 직접 참여하지 않고서는 영적인 부모가 될 수 없습니다.

우리가 다른 사람들에게 예수님을 나누고 그들에게 주님에 대한 새로운 믿음이 자랄 수 있도록 돕는다면, 그들은 그들에게 일어났던 일에 대해 다른 사람들에게 다시 나누게 될 것입니다. 그들이 친구들에게 은혜를 나누게 되고 우리들은 그들의 친구들과 같이 식사도 하고 모임을 갖는 동안 예수님의 메시지를 전하게 되고, 이러한 과정을 통해서 그들의 멘토가 될 수 있습니다. 이런 자연스러운 방법을 통해 새로운 공동체들이 탄생합니다.

저(래리)의 새로운 가족들은 매년 가족 모임을 갖습니다. 고모, 이모, 삼촌, 오빠, 누나, 언니, 조카 등 모두가 한 가족으로 모입니다. 저의 부모님께서 살아 계실 때 가족들이 한 자리에 모이면 서로를 바라보며 즐거워했던 것을 기억합니다. 우리 가족들은 한 자리에 서로를 위해서 모였고 서로의 자녀들을 바라보며 만족스러워했습니다.

이와 같이, 주님께서는 영적인 가족들이 계속적으로 다음 세대들을 낳아서 양육하기를 원하십니다. 그분은 우리의 조부모님 세대에서 봤던 것보다 훨씬 많은 차세대에 대한 안목을 갖고 계시며 우리도 또한 주님과 같은 안목을 갖기를 원합니다. 구약성경에서 하나님께서는 "아브라함과 이삭과 야곱의 하나님"으로 불리셨고 심지어는 그분의 이름을 다음 세대를 연결하는 데 쓰셨습니다.

하나님께서는 우리에게 각자의 영적인 유산이 있다고 하셨습니다. 한 세대에서 다음 세대로 내려갈 때 영적인 DNA를 전달해 주는 영적인 후손들이 바로 우리의 영적인 유산입니다. 영적인 기업을 주장할 수 있는 한 가지 방법은 자신의 영적인 자녀들을 모아서 그들과 함께 작고 단순하면서 생명을 불어넣어 주는 공동체를 세우는 일입니다. 이 공동체는 영적인 가족 공동체입니다. 영적인 가족들에 의해서 형성된 공동체들은 건강한 관계 중심으로 이루어진 가정교회의 핵심입니다. 자신의 영적인 자녀들이 누구인지 파악하십시오. 그리고 지혜롭고 신실하게 그들의 삶 속에 투자하십시오.

우리의 영적인 유업: 영적인 자녀들

영적인 자녀들에 대한 이러한 약속은 모든 기독교인들에게 해당되는 것입니다. 하나님께서는 우리가 다른 사람들에게 영적인 아버지들과 어머니들이 되도록 부르기 위해 우리를 이 지구상에 태어나게 하셨습니다. 우리의 영적인 자녀들이 그들 자신의 새로운 영적 자녀들을 생산하고 또 그 자녀들이 또 다른 자녀를 생산하면서 지속적으로 성장해 나갈 것에 대한 기대감과 함께 여기에는 많은 책임감이 따라갑니다.

우리의 영원한 기업은 언젠가 예수 그리스도께 보여드릴 수 있는 영적인 자녀들이 될 것입니다. 주부이든지, 학생이든지, 공장에서 일하든지, 교회 목사이든지, 아니면 큰 회사 사장이든지, 자신의 직업과 상관없이 우리는 영적인 손자와 손녀들 또한 그 다음 세대의 영적인 자녀들을 낳고 양육할 수 있는 우리의 영적인 자녀들을 낳아야 하는 책임감과 영적인 축복을 가진 사람들입니다. 주님께서는 하나님께서 우리에게 주신 풍족한 유산을 다른 사람에게 나누라고 요구하십니다.

저(플로이드)는 아주 젊었을 때부터 조부모님과 부모님이 주님을 잘 섬기셨듯이 저도 하나님께서 그분들과 맺으신 언약을 지속시키기를 원하는 간절한 마음으로 기도했던 것을 기억합니다. 또한 제 자신을 통해 영적으로 주님께서 하셨던 것과 동일한 일을 제 육신의 자녀들과 영적인 자녀들에게도 이루어 주실 것을 간절히 요구하는 언약 관계를 주님과 맺었습니다.

이 언약은 남아프리카 공화국으로 우리 부부를 부르시기 위해서 주님이 주신 약속으로 우리의 영적인 아들들과 딸들에게 아직은 이루어지지 않았지만 장차 이루어질 영적인 유업, 즉 하나님의 약속이었습니다. 이러한 하나님의 부르심에 '예(yes)'라고 응답할 당시 우리 부부의 나이는 60세와 57세였습니다. 우리는 하나님께서 아프리카 대륙에 영적인 유산을 주시겠다는 약속을 들었고, 특별히 2006년 가을에 케이프타운으로 이사하라는 부르심에 '예'라고 응답하게 되었습니다. 주님의 부르심에 응답한 이후로 우리 가족은 남아프리카 공화국에 지금까지 살면서 하나님이 주셨던 그 약속을 가슴속에 간직하며, 지도자들을 세우고 복음을 들고 사람들에게 다가가고 있습니다.

하나님께서 아브라함에게 하늘에 있는 별들을 보여 주시면서 그의 자손들이 하늘의 별들과 같이 무수히 많을 것이라고 약속했을 때 아브라함은 어떻게 반응했습니까? 성경에서는 다음과 같이 기록하고 있습니다. "아브라함이 여호와를 믿으니"(창 15:6). 아브라함은 하나님께서 무엇을 하실 것을 믿었을까요? 그분의 영적인 유업입니다! 우리도 또한 많은 영적인 자녀들을 얻기 위해 여호와를 믿을 필요가 있습니다.

우리는 추수를 거두기 위해 그리고 하나님의 자녀들을 그분의 가정으로 들어올 수 있도록 하기 위해 주님을 신뢰해야 합니다. 하루 아침에 이러한 일들이 일어나지는 않겠지만 우리가 하나님의 신실하심을 신뢰하고 예수 그리스도를 모르는 사람들과 우리가 돌봐 줄 수 없는 사람들에게도 계속해서 관심을 가질 때 주님께서 이루실 것이라고 믿습니다. 우리는 영적인 자녀들의 유업에 대한 **약속**(promise)을 주님으로부터 받은 사람들입니다. 하나님께서 우리에게 영적인 자녀의 유업을 주시기를 **원하시고**(want) 우리가 해야 할 역할을 감당하면 그분께서는 그것을 반드시 이루실 **것입니다**(will).

건강한 가족들은 증가한다

우리가 천국에 들어가게 될 때 주님 앞에 두 가지를 들고 갈 것입니다. 바로 우리 자신과 우리의 영적인 자녀들입니다. 당신이 만일 다른 사람들을 위해서 헌신하며 투자했다면 당신의 인생에 대해서 결코 후회함이 없을 것입니다. 그들은 당신이 예수님 앞에 엎드릴 때 예수님께 드린 상급이 될 것입니다. 그리고 예수님이 당신에게 주신 사람들의 신실한 영적인 어머니 혹은 아버지가 되겠다고 순종했을 때 예수님께서 얼마나 기뻐하실지를 상상해 보십시오! 당신이 예수님께 데리고 간 그 사람들을 주님이 정말 사랑하시고, 또한 그 사람들의 예배를 기쁘게 받으시고 그들에게 크게 보상해 주실 뿐 아니라 그분의 기쁨과 보상이 당신에게도 큰 상급이 될 것입니다.

성경에서 사도 바울이 데살로니가에 있는 영적인 자녀들을 방문하기를 간절히 바라고 있는 것을 우리는 읽어 볼 수 있습니다. 그는 데살로니가 전서 2장 19-20절에서 다음과 같이 말하고 있습니다. "우리의 소망이나 기쁨이나 자랑의 면류관이 무엇이냐 그의 강림하실 때 우리 주 예수 앞에 너희가 아니냐? 너희는 우리의 영광이요 기쁨이니라." 바울의 영적인 자녀들은 그의 영광이요 기쁨인 바로 영적인 유업이었습니다! 바울은 그리스도께 드려진 영적인 자녀들과 자손들을 생각할 때 올림픽 경기에서 승리의 면류관을 받는 금 메달리스트처럼 기뻐했습니다.

영적인 유산

저(래리)는 몇 년 전에 바베이도스(Barbados) 섬에서 '소그룹을 통한 영적인 부모되기'라는 주제로 교회 리더들과 성도들을 훈련하고 있을 때 제가 쓴 〈영적인 아버지와 어머니의 울부짖음(The Cry for Spiritual Fathers and Mothers)〉이란 책을 소개한 적이 있습니다. 강의를 마치고 미국으로 돌아오려고 하는 날 저는 예수전도단(YWAM)의 카리브 해 사역을 담당하고 있던 빌 랜드(Bill Land) 선교사님이 자기집에 잠깐 방문해 달라는 요청을 받았습니다.

빌 선교사님 부부와 다른 팀 리더들이 카리브 해에서 영적인 리더들을 만들기 위해 기독교인들을 훈련하고 리더들로 세우고 있었습니다. 바베이도스 지역을 방문하는 중에 빌 선교사님은 이 작은 섬나라에 관한 재미있는 역사를 저에게 들려 주었습니다.

바베이도스 섬에 있는 많은 사람들은 수년 전에 원래 감비아 공화국(Gambia)을 포함한 서부 아프리카에 위치한 국가들에서 노예 상인들에 의해서 이 곳으로 이주해 온 사람들이라고 그는 설명했습니다. 지금은 예수 그리스도를 영접하고 선교사가 되기 위해서 훈련받고 있는 사람들이 무슬림이 된 감비아 사람들에게 예수 그리스도의 복음을 전하기 위해서 자기 고국인 감비아로 선교사들로서 파송되고 있다고 했습니다. 동일한 문화 유산을 통해 선교할 수 있는 매우 이상적인 상황이었습니다. 이러한 상황들을 설명하면서 빌은 제게 무척 감동을 주는 이야기를 해주었습니다.

"래리 목사님! 감비아 공화국에서 전도된 사람들이 당신의 영적인 유산 중의 한 부분이라는 것을 알고 계십니까? 당신은 저의 영적인 아버지들 중의 한 분이십니다."

미국으로 돌아오는 비행기 안에서 저는 빌 선교사님이 하신 말씀 때문에 어안이 벙벙해하며 과거의 기억들을 더듬어 보았습니다.

제가 목사나 작가나 교회 리더가 되기 전인 20년도 훨씬 전인 젊은 청년시절 저는 닭 농장을 돌보면서 십대 청소년들을 모아서 성경 공부를 인도하며 농부의 일을 하고 있었습니다. 당시에 저는 지금 빌 선교사님의 영적 아버지들 중의 한 사람이었던 것입니다. 지금은 빌 선교사님이 바베이도스 섬에서 제자들을 양육하며 영적인 아버지가 되어 있었고, 그가 양육한 바베이도스 섬의 기독교인들이 아프리카 선교사로 나가서 감비아 공화국의 사람들을 예수 그리스도께로 인도하고 있었습니다.

그들은 저의 영적인 자손들과 같았습니다! 몇 명의 십대 청소년들을 제자 양육하라는 하나님의 부르심에 순종한 한 닭장지기로 말미암아 다음 세대들이 하나님의 약속들을 받을 수 있었습니다. 그렇습니다! 바로 이것이 저의 영적인 유산의 일부였습니다.

이 현실을 묵상하면서 저는 주님께서 하신 일로 인해서 무척 감동되었습니다. 정말로 저는 엄청난 유업의 소유자가 되어 있었던 것입니다!

하나님께서는 우리 모두가 영적인 부모들이 되기를 원하십니다. 주님께서는 영적인 유산을 우리에게 주기를 원하십니다. 우리는 아직 준비가 덜 되었다고 느낄 수 있습니다. 사실상 우리는 전혀 준비되지 않았다고 느낄 수도 있습니다. 그럼에도 불구하고 하나님의 부르심은 우리들의 삶 속에서 역사하고 계십니다.

신약시대의 교회 형태로의 회복

교회가 지난 1,700년 동안 아버지와 아들 및 어머니와 딸들의 관계들이 회복되지 못하는 상황으로 고통을 겪고 있었지만, 우리는 주님께서 전 세계에 퍼져 있는 사람들에게 관계들에 관한 진리를 새롭게 불어넣고 계신 것을 느낄 수 있습니다. 영적인 아들들과 딸들에게 자신의 삶을 투자하고 있는 남성과 여성들이 예측할 수 없을 정도로 많이 존재하고 있습니다. 성도들의 영적인 성장을 도모하는 **프로그램**들을 활성화하는 모임들과 건물들에 초점을 맞추는 대신에 주님 안의 영적인 어머니들과 아버지들은 하나님 아버지께서 그들에게 주신 은혜들을 영적인 자녀들에게 관계를 통해서 전해주고 있었습니다. 그들은 영적인 가족들을 세우는 신약성경의 원리로 되돌아가서 하나님의 **가족**을 이루라는 하나님의 부르심에 순종하고 있는 것입니다.

주님께서 그리스도의 몸을 통해서 우리가 영적인 가족이라는 의식을 회복시켜 주시기 때문에 온 세상의 그리스도를 믿는 무리들이 집집마다 소그룹 모임을 형성하고 있습니다. 어떤 모임들은 공동체라고 부르는 것을 더 선호합니다. 그 모임들이 어떤 이름으로 불리든지 현재 일어나고 있는 일의 핵심은 주님께서 영적인 가족들을 회복시키고 계신다는 것입니다. 기독교인들은 사도행전적인 교회를 회복하기 시작했습니다. 그들이 믿음의 멘토들을 위해 울부짖는 차세대들에게 영적인 능력을 불어넣어 주고 부모처럼 돌보아 주는 일의 중요성을 우리가 목격하고 있습니다. 예수님께서는 교회가 신약시대의 가정교회 형태로 회복되기를 원하십니다. 예수님께서는 수많은 무리들을 위해서 사역하셨지만 12명의 제자들과 같은 소수의 사람들에게도 집중하셨습니다. 이러한 소수의 사람들이 전 세계를 변화시켰으며 우리도 같은 일을 할 수 있습니다!

새 포도주에 대한 갈망

마지막 때가 가까워 오는 이 시대에 주님께서 그분의 성령을 우리에게 부어 주셔서 교회에 부흥을 일으키실 수 있도록 준비하고 계신다는 것을 확신할 수 있습니다. 주님께서 원하시는 부흥은 그저 부흥회에 참석하고 앉아서 즐기는 부흥이 아니라 우리가 사도행전을 통해서 볼 수 있는 것과 같이 나가서 전도하는 부흥을 의미합니다. 또한 이 부흥은 그저 앉아서 하나님께서 무엇인가 하시기를 기다리는 부흥이 아니라 주님의 지상 명령에 순종하고 하나님께서 명령한 것을 실천하는 유형의 부흥을 의미합니다. 이미 지난 반세기 동안에 많은 사람들이 교회의 역사상 어느 때보다 더 많이 그리스도께로 돌아왔습니다. 현재 1억 명에 가까운 기독교인들이 있는 중국과 불교국가에서 전체 인구의 3분의 1이 기독교인으로 변한 한국을 생각해 보십시오.

우리의 공동체들과 도시와 학교들에서 하나님의 일에 대한 더 위대한 영적인 각성들이 일어나기를 소망하며 기도하고 있습니다. 새로운 종교 개혁(reformation)이 일어나기보다는 개혁적인 **선교 사역**(reformission)

이 일어나기를 갈망하고 있습니다. 주님께서 이 새로운 포도주를 부으실 때, 우리에게 새 가죽부대가 준비되어 있어야 합니다. 이 새 부대가 준비되어 있지 않았을 때 우리는 추수의 때를 놓칠 수 있습니다. 초대교회의 포도주 부대들(교회 조직들)은 사람들이 가정집에서 가정집으로 모임이 진행되었기 때문에 본질적으로 매우 단순했습니다. 추수 때를 준비하기 위한 주님의 전략은 항상 동일하다고 믿고 있습니다. 주님은 크신 하나님을 만난 평범한 성도들이 추수의 때를 준비하기 위해서 서로를 제자 양육하고 훈련시키기 위해서 가정마다(때로는 공장마다, 사업장마다, 학교마다) 모임을 만들고 영적인 가족들로서 함께 만나기를 원하고 있습니다.

오늘날 많은 기독교인들이 엄청난 새 포도주의 유입을 갈망하고 있습니다. 물밀듯이 새로운 성도들이 하나님의 나라의 일원이 되어 들어오기를 간절히 바라고 있습니다. 하나님께서는 영적인 아버지들과 어머니들에게 이러한 새 신자들이 하나님 나라에 들어올 때 그들을 환영하고 그들을 영적인 아들과 딸들로 훈련시키고자 소원하는 마음을 주십니다. 가정교회들을 통한 성도들의 소그룹 모임들은 이러한 종류의 훈련들을 위한 모범적인 조직의 형태를 제공하고 있습니다.

관계들이 형성되지 않는 지루한 교회 조직

비록 가정교회들과 가정교회 네트워크들이 영적인 가족 관계를 형성하기 위한 매우 훌륭한 포도주 부대이지만 가정교회 그 자체가 해답을 줄 수 있는 것은 아닙니다. 사실상 **중요한 것은 조직 자체가 아니라 그 가정교회 안에서 발생하는 인간 관계들입니다.** 가정교회들에 있는 사람들이 영적인 부모의 역할을 하지 않는다면 다른 교회 조직들처럼 그들은 쉽게 지루해하며 생명력을 잃게 될 것입니다. 가정교회 네트워크 안에서 아버지와 아들의 관계, 어머니와 딸의 관계, 그리고 친구와 친구의 관계들이 활발하게 일어난다면 이 교회들은 생명력이 넘치게 될 것입니다.

당신도 영적인 부모가 될 수 있습니다!

아마도 당신은 영적인 부모가 되기 위해서 노력을 했지만 실패했다고 느끼고 있을 수 있습니다. 하나님께서 은혜를 주실 것을 믿고 다시 시작하십시오! 어떤 사람이 테레사 수녀님께 즉각적인 결과를 보지 못했기 때문에 실망했을 때 어떻게 하셨는지에 대해서 물어봤습니다. 그러자 테레사 수녀님은 다음과 같이 답변했습니다.

"하나님께서는 저의 성공을 요구하지 않으십니다. 하나님께서는 저의 신실함을 요구하십니다. 하나님의 얼굴을 바라볼 때 결과들은 그리 중요하지 않습니다. 진짜 중요한 것은 신실함입니다."[21]

당신은 영적인 아버지나 어머니를 한 번도 가져본 적이 없을 수도 있습니다. 비록 당신이 영적인 부모를 결코 가져 보지 못했을지라도 단지 당신이 누군가의 영적인 멘토가 됨으로써 그들에게 당신이 가져 보지 못한 그것을 나누어 줄 수 있습니다. 당신이 완벽하지 않아도 되며, 단지 주님께 신실하고 순종하면 됩니다. 다른 사람에게 마음 문을 열고 그들을 위해 당신의 시간을 드리십시오. 그리고 섬기는 자가 되십시오.

당신이 다니고 있는 교회의 사역이나 소그룹에 참여하십시오. 아니면 가정교회를 시작하거나 참여하십시오. 사람들을 사귀십시오. 그 그룹에서 최고로 잘 들어 주는 사람이 되십시오. 매일 사람들을 위해서 기도하십시오. 그리고 하나님께서 당신을 위해서 하시는 일들을 바라보십시오! 사람들이 당신에게 시간이 있느냐고 물어볼 때 놀라지 마십시오. 주님께서 마음에 주신 사람들에게 연락해 커피를 마시자고 제안하십시오. 그리고 그들이 어떻게 지내고 있는지 물어보시고 들으십시오. 용기 있는 말을 해주십시오. 사람들을 고치려 하지 말고 그들을 사랑하십시오! 당신이 상담학 수업을 3년간 듣고 멘토링에 대한 책 10권을 끝내고 제자 양육에 대한 끝나지 않는 세미나를 참석할 때까지 기다리지 마십시오. 조그맣게 출발하십시오. 한 명에서 세 명만 있으면 제자 양육이 가능합니다. 당신이 생각하기에 완벽한 제자 양육 전문가가 될 준비를 마칠 때까지 기다릴 수 없습니다. 왜냐하면 그러한 일은 절대 일어나지 않을 것이기 때문입니다.

만일 당신이 멘토를 하는 일에 대해 주저하고 있다고 느낀다면, 주님의 부르심에 그렇게 느꼈던 사람들이 성경에 아주 많이 있었습니다. 모세는 자신이 말 재주가 없다고 하나님께 말씀 드렸습니다. 예레미야는 자신이 너무 어리다고 말했습니다. 여호수아는 두려워했습니다. 기드온은 자신이 미천한 가정에서 자란 사람이라고 생각했습니다.

당신의 실제적인 나이도 변명이 될 수 없습니다. 당신이 18세든 80세든 영적인 부모가 될 수 있습니다. 우리 가정 그룹의 12세짜리 여자 아이는 자기보다 어린 아이들에게 영적인 부모가 되었습니다. 그녀는 자신의 팔에 어린 아이들을 안고서 하나님의 말씀으로부터 배운 단순한 성경적인 원리를 그들에게 가르쳤습니다. 그 여자 아이는 꼬마 아이들과 함께 기도했고, 필요할 때면 그들을 돌보아 주었습니다. 그 여자 아이는 자신이 실천하면서 배웠습니다. 예수님과 다른 어린 아이들에 대한 사랑으로 그녀는 작은 순종의 발걸음을 한 발짝씩 나아가고 있었습니다. 그 여자 아이는 자신이 완벽하게 준비될 때까지 기다리지 않았습니다. 아직까지 어린 아이지만 그녀는 배우고 있는 동안에 영적인 부모가 되었습니다.

당신이 자신을 드려서 다른 사람의 인생에 투자하게 될 때 당신의 가정교회의 분위기는 완전히 바뀌게 될 것입니다. 그것을 위해서 기도해 보십시오. 그리고 더 기대하는 마음으로 믿음의 발걸음을 내디디십시오. 섬기는 종의 마음과 겸손한 마음을 유지하십시오. 그러면 하나님께서 영적인 성인으로 성장하기를 바라며 돌봄을 받고자 하는 사람들을 당신에게 보여 주실 것입니다.

STARTING A HOUSE CHURCH

제5장
우리의 측정 기준 : 역동하는 초대교회 모델

예수님께서는 **교회를 공동체로서**(church as community) 설계하셨습니다. 예수님은 자신이 시작한 새로운 운동에 대해 어떻게 생각하고 있는지 제자들을 이해시키기 위해서 가장 단순한 언어로 교회를 정의했습니다. 예수님과 12제자들이 함께 배우고 살고 섬길 수 있는 공동체를 형성하면서 교회가 생겨나게 되었습니다. 사도 바울은 예수님의 교회가 선교적인 삶의 공동체라는 것을 이해하고 지켜 나갔습니다. 바울은 예수님에 대한 복음을 전하기 위해 가게 된 빌립보에서 한 여성 기도 모임에서 참여하게 되었을 때 이런 선교적인 삶의 공동체로서의 교회에 대해 언급하게 되었고, 그들 중 여성 리더인 루디아(Lydia)의 가정에서 모여서 가르칠 때 처음으로 생겨나게 되었습니다.

　오늘날에도 한 가정이 정기적으로 친구들을 초대해서 식사를 같이 하고 예수의 제자들로서 함께 성장하기를 간구할 때에도 이러한 공동체가 형성됩니다. 사람들이 함께 식사를 나눌 때 교회는 함께 성장하게 됩니다. 그들이 예수님의 명령을 함께 순종해 나갈 때 그들은 분명한 목적을 가진 교회가 됩니다. 동일한 마음을 가진 사람들이 작은 공동체로 모일 때 그들은 동일한 비전을 나누며 함께 성장하는 동안 공동체의 네트워크를 형성하게 됩니다. 이상적으로 그러한 네트워크들은 서로의 가정들에서 깊은 우정을 나누거나 제자 양육을 함께 함으로써 경험하기도 하고 또한 하나님이 이러한 운동을 통해 하시는 일에 감격하면서 주님을 함께 높여 드릴 때 잘 형성이 됩니다.

　초대교회는 성도들이 그들의 가정을 개방하면서 수천 명의 사람들이 예수님을 믿기로 작정하는 일이 일어나는 역동적인 교회 생활을 경험하게 되었습니다. 어떤 경우에는 하룻밤 사이에 교회에 3,000명의 성도로 늘어나는 일도 있었습니다. 그렇다면 어떻게 예수님을 따르는 작은 무리들이 3,000명이나 되는 새 신자들을 돌볼 수 있었을까요? 그들은 할 수 없었습니다. 그들의 성공 비결은 사도행전 2장 45-47절에 나타나 있습니다.

　　또 재산과 소유를 팔아 각 사람의 필요를 따라 나눠 주며 날마다 마음을 같이하여 성전에 모이기를 힘쓰고 집에서 떡을 떼며 기쁨과 순전한 마음으로 음식을 먹고 하나님을 찬미하며 또 온 백성에게 칭송을 받으니 주께서 구원받는 사람을 날마다 더하게 하시니라(행 2:45-47).

초대교회는 서로 돕고 예수님에 대해서 모르는 사람들에게 복음을 설명해 주면서 시작되었습니다. 사도행전에 기록된 바에 의하면 예수님을 따른다는 것은 다른 사람들의 삶에 다가가는 것이며 이 또한 건강한 가정 그룹을 유지하는 비결이라고 지적하고 있습니다. 하나님과 다른 사람들을 위한 교회이어야지 자기 자신들을 위한 교회가 되어서는 안 됩니다.

가정집에서 모이는 교회

교회가 처음 시작되었을 때 예수님이 사람들의 삶 속에 다가갔던 방식을 그대로 따랐습니다. 사도행전 2장 42절은 다음과 같이 기록하고 있습니다. "그들이 사도의 가르침을 받아 서로 교제하고 떡을 떼며 오로지 기도하기를 힘쓰니라." 그리고, "유익한 것은 무엇이든지 공중 앞에서나 각 집에서 거리낌이 없이 여러분에게 전하여 가르치고" 등과 같이 사도 바울도 동일한 일을 한 것을 사도행전 20장 20절의 기록을 통해서 알 수 있습니다.

사도 바울이 로마의 기독교인에게 쓴 편지는 가정교회들로 만나는 성도들에게 보내는 것이었습니다. 로마서에서 사도 바울은 브리스가(Priscilla)와 아굴라(Aquila)의 가정집에서 모이고 있는 그룹들에 대해서 언급하고 있습니다.

너희는 그리스도 예수 안에서 나의 동역자들인 브리스가와 아굴라에게 문안하라. 그들은 내 목숨을 위하여 자기들의 목까지도 내놓았나니 나뿐 아니라 이방인의 모든 교회도 그들에게 감사하느니라. 또 **저의 집에 있는 교회에도** 문안하라(롬 16:3-5).

또한 바울은 아리스도불로(Aristobulus)와 나깃수(Narcissus)의 집에서 만나는 교회들에 대해서도 문안 인사를 보내고 있습니다(롬 16:10-11 참조). 바울이 그의 동역자인 빌레몬(Philemon)에게 편지를 보냈을 때 그는 그의 집에 있는 교회에 문안 인사를 보냈습니다. "우리의 사랑을 받는 자요 동역자인 빌레몬과 자매 압비아(Apphia)와 우리와 함께 병사된 아킵보(Archippus)와 네 집에 있는 교회에 편지하노니"(빌레몬서 1:1-2).

사람들의 가정집에서 만나는 교회들의 형태는 신약시대에 수없이 반복되고 있습니다. 사도 바울은 빌립보 감옥의 간수와 그의 온 집에 있는 가족들을 만나서 그들에게 예수님에 대해서 가르쳤고 그 결과로 그들 모두가 예수님을 따르는 제자들이 되었습니다(사도행전 16: 30-34 참조). 빌립보의 믿는 자들은 루디아 집과 같은 가정교회로 만났습니다(사도행전 16:15, 40 참조). 골로새의 교회는 눔바(Nymphas)의 집에서 만났습니다(골로새서 4:15 참조). 바울은 그의 생애의 마지막이 가까웠을 때 그의 셋집을 복음 전도 교육 센터로 사용했고 자기에게 오는 사람들을 영접하고 하나님의 나라를 전파하며 주 예수 그리스도에 관한 모든 것을 담대하게 거침없이 가르쳤습니다(사도행전 28:30-31 참조).

　　베드로와 마가라 하는 요한의 어머니인 마리아도 가정교회를 세우는 데 공헌했습니다. 베드로는 고넬료(Cornelius)의 집에서 그의 가족들과 친구들을 함께 만났습니다. 마리아는 그녀의 집에서 가정교회 모임을 주관했습니다. 이런 초대교회 기독교인들이 함께 살고 함께 식사하고 함께 일하고 함께 기도하는 것이 교회의 자연스러운 모습들이었습니다(사도행전 10:22-48; 12:12 참조). 교회는 그들이 참석하는 장소가 아니라 그들의 삶을 나누는 방식이었습니다.

　　사도행전에는 많은 가정교회들을 통해서 성취된 교회의 탄생과 교회들의 성장을 잘 기록하고 있습니다. 흥미롭게도 교회가 어떻게 탄생하게 되었는지에 관한 이야기는 모두 많은 사람들의 가정집에서 시작되었다고 끝맺어지고 있습니다.

혁신적인 변화

　　성경에는 하나님께서 예수님을 따르는 모든 사람들이 교회의 구성원이 되기 원하시기 때문에 교회에 대해서 매우 단순하게 정의하고 있습니다. 예수님께서 우리들의 죄를 위해 십자가에서 돌아가시기 위해서 이 땅에 오신 것뿐 아니라 예수님을 따르는 모든 사람들이 그의 영적인 가족인 교회에서 자신들의 자리를 발견할 수 있도록 능력을 부여해 주시기 위해서도 오셨습니다. 이것이 교회에서 우리 모두를 '제사장들'로 만든 이유 중 하나입니다.

　구약성경 시대에는 소수의 사람만이 제사장으로 선택되었습니다. 그러나 예수님께서 이러한 질서를 바꾸셨습니다. 예수님께서는 그분을 믿는 모든 사람들이 제사장들이라고 가르치셨습니다. 예수님 당시의 유대인들에게는 소수의 사람들에게만 있는 것이 아니라 모든 사람들에게 주어진 역할들이 있다는 것을 의미합니다. 오늘날은 우리가 교회의 리더가 되기 위해서 4년씩이나 되는 성경 대학을 다니지 않아도 된다는 것을 의미합니다. 사실상 예수님은 리더의 개념을 종 또는 섬기는 자로 새롭게 정의했습니다.

　예수님께서 오셨을 때 모든 것이 바뀌었습니다. 예수님은 그분을 믿는 모든 사람마다 섬기는 리더(Servant-leader)가 되게 하셨습니다. 세리, 어부, 정치적 열성 당원들, 로마 병사들, 남녀 모두 동일했습니다. 모든 사람들이 교회의 구성원이 되도록 초대되었습니다. 이러한 새로운 실천 방식이 요즘 사람들에게 잘 알려져 있는 **에클레시아**(ecclesia)라고 불렸습니다.

　이 단어는 그리스 도시 국가에서 정치적인 단체를 구성하는 보통 사람들을 일컫는 그리스어입니다. **에클레시아**(ecclesia)는 도시의 모든 시민들이 모인 집회를 일컬었고 오늘날은 교회의 구성원으로서의 우리들을 가리키고 있습니다. 우리는 어떤 일이 실행될 수 있도록 권위가 부여된 사람들입니다. 우리는 예수님의 명령에 순종하기만 한다면 어떤 일들을 결정할 수 있고 실천할 수 있으며 다른 사람들을 섬길 수 있는 권한이 부여된 사람들입니다.

하나님께서 이루신 혁신적인 변화 중 한 가지는 교회가 처음으로 유럽에서 생기게 되었을 때입니다. 이 교회는 장사를 하는 한 여인의 가정집에서 시작되었습니다. 그녀의 이름은 루디아(Lydia)였습니다. 바울은 기도를 하기 위해 빌립보의 강가 근처에 갔다가 하나님을 경외하는 여성 모임에 대해서 듣게 되었습니다. 비록 종교적인 건물이 아닌 다른 곳에서 만나 함께 기도하는 여성 모임이 이루어졌다는 것은 서구적인 사고 방식에서는 그리 대단하게 여겨지지 않을 수도 있지만 1세기만 해도 회당을 중심으로 모이는 유대인과 신전을 중심으로 모이는 그리스인들의 종교 행위에서 벗어난 매우 혁명적인 사건이었습니다. 루디아는 바울의 가르침을 신뢰하는 마음으로 응답했고 유럽 대륙에서 첫 번째 교회가 탄생하도록 도와 그 교회의 실제적인 리더가 되었습니다.

만일 교회에 대한 당신의 사고 방식이 제도적이고 원론적이라면 당신은 루디아의 역할을 낮게 비하시킬 수 있습니다. 그러나 만일 당신이 성경이 정의하는 **에클레시아**(ecclesia), 즉 영적인 가족의 개념으로 생각할 수 있다면 하나님께서 유럽에 첫 번째 교회를 세우시고 이끄는 데 '루디아'라는 한 여성을 의도적으로 사용하신 사실을 받아들일 수 있을 것입니다.

루디아의 가정집에서 만난 가정교회는 하나님이 정확히 원하는 방식으로 세워졌습니다. 그 가정교회는 절대로 화려하지 않았고 자신의 가정을 바울과 그의 동역자들에게 개방한 한 장사꾼에 지나지 않은 여성의 리더십 은사들을 바탕으로 사람들을 위한 공동체가 세워진 것입니다(사도행전 16:14-40).

근대 교회의 딜레마

수세기를 지나면서 교회는 신약성서에 바탕을 둔 소그룹 모임들을 잃어버렸고, 큰 교회 건물들에서 만나는 교회를 더 많이 강조하기 시작했습니다. 초대교회(사도행전에서 보인 교회)가 생긴 이후 300여 년이 지난 다음 콘스탄티누스 대제가 기독교인들이 모일 수 있는 회합 장소들을 건설할 때 이러한 현상이 일어났습니다. 그 당시에 많은 기독교인들이 가정집에서 모이는 것보다는 이러한 '교회 건물들'에서 모이기 시작했습니다.

우리들은 예수님을 따르는 제자들이 교회를 사람들이 모이는 장소로 보지 않고 **사람**(people)으로 보는 일이 다시 일어나야 한다고 생각합니다. 특별히 서구 세계가 공동체보다는 건물과 프로그램에 의지한 결과로 현대 교회는 급속도로 쇠약해지고 있습니다. 현대 교회에 관한 통계를 보면 매우 참담합니다. 오늘날 다양하고 복잡한 세상에서 교회가 그 타당성을 잃어가고 있는 사실이 드러나고 있습니다. 다음 내용은 실제 사실을 바탕으로 기록한 것입니다.

- 미국은 중국과 인도 다음으로 세 번째로 구원받지 못한 사람들이 많은 나라로 기록되고 있습니다. 지난 50년간 복음주의 교회들의 성장은 미국 전체 인구의 2% 의 성장에도 미치지 못하고 있습니다. 다른 말로 말하면 우리들의 자녀들조차도 기독교인으로 만들지 못하고 있다는 사실입니다.[22]

- 대략 3,500~4,000개의 교회들이 해마다 문을 닫고 있는 반면에 1,100~1,500개의 교회들이 해마다 새로 생겨나고 있습니다.[23]

- 교회에 다니지 않는 사람들에게 전도하는 교회들은 매우 의도적으로 사람들에게 접근하고 있으며 그 시대의 문화를 잘 이해하고 있습니다. 1977~1994년 사이에 태어난 세대들을 이해하기 위한 중요한 요소 중의 하나는 바로 그 세대의 문화를 잘 인식하는 것입니다. 이 세대에 태어난 사람들 중 단 4%만이 기독교인이라는 연구 발표가 있었습니다. 이 통계는 이 세대에 속한 사람들이 교회를 다니지 않는 비율이 미국 역사상 가장 높은 수치를 기록하고 있다는 것을 보여 주고 있습니다.[24]

오늘날 교회는 화려한 프로그램과 21세기형 최첨단 기술과 방법들을 동원해 사람들을 예수 그리스도에게로 인도하려 노력하고 있습니다. 그러한 방법들이 자리를 잡고 있지만 많은 경우에 있어서 과장되어 있습니다. 모두 하나님의 이름을 빙자해 비인격적이면서도 불쾌감을 주는 어떤 방법으로 부담을 주어 무엇인가를 하도록 이끌어 내고 있습니다. 최첨단 기술들과 프로그램들로서 순수한 기독교 공동체로 형성된 인격적인 관계들을 대신할 수 없습니다.

하나님께서 교회를 창조하실 때 역동적이면서, 지속적으로 성장하며, 인간관계가 활발한 공동체가 되기를 원하셨습니다. 성령님께서는 교회에 새로운 움직임이 창출되기 위해 모든 세대와 모든 종족을 초청하고 계십니다. 예수님께서는 이 새로운 움직임을 '새 포도주 부대들'

이라고 표현하셨습니다. 이것은 교회가 형성되어 가는 큰 모험의 한 과정입니다. 하나님 아버지께서는 우리가 교회에 새로운 방식을 실천하는 새로운 포도주 부대를 창조하도록 허락하신 것에 대해서 무척 기뻐하고 계십니다. 하나님께서는 우리가 구태의연한 방식을 깨고 새로운 방식을 교회에 실천하기를 원하시고, 그 과정에서 능력을 부여받은 하나님의 사람들의 모임인 **에클레시아**(ecclesia)로서 교회 안에 잠재되어 있는 놀라운 능력을 우리가 발견하기를 원하십니다.

사도행전 시대의 교회 만들기

이제 우리는 새로운 관점을 가지고 사도행전을 읽어야 할 때가 왔습니다. 당신이 사도행전을 읽고 오늘날 어떠한 교회의 모습이 가능한지에 대해 꿈을 꾸기 바랍니다. 사도행전에서 우리는 서로가 가진 소유물을 서로 나누는 교회에 대해서 읽게 됩니다. 우리들의 마음 문을 열고서 보면 매우 관대하고, 활력이 넘치며 성장하고 있는 담대한 사람들의 공동체를 만나게 됩니다. 건물 및 프로그램 등에 매여 있는 교회 관습이 아니라 예수님의 사랑에 완전히 빠진 사람들의 공동체입니다.

사도행전에서 우리는 서로의 가정을 친구들에게 개방하고 함께 식사를 나누고 성찬을 나누며 주님의 죽으심을 기념하고 있는 이야기를 많이 읽게 됩니다. 우리는 그들이 찾을 수 있는 모든 악기들을 동원해서 예수님을 보내 주신 하나님께 감사가 가득하고 아름답고 즐거운 음악으로 하나님을 찬양하는 이야기를 읽습니다. 예루살렘 전역에 퍼져 있는 선생들, 예언자들, 복음 전도자들이 믿는 사람들을 찾아 다니면서 그들이 서로 잘 연결되어 신앙 생활을 잘하고 있는지 확인하는 모습을 상상할 수 있습니다. 그리고 예수님을 따르는 이러한 작은 공동체들이 자연스럽게 성장하고 증가하고 있는 것을 우리의 상상력을 동원해 그려볼 수 있습니다.

사도행전적인 교회는 주일에 한 번 만나는 모임이 아니라 살아 있는 **공동체**(community)로서의 기능을 감당합니다. 그들은 오늘날 우리가 이해하는 대형교회의 모습은 아닙니다. 그대신 모든 도시에서 자연스럽게 일어나는 작은 공동체들의 역동적인 움직임이었습니다. 그들은 가끔 솔로몬 성전 앞에 모여서 큰 축제의 예배를 드리기도 했습니다. 그들은 각 사람들의 가정집에서 그리고 그들이 찾을 수 있는 어떠한 공간에서든지 함께 모여서 예배를 드리며 그들의 친구들과 가족들을 위해서 기도했습니다. 도시 안에 있는 어떤 지역이든지 사회 속의 어떠한 영역이든지 그들이 침투하지 않는 곳이 없었습니다.

그들이 가진 능력으로 어떤 일이 일어났을지 상상해 보십시오. 그들은 자주 금식하고 예배를 드리고 서로를 세우는 격려의 말을 하는 데 많은 시간을 보냈습니다. 그들은 예수 그리스도에 관한 말씀을 담대하게 선포했습니다. 평범한 사람들이 자신들이 가르치고 병든 자를 위해 기도하고 섬기고 행정을 관리할 수 있는 능력들이 있는 것을 발견하기 시작했습니다. 작은 공동체들로 단순히 모이게 되니 모든 사람들이 다 참여하게 되었습니다. 소수의 몇 사람만 참여하는 것이 아니라 교회 전체가 활발하게 참여하게 되었습니다. 왜냐하면 많은 사람들이 오랜 세월 동안 바리새인의 비인격적이고 강압적인 율법주의에 시달려 왔기 때문에 기독교인들의 삶의 방식은 다른 사람들에게 매우 호감을 주었습니다. 하나님은 유대교의 마른 뼈들에 생기를 불어 넣어 주시고 평범한 사람의 군대가 생명을 얻도록 하셨습니다. 그것은 마음속에 하나님에 대한 열정으로 가득 찬 평범한 사람들의 군대였습니다.

STARTING A HOUSE CHURCH

제6장

가정교회에 대한
온전한 이해

가정교회는 우리를 정말 흥분시키고 있는 교회 모델입니다. 그럼에도 불구하고 아직까지 우리는 전 세계에서 전도 사역을 잘 감당할 수 있는 교회 모델들을 쉽게 찾기가 어렵습니다. 우리는 가장 최근에 유행한 교회 조직이나 방법들에 그리 매력을 느끼고 있지 않습니다. 그리스도의 몸된 교회들 가운데서 일시적으로 유행한 영적인 현상들을 많이 경험했지만 우리는 더 이상 교회가 그러한 방식으로 가기를 원하지 않습니다.

그렇다면 왜 우리가 가정교회들을 세우는 데 참여해야 할까요? 그것은 가정교회가 최고의 교회가 아니라 더 나은 방식의 모델이기 때문이라고 말씀 드리고 싶습니다. 우리는 영적인 교만, 분노의 영, 혹은 반란의 영에 근거를 두고 어떤 교회도 세워져서는 안 된다고 생각합니다.

우리는 가정교회를 더 선호하고 있으며 작은 교회 공동체들이 더 운영이 잘 된다고 생각합니다. 그 이유는 작은 교회 네트워크들이 더 성경적이라는 이유 때문이라기보다는 이런 네트워크를 통해서 사람들이 쉽게 참여하고 서로의 삶에 책임감 있게 되며 리더들을 쉽게 배출할 수 있는 장점들이 있기 때문입니다. 또한, 예수님을 모르는 사람들에게 더 쉽게 가까이 다가갈 수 있는 좋은 장점들이 있기 때문입니다.

무엇보다도 우리는 가정교회들이 하나님께 영광을 올려 드릴 수 있는 교회 구조라고 믿고 있습니다. 북미 전 지역과 열방 가운데 가정교회와 같은 미세교회(micro-churches)들이 많이 일어나고 있습니다. 우리의 교회들이 완전한 교회라고 느끼고 안주할 때마다 주님께서는 비전의 사람들을 통해서 우리가 만들어 놓은 상자 밖으로 우리들의 교회나 공동체가 나올 수 있도록 새로운 비전과 소망을 불어넣어 주시면서 더욱 더 우리의 지경을 넓히기를 원하십니다.

분명한 것은 우리가 하나님을 상자 안에 갇히게 할 수 없습니다!

가정교회들은 유동적이고 유연성이 있으며 어떤 곳에서도 생겨날 수 있습니다. 교회는 카페에서 차를 마시거나 식사하면서 단출한 모임으로 시작할 수 있으며 또는 직장의 회의실에서, 혹은 공원에서 함께 즐거운 시간을 보내면서, 쇼핑몰이나 미술관, 공장지대나 젊은이들을 위한 공간 등에서 작고 소박하게 모임을 시작할 수 있습니다. 이런 모임들은 정기적으로 시간을 정해 놓고 함께 떡을 떼며 잔을 나누는 성찬을 통해 주님의 죽으심과 부활하심을 기억하는 것들이 필요합니다. 그리고 식사와 간식 등을 같이 나누면서 교제하고 찬양도 함께하며 기도가 필요한 사람들을 위해서 기도하는 시간들도 필요합니다. 이런 모임을 통해서 우리는 저마다 가지고 있는 것들을 나눌 뿐 아니라 함께 힘을 합해 전도하는 일에도 힘써야 합니다. 우리가 할 수 있는 일은 하나님께 "어떻게 하면 저희가 주변에 있는 친구들과 이웃들을 함께 전도할 수 있을까요?"라는 실제적인 질문을 드리고 하나님께서 말씀하시는 대로 순종하는 일입니다.

교회란 무엇일까요?

가정교회들에 대해서 그리고 가정교회들의 모습이 어떠한지에 관해서 더 많은 이야기를 나누기 전에, 잠깐 멈춰 서서 우리가 교회의 본질에 대해서 올바른 이해를 하고 있는지 먼저 점검해 볼 필요가 있다는 생각이 듭니다.

교회란 정확히 무엇을 의미할까요? 교회는 건물이나 모임이나 프로그램이 아닙니다. 예수 그리스도의 교회는 단순히 사람입니다. 믿는 사람들로서 우리들 자신이 교회입니다. '교회'라는 단어는 헬라어로 **에클레시아**(ekklesia) 이며 문자적인 의미는 '**부르심을 받은 사람들**(called out ones)'이라는 뜻입니다. 교회는 영적인 어둠상태에 있던 사람들이 주님의 부르심으로 빛 가운데로 나온 후 예수님의 지상 명령에 순종하도록 부르심을 받은 사람들의 그룹을 일컫습니다.

우주적인 교회

우리가 예수 그리스도를 믿게 될 때 곧바로 전 세계의 모든 믿는 자들을 포함하는 그리스도의 우주적인 교회의 한 일원이 됩니다. 세계 어느 곳을 가든지 얼굴 색도 다르고 문화도 다르고 모든 것들이 완전히 다른 배경 속에서 우리와 동일한 믿음을 가진 그리스도인들을 발견하게 됩니다. 이들 그리스도인들은 모두 하나님 아버지를 믿고 있습니다. 그리고 예수 그리스도를 주님으로 영접하고 동일한 가족의 구성원이 되었습니다.

한번은 제(래리)가 비행기를 타고 여행하는데 바로 옆 좌석에 앉아 있던 어떤 회사의 대표가 자기 회사에 대해서 이야기해 주기 시작했습니다. 그런 다음, 저에게 다음과 같이 질문했습니다. "무슨 일을 하시는 분이시죠?" 저는 세상에서 가장 큰 회사의 직원이라고 말했습니다. 그리고 다음과 같은 말을 덧붙였습니다. "사실 저희 회사는 전 세계에 지사들이 없는 곳이 없습니다." 물론, 제가 말한 회사는 하나님의 놀랍고 우주적인 가족 공동체인 예수 그리스도의 교회를 일컫는 것이었습니다.

성경은 우주적인 교회에 대해서 언급하고 있습니다. 이 우주적인 교회는 모든 하나님의 교회의 모든 성도들과 모든 하늘과 땅에 있는 하나님의 자녀들이 예수 그리스도가 유일한 구원자임을 믿는 교회를 일컫습니다. "각 족속과 방언과 백성과 나라 가운데에서 사람들을 피로 사서 하나님께 드리시고"(계 5:9).

지역교회

'교회'라는 말은 바로 **지역**(local)교회를 가리킵니다. 하나님의 우주적인 교회 가족들 안에 크기가 다양하고 형태와 종류들이 다양한 **지역**(local)교회들이 있습니다. 각 지역사회에서 이러한 지역교회들이 성도들에게 필요한 사랑과 지원을 아낌없이 주고 있습니다.

작가이면서 설교가이며 서든 캘리포니아 주에 교회를 개척하신 요엘 콤미스키(Joel Comiskey) 목사님에 따르면, 신약성경이 의미하는 지역교회는 그리스도가 주되심을 인정하고 다른 지역교회들에 상호 보완적으로 책임을 지며 성례에 참여하고 하나님 중심적인 리더십 아래에서 정규적인 모임을 갖는 것이라고 합니다.

신약성경에 나타난 지역 가정교회들은 사람들이 정해진 시간과 공간에서 실제적으로 만나고 있습니다. 리더십에 대해서 강조할 때, 저는 지역교회가 하나님 중심적인 리더십의 권위 아래에서 정규적인 모임들을 가져야 한다고 생각합니다. 저는 지역교회들의 의미가 단순히 스타벅스와 같은 커피숍이나 크리스 톰린(Chris Tomlin)의 음악 콘서트에 '가끔 한 번씩' 함께 가면서 이뤄지는 성도들의 모임으로 전락하는 것을 우려하는 마음에서 이 말씀을 드리고 있습니다.[25]

그렇다면, 우리가 이해하고 있는 진정한 지역교회는 예수님과 다른 성도들에게 헌신하고 하나님 말씀에도 순종하며 동일한 비전을 따를 것을 헌신하며 영적인 리더십의 권위에 순종하기로 작정한 믿는 자들의 그룹입니다. 그들은 정기적으로 함께 모이는 성도들의 그룹으로 서로를 돌보아 주고 함께 예배를 드리면서 하나님을 섬기고 예수님을 모르는 사람들에게 전도하는 공동체입니다. 이러한 공동체가 지역교회이며 그 크기와 예배 형식과 어떤 건물이든 상관 없이 모이는 공동체로 그 의미가 매우 단순합니다.

가정교회들은 독립된 온전한 교회들입니다

가정교회들은 더 큰 교회들의 부속품 같은 존재가 아닙니다. 데이비드 게리슨(David Garrison)의 〈하나님의 교회개척 배가운동(Church Planting Movement)〉에 의하면 가정교회들은 독립된 온전한 교회들입니다.

가정교회들은 가정에서 소규모로 만날 수 있는 독립된 교회입니다. 가정교회들은 제한된 작은 공간을 채운 다음에 그들의 참석 인원이 늘어나면 다른 장소에서 새롭게 가정교회들을 시작하게 함으로써 서로 성장하게 됩니다. 각각의 가정교회들은 자체적인 리더들이 있고 교회의 위계 질서보다는 예수님께서 직접적으로 권위를 부여하신 리더들이며 교회에서 여러 가지 역할을 감당합니다.[26]

모든 가정교회들은 그 자체로서 하나의 온전한 교회로서의 기능을 충분히 수행합니다. 가정 그룹에서 모든 사람들이 참여할 수 있도록 도와주는 리더들이 있습니다. 모임들은 모든 사람들이 어떤 사역이든지, 기여할 수 있는 기회들을 주는 참여적이고 상호 보완적인 가족형 모임들입니다. 참여하는 사람들은 매주 만나서 성경 공부, 식사, 기도, 성찬 등을 나누고 새 신자에게 세례를 주면서 자신들의 신앙의 문제들이나 직장 문제들을 함께 고민하는 시간들을 갖습니다.

예수님과 다른 사람들을 사랑하는 평범한 사람들이 미세교회들을 이끌어 갑니다. 그들은 더욱 더 그리스도를 닮아 가는 삶을 살기 위해 매일 몸부림 치는 가운데 우리의 인생이 하나님을 사랑하고 다른 사람들과 연결되어 살아가는 것이라는 사실을 발견하게 됩니다. 사람들은 작은 공동체에서 자신을 숨길 수 없습니다. 가정교회에서는 다른 건강한 소그룹에서와 마찬가지로 참석자들이 다른 사람들과 교제하면서 서로를 위해 책임감을 가지게 되며, 다른 사람에게 자기 자신들을 솔직하게 보여 주는 방법 등을 배우게 됩니다.

캐나다에서 가정교회 운동을 시작한 래드 즈데로(Rad Zdero) 목사님은 미세교회들이 추구하고 있는 것들이 무엇인지 다음과 같이 적절하게 표현하고 있습니다.

가정교회에 참석하고 있는 사람들은 공동체 안에서 예수님의 능력과 그분의 인격을 재발견하기를 원합니다. 그리고 그들이 선교 사역에 참여하게 되면서 초대교회의 성도들처럼 적극적으로 사역을 하게 됩니다. 여기에는 교회 건물, 전문적인 성직자, 전통적인 예배, 또는 값비싼 프로그

램 등이 전혀 필요하지 않습니다.[27]

즈데로는 사람들이 자신들의 세계관을 나눌 수 있는 사람들과 함께 자신들이 선택한 믿음을 검증해 나갈 수 있기 때문에 가정교회들에 매력을 느끼고 있다고 했습니다.

가정교회들은 다른 사람들을 사랑하는 사람들을 의미합니다. 저(플로이드)는 레이(Ray)와 맥신(Maxine)이라는 어느 한 부부가 이삭이라는 이름을 가진 생후 1 주일된 아들이 죽게 되었을 때 이러한 사실을 깨닫게 되었습니다. 여행에서 돌아온 지 얼마되지 않은 저는 장례식이 끝난 후 그 아기의 부모님을 묘지 앞에서 만나게 되었습니다. 그들이 아기를 잃은 슬픔에 젖어 있음을 명백히 느낄 수 있었습니다. 이 부부는 딸 브리아나(Briana)와 함께 사랑하는 친구들에게 둘러싸여 있었습니다. 친구들은 병원에서 이 부부와 함께 앉아 있었고, 그들에게 식사를 가져다 주었고, 혼란과 고통 가운데 있는 그들과 함께 슬퍼했습니다.

이후에 저는 '만일 이 부부에게 이런 공동체의 친구들이 없었다면 그들이 이러한 고통의 시간들을 어떻게 견디어 낼 수 있었을까? 모든 가족들과 친척들이 집으로 돌아간 후에 함께 고통을 나누며 그들을 도와줄 수 있는 친구들이 없었다면 얼마나 힘겹고 어려웠을까?' 라는 생각들을 하게 되었습니다. 하나님께서 그의 백성들을 위해 다른 사람들을 통해서 하나님의 사랑과 보살핌을 보여 주셨습니다. 이와 같이, 우리가 특별히 직면하는 문제들에 대한 적절한 해답이나 쉬운 해결책들을 찾을 수 없는 경우에 가정교회를 통해서 함께 서로를 위해 섰을 때 하나님의 사랑을 더 많이 경험할 수 있습니다.

가정교회들은 예수님과 함께
공동체들에 참여합니다

십대 소년이었을 때 저(플로이드)는 "친구들을 초청해서 교회로 데려오라"는 이야기를 많이 들었습니다. 저는 여러 번 친구들을 교회에 전도하려고 애썼습니다. 그러나 아무리 애써도 큰 소득이 없었습니다. 저는 절친한 친구인 게리(Gary)를 교회로 인도했습니다. 게리는 저와 함께 농구팀에서 활동하는 키가 큰 친구였습니다. 우리들은 많은 시간을 같이 보내며 공부도 함께 하고 둘 다 너무 수줍음이 많아서 여자 친구도 없었습니다. 우리는 같이 식사하고 음료수도 마시고 함께 농구를 즐겼습니다. 거의 모든 생활이 같이 이루어졌습니다. 제가 계속해서 교회에 가자고 요청한 결과 마침내 게리가 우리 교회 모임들에 참석하게 되었습니다. 오순절 교회인 우리 교회는 예배드릴 때 춤을 추며 소리를 지르며 손벽을 치면서 기쁨으로 하나님께 예배를 드렸습니다. 그러나 게리에게는 이런 예배가 잘 적응되지 않았습니다. 게리와 같이 교회를 잘 모르는 사람들에게는 적응하기 힘든 예배였습니다. 천만다행으로 우리의 우정은 깨지지 않았고 여전히 함께 다닐 수 있었지만 그때 이후로 게리는 저를 조금 이상하게 생각했습니다.

제가 대학에 입학할 때까지 저도 교회 다니는 것을 중지했습니다.

저도 자신의 마음에서 우러나오는 설교를 하는 대신 사람들에게 고함을 지르는 요란한 설교자들과 지나치게 너무 크고 웅장한 예배를 드리는 교회에 대해서 지쳐 있었습니다. 저는 형식적으로만 교회에 다니는 그러한 사람이 되어 있었습니다. 천만다행으로 저는 예수님을 순수하게 사랑하는 친구들을 대학교 기숙사에서 만나게 되었습니다. 저는 친구들과 심야 기도에 참석하고, 친구 중 한 명과 아침 QT 모임을 하고 기숙사에서 일주일에 한 번씩 예배를 드리기 시작했습니다.

우리는 아프가니스탄에 있는 교회에서 좋은 경험들을 하고 있었습니다. 저는 교회를 찾기 위해서 그곳에 가지는 않았지만 사실 그곳이 저를 찾고 있었습니다. 저와 제 아내는 카불(Kabul)에 있는 큰 집을 빌려서 누구든지 저의 집에 방문할 수 있도록 개방했습니다. 우리는 타국에서 여권을 잃어 버리거나 병이 들거나 마약 중독이 된 외국인들을 위한 사역을 하기 위해서 그곳으로 갔습니다. 우리는 도시 중심가에 무료 진료소와 찻집을 열어서 집이 없는 사람들(homeless)이나 세계를 여행하는 마약 중독자들이 들를 수 있도록 시설을 마련했습니다. 아프가니스탄의 카불에서 질병이 들면 치료를 받기가 어렵습니다. 치료를 받으러 병원에 방문했다가 더 많은 질병을 얻어서 가기 쉽습니다. 우리 집에 진료소를 열자 마자 20~30명의 사람들이 들어와서 살게 되었습니다. 그래서 더 많은 집들을 빌려서 모든 사람들이 살 수 있도록 도와 주었습니다. 아프가니스탄에 들어 온 수백 명의 젊은 여행가들이 몇 년 안에 예수님의 제자들이 되었습니다.

그곳에 살던 때를 기억해 보니 우리는 사람들에게 예수님을 '밑도록' 강요하지 않고, 그들과 '함께' 하는 시간들을 더 많이 보냈습니다. 우리는 함께 식사를 나누고 축구를 같이하고 우리가 사역을 시작하기 전이나 감옥과 병원들을 방문하기 전에 정기적으로 기도하고 성경 공부하는 시간들을 개발했습니다. 사람들에게 우리와 함께 살기 위해서 우리가 믿는 예수님을 믿으라고 요청하지 않았지만, 그들에게 우리가 하는 정기적인 기도와 노동 및 공동 식사 시간을 지켜 달라고 요청했습니다. 그들을 돌봐주고 함께 식사하는 시간들을 되도록이면 많이 가졌고 보통 우리와 함께 식사하는 방문객의 수를 10~20명 미만으로 제한했습니다. 식사가 끝날 즈음에 우리는 신약성서에서 성경 몇 구절을 읽어 주고 예수님의 말씀에 대해서 토론하는 시간들을 가졌습니다. 누구든지 토론에 참여하는 사람들에게 감사를 표현했습니다. 그런 다음 식탁에 둘러앉아서 차를 마시고 자유롭게 담소를 나눴습니다. 사람들은 우리들과 함께 지내는 것을 너무나 좋아했습니다. 우리가 만든 공동체의 삶과 우리들의 사랑의 돌봄을 참여하게 되면서 그들 중 많은 사람들이 쉽게 예수님의 제자들이 되었습니다.

어느 날 우리가 아프가니스탄에서 하고 있었던 일들이 바로 교회 사역이었음을 깨닫게 되었습니다. 그 당시 그것을 교회 사역이라고 부르지 않았습니다. 우리는 '긴머리 히피(Hippies)들을 위한 제일 교회'라는 간판을 밖에 내어 걸지도 않았고 단지 사도행전에 기록된 것을 실천하고 있었습니다. 저는 교회적인 사고에 대해서 반감을 갖고 있었지만 사실상 저희 집에서 이루어진 가정교회를 통해서 제가 그곳의 공동체를 지도하고 있었습니다.

아프가니스탄에서 보낸 시간들을 통해서 저는 전통적인 기성교회를 거부하는 사람들에게는 우리 집과 같이 개방되어 있고 따뜻하게 환대하는 가정교회들을 통해서 예수님의 복음이 효과적으로 전달될 수 있다는 사실을 증명할 수 있게 되었습니다.

가정교회는 리더들을 양성합니다.

각각의 가정교회들은 자발적인 영적인 아버지들이나 어머니들을 통해서 운영되고 또한 그들은 몇 명의 다른 섬기는 지도자들과 함께 연합해서 사역을 감당하게 됩니다. 영적인 부모들은 단순히 모임을 이끄는 사역보다는 매일 사람들이 영적으로 성장할 수 있는 환경을 마련해 줍니다. 이들 리더들은 가정교회 안에서 의도적으로 더 많은 리더들을 훈련하고 양성합니다(사도행전 14:23 참조). 그들은 양육하고 있는 사람들이 리더가 될 마음의 준비가 되고 믿음의 발걸음을 디딜 수 있는 단계가 될 때까지 매우 친절하게 돌보아 줍니다. 진정한 지도력은 처음 시작부터 다른 사람들을 지도할 수 있도록 잘 코치해 줄 수 있는 능력이라고 믿고 있습니다.

한 번은 저(플로이드)와 아내가 계속해서 어려움을 겪고 있는 한 가정교회에 참여하게 되었습니다. 그 가정교회에 있는 사람들이 서로 상처를 경험하고 관계가 깨지며 그곳을 떠나기 시작해서 그 가정교회가 거의 분해되기 바로 직전까지 갔습니다. 그런 다음, 두 부부가 자신들이 가진 리더십을 저희 가정교회에 일임하기 시작했습니다. 그들은 리더가 되는 권리를 포기하고 그 필요들을 채우기로 작정했습니다. 그들은 자신들이 이끄는 가정교회가 깨어지는 것을 바라지 않았습니다. 이 두 부부들은 슈퍼 스타도 아니었고 그렇게 되기를 바라지도 않았습니다. 이 두 부부들은 이전에 슈퍼 스타 증후군 같은 것을 경험한 적이 있었기 때문에 그런 사건에서 벗어난 것에 대해 기쁘게 생각하고 있었습니다.

봅(Bob)과 수잔(Susan) 부부는 몇 년 동안 신비주의 이단 종교에 빠져 있었습니다. 그들이 예수님을 발견하기 전까지 봅은 매일 몇 시간씩 명상하는 수도승이었습니다. 반면에 브라이언(Bryan)은 성령주의 교회에서 리더로 몇 년 동안 섬기면서 완전히 탈진 상태에 빠졌습니다. 그는 규칙과 속임수와 통제들로 인해 받은 깊은 상처로 무척 괴로워하고 있었습니다. 브라이언과 그의 아내인 샤론(Sharon)은 서로 사랑할 수 있는 순수한 친구들의 공동체에 속하고 싶었습니다. 브라이언은 이전에 받은 사역자로서의 부르심에 대해서 씨름하고 있었습니다. 그는 말씀을 가르치는 일을 그리워하고 있었지만 판매 시장에서 형성된 공동체의 사람들에게 친구가 되어 함께 사는 부르심에 헌신하게 되었습니다. 이 두 부부들은 '가정교회'를 세우는 일에 혈안이 되지 않았습니다. 단지 그들은 예수님과 사람들을 사랑하고 이웃들과 직장 동료들에게 예수님의 사랑을 나누는 일에 무척 기뻐하고 있었습니다.

가정교회에서 훈련된 리더들이 반드시 신학교를 졸업해야 하는 것은 아닙니다. 그들은 자신들의 직장들을 잃어버리게 되더라도 결코 걱정하지 않아도 됩니다. 왜냐하면 그들이 한 가지 직장만을 위해서 살아야 하는 것은 아니기 때문입니다. 다시 말하면, 미세교회들을 통해서 다음 세대의 리더들에게 바톤을 전달하는 데 가장 중요한 요소가 유급 목사들을 고용하는 교회를 조직하는 일이 아닙니다. 이러한 미세교회는 묵묵히 뒤에서 섬기며 목사라는 직함이나 직위가 없어도 새로운 리더들을 키울 수 있는 새로운 형태의 지도력을 원하고 있습니다. 가정교회를 세우는 운동을 위한 지도력의 목표는 단지 두드러진 한두 명의 유명한 목사들이나 장로들을 세우기 위한 것이 아니라 모든 교회 개척 운동에 필요한 영적인 아버지들과 어머니들을 세우는 데 있습니다.

가정교회 네트워크

가정교회는 항상 작은 교회만을 의미하지 않습니다. 가능하다면 큰 모임으로 모여서 함께 예배 드리는 가정교회도 있습니다. 사람들에게 그들 자신의 가정집보다 더 큰 어떤 모임의 구성원이 되었다는 사실을 기억해 주기 위해서 큰 모임으로 만나는 가정교회들이 있습니다. 큰 모임으로 만나는 가정교회 예배들은 사람들에게 믿음을 불어 넣어 주고 전체 회중들이나 가정교회 네트워크들에게 좋은 방법들을 제시해 주는 역할을 감당할 수 있습니다.

우리가 알고 있는 몇몇의 새로운 미세교회의 리더들은 대부분이

20~30대이며 그들은 서로 연결되어 있다는 것을 인식하기 위해 그 지역에 있는 다른 공동체와 가정교회들과 한 달에 한 번씩 함께 만나거나 또는 연합 예배 및 연합 성경공부를 실시하고 있다고 합니다. 각 가정교회의 영적인 아버지들과 어머니들이 못 보고 넘어가서 놓치고 있는 점들을 서로 공급받아서 책임감을 잘 감당할 수 있기 위해 가정교회들은 네트워크를 시작하고 있습니다. 비록 각 가정교회들은 작고 보잘것없어 보이지만 그들의 지역이나 도시에서 다른 미세교회들과 네트워크하며(15장 내용 참고) 연합하는 일에 헌신할 때 교만, 배타주의 및 이단으로 오해되는 일로부터 보호받게 될 것입니다(14장 내용 참고).

즈데로(Zdero)라는 리더가 시작한 캐나다 가정교회 네트워크는 몇 년 동안 매우 성장하게 되어서 가정교회들의 매주 모임에 대한 기획 방법 및 개발도상국이나 불우한 환경에 있는 사람들을 도울 수 있는 자선 사업을 위한 자료들을 이용하는 방법 등을 알려 주기 위해 조직력 있는 네트워크를 형성하게 되었습니다. 비록 이들은 서로 도움을 주기 위한 네트워크지만 결국은 중앙 집중적인 교회 조직으로부터 기대할 수 있는 영적인 안내자의 역할이나 영적인 해석이나 명령들을 전수받을 수 있는 수준에는 이르지 못합니다. 즈데로는 다음과 같이 주장합니다.

"각 가정교회들은 자체 운영 단체로 남아 있습니다."[28]

저희 부부(래리와 라베르네)는 랭커스터(Lancaster) 지역에서 서로 다른 미세교회 네트워크에 참여하게 되었습니다. 몇 년 전 20대 청년들이 매주 만나서 자신들의 또래 집단들에게 전도할 수 있는 새로운 형태의 교회를 시작하기 위한 준비 기도 모임을 시작했습니다. 우리는 이 새로운 그룹이 그들만의 첫 교회를 세워서 그들보다 더 어린 또래 집단들에게 코치가 되어서 섬길 수 있도록 우리 집을 개방했습니다. 현재 첫 번째로 세워진 이 가정교회를 통해서 새로운 교회들이 생겨나 6개의 교회로 성장하게 되었으며 이들을 랭커스터 미세교회 네트워크(Lancaster Micro-Church Network : LMCN)라고 명명하게 되었습니다. 이 네트워크는 우리 공동체들에게 믿음의 발걸음을 시작할 수 있도록 영향을 주게 되었고 이 네트워크 안에서 새로운 미세교회들과 미세교회 네트워크들이 또 생겨나게 되었습니다. 이런 가정교회들 모임은 매주 만나서 함께 삶을 나누게 되었고 한 달에 한 번씩 더 큰 연합 예배로 모이게 되었습니다. LMCN에 대해 주목할 만한 점은 이 네트워크 안의 대부분의 미세교회들이 기성교회에 전혀 적응하지 못하던 일 세대 기독교인들로 이루어져 있다는 점입니다.

어떤 가정교회들은 가정교회 안의 몇 개의 더 작은 그룹들로 이루어져 있습니다. 이 작은 그룹들이 정기적인 가정교회 모임 이외의 정기적인 모임으로 만나서 서로 기도해 주고 용기를 주며 서로의 삶에 책임감을 갖습니다. 어떤 셀(cell)에서는 직장에 출근하기 전에 정기적인 조찬 기도 모임으로 만나고 다른 셀(cell)에서는 몇 명의 새 신자들을 위한 제자 양육 시간으로 함께 만납니다. 이와 같이 더 작은 셀 그룹들은 공동체 안에서 매일 매일의 삶에 함께 참여하면서 더 깊은 관계와 더 큰 책임감으로 양육할 수 있도록 돕는 역할을 합니다.

인간 관계가 배제된 관료주의

건강한 가정교회는 형식적인 관료주의가 아닌 삶의 방식으로서의 좋은 모델이 되고 있습니다. 가정교회는 형식적인 종교적인 모임의 틀에서 벗어납니다. 교회란 예수님을 모르는 사람들에게 다가가서 그들을 제자 양육하고 멘토해 줄 수 있는 데 초점을 맞추면서 확장된 영적인 가정 안에서 서로 함께 살아가는 사람들을 의미합니다. 가족처럼 가정교회들은 약간의 조직력이 필요하지만 딱딱하게 지시하는 조직체계라기보다는 본질적으로 관계 중심적인 모임입니다.

초대교회가 탄생한된 지 수십 년이 지난 다음 교회 전통들이 형성되면서 교회에는 매우 복잡한 구조가 형성되기 시작했습니다. 하나님께서는 초대교회의 단순함으로 우리들이 돌아가도록 부르시고 계십니다. 심리학자인 래리 크랩(Larry Crabb)은 그의 저서 〈끊어진 관계 다시 잇기(Connecting)〉에서 날카롭게 지적하고 있습니다.

> 아마도 기독교 공동체의 중심은 현재 우리가 공급받고 있는 전문적인 성직자들을 통해서 얻는 대부분의 유익들보다는 소수의 평범한 기독교인들이 정기적으로 만날 수 있도록 다시 연결해 주는 것입니다. 이러한 일은 오직 복음을 가지고 가능한 방법들이며 사람들의 끊어진 관계를 다시 연결시켜 줄 때 이루어질 수 있습니다.[29]

매우 단순한 내용처럼 들리지 않습니까? 우리는 교회 생활에서 이러한 끊어진 관계들이 다시 연결되는 것이 필요합니다. 이러한 것들이 교회 생활의 핵심이 되어야 합니다. 건강하고 성장하는 미세교회들 안에서는 쉽고 정기적으로 안정되게 인간 관계를 형성할 수 있습니다.

가장 단순한 형태의 교회를 통한 하나님의 비전은 매우 강력하게 나타납니다. 교회는 사람이며 예수님을 위해서 살아가는 평범한 사람들을 의미합니다. 이것은 지나치게 과장된 표현도 아니며 오직 한 사람의 영향력에 의해서 주도되는 것도 아닙니다. 그리고 특별한 계시나 새로운 신학적인 원론도 아니며 한 명의 뛰어난 리더가 대표하는 것도 아닙니다. 교회는 예수님의 말씀에 함께 순종하는 친구들의 모임입니다. 당신은 다른 사람들에게 전도의 목적을 가지고 관계를 형성하고 있는 교회 공동체의 일원이 되고 싶지 않습니까? 인간 관계는 가정교회가 존재할 수 있는 전부라고 할 수 있습니다.

고립되지 말고 연결점을 찾으십시오!

다음과 같은 경고의 말들이 있습니다. 가정교회들과 같은 형태의 미세교회들은 그리스도의 몸된 다른 교회로부터 따로 떨어져 나와서 결코 독선적인 존재가 될 수 없다는 경고입니다. 어떤 경우에는 그들이 몸담아 왔던 교회들에서 환멸을 느끼거나 상처를 받았기 때문에 가정교회들을 시작하는 사람들도 있습니다. 이러한 사람들은 자신들이 옳았고 나머지 교회들이 틀렸다고 확신하면서 그들의 가정집에서 교회를 시작합니다.

　이와 같이 건강하지 않은 행동을 지지하는 책들도 많이 있습니다. "우리는 기성교회에 분노하며 살아가는 사람들을 경계해야 합니다"라고 하와이와 미국의 서해 연안에 수십 개의 호프 채플(Hope Chapel) 교회를 개척한 랄프 무어(Ralph Moore) 목사님이 언급했습니다. "사람의 분노는 아직까지 하나님의 의로우심과 연합할 수 없습니다."[30] 우리는 이 사실에 전적으로 동의합니다.

　만일 가정교회가 건강한지 그렇지 않은지를 분별하기 위해서 리트머스 종이를 가지고 시험해 본다고 가정하면 그 결과는 단순하고 명확합니다. 건강한 가정교회의 성도들은 예수님을 사랑하고 서로 사랑하며 예수님을 모르는 사람들에게 전도하며 예수의 몸된 다른 교회들을 존중해 줍니다.

　우리는 서로가 필요합니다. 하나님께서는 다양한 형태의 기독교의 믿음의 표현들을 통해서 하나님의 부요함을 보여 주고 계십니다. 모든 교회들은 다른 교회들에 자신들의 강점을 통해서 기여하게 되고 하나님께서는 그분께서 계획하신 목적을 성취하기 위해서 서로 다른 형태들의 교회들을 사용하십니다. 서로 다른 교파나 조직 체계들을 가졌음에도 불구하고 각각의 교회들은 예수 그리스도의 몸의 일부입니다. 하나님께서는 모든 하나님의 사람들을 통해서 그리스도의 몸인 교회들의 더 큰 공동체를 형성하기를 원하십니다.

STARTING A HOUSE CHURCH

제7장
각 세대에 맞는 새로운 모델의 교회들

제(Larry)가 매우 성장하고 있는 어떤 미국 대형교회에서 설교를 마치고 나오는데 20대 중반의 한 청년이 따라 나와서 제게 자신의 불만을 털어놓았습니다.

"저는 몇 년 동안 이 교회 직원으로 일하고 있습니다. 아직까지 아무에게도 말하지 않았지만 저는 이 교회를 사임하고 다른 일을 찾으려 합니다. 저는 더 이상 참을 수 없습니다. 이 교회는 정말 대단한 교회이고 저는 다른 리더들을 존경합니다. 그러나 그들은 너무 바쁩니다. 만일 그들 중의 한 명이라도 저와 한 달에 한 번 한 시간씩만 만나서 아침 식사를 같이하고 내 고민을 들어 준다면 저는 아마도 계속해서 이곳에 남고 싶습니다. 제가 정말 원하는 것은 영적인 아버지입니다. 여기에 제가 맞지 않는 듯한 느낌이 듭니다. 그래서 저는 이곳을 떠나려고 합니다. 비록 여기에도 좋은 일들이 일어나기는 하지만 이것은 저와는 상관 없는 일입니다. 저도 이제는 믿음의 발걸음을 떼어서 제 길을 찾아가야 할 것 같습니다. 이곳에 있는 것보다는 훨씬 더 좋으리라고 믿습니다."

오늘날 대부분의 젊은이들과 같이 이 청년은 교회 안에서 확실성과 공동체와 단순성을 갈망하고 있지만 그것들을 찾을 수 없었습니다. 그 대신 그는 매우 세련된 교회 예배들, 교회 리더들의 권위 체계들, 그리고 공동체 의식의 부재 등 많은 이유들로 인해 마치 게임을 하고 있는 것 같은 느낌을 갖고 있었습니다. 젊은 사람들은 더 쉬운 믿음 생활을 하기 위해서가 아니라 그들에게 도전이 될 수 있는 관계적이고 친밀한 공동체를 추구하기 위해서 어떻게 교회에서 참여할 수 있을지에 대한 대안을 찾으려고 노력하고 있습니다.

26세인 린지(Lindsey)는 고등학교 이후에 교회 다니는 것을 포기해 버린 그래픽 디자이너입니다. 그녀는 다음과 같이 말했습니다. "제가 다녔던 교회는 지나치게 비판적이었거나 아니면 불분명한 경향이 있는 교회들이었습니다." 지금 그녀는 새롭게 등장하는 작은 교회들 중의 한 교회에 다니기 시작했고 그곳에서 이전과는 다른 종류의 공동체로서의 교회를 경험하기 시작했습니다. "저는 우리가 하고 있는 일에 대해서 전혀 의심하지 않습니다. 우리는 오직 예수 그리스도에 관해 이야기하고 있습니다. 성찬식을 함께하며 삶의 여정을 함께 나누고 있습니다."[31]

베이비 붐 시대의 사람들은 우드스턱(Woodstock)에서든 아니면 대형 교회에서든 수적인 증가에 가치를 두고 있는 반면에 오늘날의 젊은 세대들은 모든 사람들이 서로 잘 알 수 있는 관계중심적인 공동체에 관심이 많습니다. 새로운 종류의 교회들이 청년들의 마음에 열정을 불러일으키고 있습니다. 특별히 미세교회들은 교회 안에서 인간 관계를 통해서 그들의 경험 등을 적용할 수 있는 기회들을 제공받을 수 있기 때문에 젊은 청년들에게 관심의 대상이 되고 있습니다.

기성교회의 실천 방식을 탈피하기

기독교 교회의 문화 속에서 효과적인 복음 전달에 관한 연구 전문가인 조지 바나(George Barna)의 저서 〈비등점(Boiling Point)〉에서 그는 현대 사회에서 신앙과 태도의 변화와 어떻게 기독교인들이 세상의 영적인 필요들에 부응해 주어야 하는지를 심도 있게 다루고 있습니다. 실천하는 교회를 위해서 그는 혁신적인 방법 중의 하나인 공동체와 진실성을 회복하기 위한 교회 구조로서 가정교회를 제시하고 있습니다.

동남아 국가들에서 현재 유행하고 있는 수천 개의 독립적인 신앙 단체들은 가정집 거실이나 차고에서 모임을 갖고 있고, 이런 모임들을 통해서 완전한 교회 생활과 믿음의 생활을 할 수 있습니다. 이러한 단체들은 교회의 신뢰성, 공동체, 단순성을 회복하는 데 관심을 갖고 있는 개인들에게

특별한 관심의 대상이 되고 있습니다.³²

바나는 현재 유행하고 있는 문화에 관한 광범위한 연구 사례들을 통해서 오늘날의 교회가 현대 세대의 필요를 채워 주지 못하고 있다는 사실을 발견하게 되었습니다. 교회는 젊은이들의 필요를 채워 주지 못한 채 단절되어 있습니다. 최근 그의 저서 〈교회 혁명(Revoluation)〉에서 바나는 미국의 젊은 세대를 대표하는 두 개의 그룹인 1965년부터 1983년까지의 베이비 붐 세대(Baby Busters)와 1984년부터 2002년까지의 모자이크 세대(Mosaics)들은 " 서로 인간 관계를 형성하는 방법들을 변경시키고 있으며……. 사실상 사람들이 그들의 믿음을 어떻게 인식하고 실천하는지에 대한 생각들에 획기적으로 영향을 미치고 있으며……그리고 전통, 관습, 편안함, 혹은 사회적인 수용성에 근거를 둔 어떠한 일에도 잘 인내하지 못합니다. 만일 그들이 이러한 것들과 조금이라도 관련된 일이라고 판단되면 그들은 일단 그것들을 포기해 자기의 손에서 벗어나게 한 다음에 다른 차선책을 찾아 나섭니다"라고 지적했습니다.³³

이러한 세계관은 우리가 기독교를 이해하고 실천하는 방식에도 영향을 미칠 뿐 아니라 교회가 변화될 수 있도록 큰 영향력을 미칩니다. "잠시 기다려 보십시오"라고 독일계 청년 사역자인 카르스텐 울프(Karsten Wolf) 목사님이 말하고 있습니다. 그는 오늘날의 청년 문화 교회들이 미래교회를 정의하게 될 것이라고 다음과 같은 사실에 바탕을 두고 주장하고 있습니다.

● X세대(베이비 붐 세대)는 전 세계적으로 인류 역사상 수적으로 거의 10억 명이 넘는 가장 큰 단독 세대입니다.

● 미디어를 통해서 전 세계적으로 동일한 세대에게 동일한 메시지를 전달해 주고 있습니다. 청년 그룹(18~35세)은 이전 세대보다 더 획일된 사고 방식을 가지고 있습니다.

● 요즘 세대의 연령층은 지난 10년 동안 이 사회에서 유행하는 문화의 선두 주자들이며 그들은 그 문화들을 변화시킬 수 있는 세대들입니다. 요즘 세대들이 교회에 미친 영향이 무엇이든지 그 영향은 지속될 것이며 규정지어질 것입니다.

울프 목사님은 다음과 같이 주장합니다.
"오늘날 젊은 사람들은 전 세계에 속한 사람들입니다. 그래서 청년 문화 교회들이 미래의 교회들을 위해 혁명적인 역할을 잘 감당할 수 있을 것입니다. 우리는 완전히 새로운 형태의 교회가 등장하는 것을 볼 수 있을 것입니다."[34]

울프 목사님과 다른 사람들도 청년 문화 교회들이 매우 관계 중심적이면서도 조직 중심이 아니라는 사실에 동의하고 있습니다. 저희가 전 세계를 돌아다니면서 미세교회 공동체에서 이상적으로 실현되고 경험된 것들에 대한 4가지 기본 가치들을 요즘 세대가 가지고 있는 것을 주목하면서 우리도 동일한 결론을 내렸습니다.

교회들에 대한 4가지 기본 가치들

마이크 스톨츠푸스(Mike Stoltzfus)와 윌 스톨츠푸스(Will Stoltzfus) 두 형제가 펜실베이니아 주의 랭커스터 지역에서 몇몇 친구들과 함께 젊은 청년들을 만나는 그룹에 가담했을 때 그들의 나이는 겨우 21세와 19세인 청년들이었습니다. 그 그룹은 1,000명 정도로 급성장하게 되었습니다. 이 그룹에서 몇 사람들은 결국 이 지역의 다양한 장소에서 또 다른 미세교회들을 개척했습니다. 윌과 마이크 형제는 랭커스터 미세교회 네트워크(LMCN: Lancaster Micro-Church Network)를 시작했습니다. 윌이 캘리포니아 주로 이사한 이후로 마이크가 LMCN 팀을 계속해서 인도했습니다. 마이크와 윌이 중요하게 생각하는 가치들과 그들의 세대가 찾고 있는 교회들에 관해 그들이 믿는 가치들은 다음과 같이 4가지로 정리될 수 있습니다. **관계**(Relationship), **확실성**(authenticity), **자유로운 창의성**(the freedom to be creative) 및 **세대 간의 연결**(intergenerational connection)입니다.

관계(Relationship)

청년들은 그들이 다른 사람들과 연결될 수 있다는 것에 감사하고 있습니다. 친구들과 함께 시간을 보내는 것이 그들에게 매우 중요한 가치입니다. 마이크와 윌의 친구들 몇 명이 함께 노력해 몇 사람들이 예수님을 영접하도록 했을 때 그들은 교회나 교회와 같은 기능이 있는 곳에서 전도하지 않았습니다. 그들은 단순히 가능성이 있는 전도 대상 친구들과 시간을 같이 보내면서 그들에게 예수님에 대해서 나눌 수 있었습니다. 새로 믿게 된 사람들은 자연스런 관계들을 통해서 자연스럽게 성장하고 예수님의 제자가 되고 있습니다.

확실성(Authenticity)

청년들은 겉으로는 좋아 보이지만 실제는 그렇지 않은 곳에서 형식적으로 미소를 짓는 기독교의 가식적인 면에 대해 지쳐 있습니다. 그들은 매일 확실하게 살아가는 실제로 그들과 함께 존재할 수 있는 사람들을 찾고 있습니다. 비기독교인들은 기독교인들보다 훨씬 더 개방적이고 정직한 경우가 많이 있습니다. 최근에 예수님을 따르기로 결심한 마이크와 윌의 한 친구는 지금도 많은 비기독교인들과 시간을 보내고 있습니다. 그는 교회를 다니지 않는 친구들과 함께 많은 시간을 보내고 그들의 삶을 개방하는 것에 감사하고 있습니다.

자유로운 창의성(The freedom to be creative)

또한 청년들은 교회에서 창조적인 것을 보고자 하는 강한 욕구가 있습니다. 하나님께서 우리에게 창조적인 정신과 마음을 주셨습니다. 그러나 슬프게도 우리가 창조성을 보이려 할 때면 현재 조직들이 그것을 자유롭게 표현하지 못하도록 제재를 가합니다. 그룹이 더 커지면 커질수록 더 창조적이지 못하고 더 유동적이지 못합니다. 우리는 성경적인 진리와 타협하지 않으면서 사람들이 있는 모습 그대로 자유롭게 표현될 수 있는 그런 공간을 만들어야 합니다.

세대 간의 연결(Intergenerational Connection)

　삶 속에 진정한 영적인 아버지들과 어머니들이 없어서 교회 대내외적으로 방황하고 있는 수많은 청년들을 보면 안타까운 마음이 들고 그들을 연령이 조금 더 든 사람들과 연결시키고자 하는 강한 소망들이 일어나고 있습니다. 어떤 사람들은 요즘 젊은 청년들을 '아버지와 어머니가 없는 세대'라고 부릅니다. 원수 마귀는 가정들을 파괴시키고 많은 사람들에게 소망이 없고 버려지고 안전하지 못하도록 느끼게 하며 우리의 삶을 황폐하게 만들고 있습니다. 그러나 하나님께서는 그러한 공허감을 사용해 영적인 아버지들과 어머니들이 진심으로 영적으로 갈급한 젊은 청년들에게 다가갈 수 있도록 도와주고 계십니다. 많은 사람들은 위의 4가지 가치들을 자연스럽게 지니고 있는 영적인 아버지들과 어머니들과 연결되어 있기 때문에 하나님의 나라로 들어올 수 있을 것입니다.

젊은이들에게 능력을 부여합시다!

　교회를 다니고 있는 많은 젊은 세대들은 아주 새로운 어떤 것을 경험하기 원합니다. 그들은 더 이상 현재와 이전 시대에서 경험한 교회 조직에 적응하지 못하고 있습니다. 우리는 그 자신들의 새로운 조직들을 세울 수 있고 그들이 그리고 있는 교회를 생산해 낼 수 있도록 용기를 불어넣어 줄 수 있는 기회들을 많이 가져야 합니다. 몇 년 전에 북

캐롤라이나(North Carolina) 주의 샬로테(Charlotte) 시에서 온 릭 조이너(Rick Joyner)는 펜실베이니아 주에서 오신 목사님 몇 분들에게 다음과 같이 말했습니다.

"목사님들은 가끔 교회에 젊은 사람들이 있는 것을 좋아하지 않습니다. 그들은 문제들을 많이 일으키는 것처럼 보입니다. 그러나 젊은 사람들만이 영적인 새로운 자녀를 생산해 낼 수 있습니다. 그들을 '뜯어서 고치려'고 하는 유혹을 떨쳐 버리십시오! 그들을 뜯어 고치려 하면 그들은 영적인 자녀를 생산하지 못하게 될 것입니다."

18~35세 사이의 청년들은 그들의 교회와 목사님들은 좋지만 현재 다니고 있는 교회가 그들의 인생을 바쳐서 헌신하고 싶은 교회가 아니라고 종종 저(래리)에게 말하곤 합니다. 그들은 셀 그룹과 청년 그룹 등을 인도하고 교회를 섬기지만, 그런 사역들에 그들의 인생을 헌신하고 싶어하지 않습니다.

하나님께서는 새로운 것, 즉 새로운 종류의 교회로 그들을 부르고 계십니다. 그들은 그것이 어떠한 모양인지 확신할 수 없지만 그것을 찾아볼 수 있는 기회를 원하고 있습니다. 그들이 반항적인 것은 아닙니다. 하지만 그들은 자신들의 교회의 리더들에게 축복을 받기 원합니다. 그들은 리더들을 존경하고 존중하지만 자신들의 가정들이 더 세워지기를 원하고 있습니다. 주님께서는 원하는 것들이 현실 가운데 이루어지는 것을 보기 원하는 간절한 소망을 그들의 마음속에 심어 놓으셨습니다. 자신들의 아버지 집에 방 하나를 더 가지고 있는 것도 좋다고 생각하고 있지만, 사실 그들은 자신들만의 새로운 가정을 세우기를 원하는 하나님께서 주신 소망을 이루기 원하고 있습니다.

저(래리)는 그들을 완전히 이해할 수 있습니다. 하나님께서 새로운 교회, 즉 새 포도주 부대를 시작하도록 20대였던 저를 부르셨을 때 어떻게 느꼈는지를 잘 기억하고 있습니다. 1980년대 초반에 제가 목사가 되었을 때 새로운 교회들이 저희 지역 근처 여기 저기에서 생겨나고 있었습니다.

대부분들의 리더들은 20대 초반의 젊은 청년들이었습니다. 펜실베이니아 주의 에프라타(Ephrata) 시에 있는 에프라타 지역교회(Ephrata Community Church)에서 목회를 하면서 하비스트 넷(Harvest-Net)을 감독하고 있는 베리 위슬러(Barry Wissler) 목사님은 새로운 교회를 개척했을 때 20세밖에 안 된 젊은 청년이었습니다. 제가 교회를 처음 개척했을 때 저의 나이는 20대 후반이었습니다. 옛말에 우리가 태어난 고향을 잊어서는 안 된다는 말이 있는데, 우리 둘 다 펜실베이니아 출신이었습니다!

현실은 다음과 같습니다. 결국 새 부대도 낡게 됩니다. 하나님께서는 더 젊은 세대들이 그들 세대에 맞는 새로운 비전들을 보기 때문에 그들에게 새로운 교회들을 개척하는 부담을 그 마음에 두신다고 믿고 있습니다. 더 젊은 세대들은 종교적인 조직이 아니라 현실을 찾기 위해서 하나님의 나라로 들어오게 됩니다. 그들은 관계들을 원하지만 구태의연한 교회 프로그램을 원하지 않습니다. 그 세대들의 필요에 맞는 새로운 교회 구조들을 시작할 수 있도록 우리가 그들을 도와야 할 것입니다.

세대들을 초월한 교회!

비록 단순한 공동체로서의 교회 모델은 젊은 세대들이 특별히 선호하는 모델이지만 이런 젊은이들과 동일한 마음으로 동일한 비전을 품은 수천 명이 넘는 '마음이 젊은' 기성 세대에 속한 사람들이 있다는 것을 강조하고 싶습니다. 특별히 북미 지역에 있는 많은 기독교인들이 지난 20~30년간 영적으로 힘든 시간들을 보냈습니다. 그들은 주님을 사랑했지만 교회에 많이 실망하고 있습니다. 20여 년 전에 그들은 북미 지역을 휩쓸고 갔던 성령의 새로운 바람을 경험했습니다. 이러한 부흥을 경험하고 나서 그들은 혁신적인 신약시대 교회를 경험하는 비전을 가졌었지만 거추장스러운 교회 구조와 전통적인 교회 모임과 순서들이 그들의 꿈을 이루지 못하게 했습니다. 지금 그들은 무엇을 어떻게 해야 할지 몰라서 방황하고 있습니다. 그들은 이 사회를 변화시킬 수 있는 삶을 변화시키는 제자 양육에 대한 꿈을 키워 가지만 그것이 현실로 이루어지기에는 너무 어려운 현실에 있습니다.

그들의 영혼 깊은 곳에서 주님께서 교회를 새롭게 하실 혁명적인 변화를 시작하실 것을 기대하고 있습니다. 새로운 것을 찾고 있지만 그들이 찾고 있는 것이 무엇인지 확신할 수 없습니다. 주님을 열정적으로 사랑하고 있지만 주님의 몸된 교회에서 그들이 원하는 안식처를 찾을 수 없습니다.

수천만 명 아니 수백만 명의 준비된 그리스도인들이 그들의 가정을 개방하고 그들이 살고 있는 지역에서 새로운 미세교회들을 시작할 수 있도록 주님께서 일하고 계십니다. 오랫동안 그들이 꿈꾸어 왔던 그런 일들이 그들의 순종에 의해서 이루어지게 될 것입니다. 만일 당신이 이러한 부류의 사람이라면 용기를 가지십시오. 최상의 것이 이제 다가오게 될 것입니다.

STARTING A HOUSE CHURCH

제8장
'진정한 교회'가
되기 위한 방법

당신은 가정교회가 어떻게 운영되는지 이해하기 위해서 로케트를 만드는 과학자가 될 필요가 없습니다. 만일 5가지 단계인 **기도하고**(pray), **만나고**(meet), **만들고**(make), **모이고**(gather), **증식하면**(multiply), 당신은 진정한 교회가 되기 위한 방법을 충분히 이해하고 있습니다. 이 5가지 단계들은 모든 세대들과 모든 사회 계층에 적용이 가능합니다. 우리는 서로 문화가 다르기 때문에 교회의 기본 원리들을 변화시킬 필요는 없습니다. 외적인 형태와 구조들은 필요에 따라 바꿀 수 있지만 기본 원리들은 항상 동일합니다.

이 5가지 단계를 적용해서 가정교회를 시작한 한 젊은 부부와 그들의 친구들에 대한 이야기를 나눠드리겠습니다. 이 부부는 의도적으로 이웃 사람들을 전도하기 시작했습니다. 이 부부는 대부분의 시간을 비기독교인들과 함께 시간을 보내기로 작정했습니다. 그들은 즉시 학교와 직장 생활을 통해서 이웃들과 함께 삶을 나누고 활동을 같이하는 일에 참여하게 되었습니다. 이렇게 활동을 같이하면서도 그들은 영적으로 관심이 있는 사람들을 인도해 달라고 하나님께 간청하면서 많은 시간을 기도하는 데 집중했습니다. 그들은 새로운 친구들이 생기면 집에 초대해서 함께 식사를 하고 시간을 같이 보냈습니다. 6개월이 지나자 그들은 초신자 성경공부들을 진행하게 되었고 더 많은 친구들과 이웃들이 영적인 것에 대해 더 깊은 질문을 그들에게 물어왔습니다. 성경공부에 더 이상 관심을 보이지 않는 사람들도 그 가정집에서 이루어진 정기적인 사교 모임에 지속적으로 참석하도록 했습니다. 어떤 사람들이 영적으로 더 깊은 관심을 보일 때마다 개인적으로 그들을 만났고, 만일 그들이 더 깊은 관심을 보이면 토론 그룹에 초대했습니다.

위 이야기를 통해 이 부부가 점진적으로 더 많은 것을 경험하게 되고 자연스럽게 변화되고 있는 사실을 관찰할 수 있습니다. 그들은 **기도했고**(pray), 사람들을 **만났고**(meet), 영적인 세계에 관해 의문을 품는 사람들에게 그들의 삶을 투자하면서 **제자 양육했고**(make disciples), 그들 가정에서 사람들이 **모이면서**(gather), 그들은 가능성이 있는 리더들을 선택했고 새로운 토론 그룹을 시작하면서 **증식할 수 있도록**(multiply) 준비했습니다.

윌리엄(William)이라는 한 미국 사업가는 연간 미화 35만 달러의 수입이 있지만 삶이 무척이나 지루했습니다. 그는 지루함을 경감시키기 위해서, 인도 대륙에 가서 가난한 사람들을 위해서 살기로 마음을 먹었습니다. 기도하는 중에 윌리엄은 주님께서 몸이 마비가 된 한 젊은이를 제자 양육하는 데 그의 시간을 투자하기를 원하신다는 생각이 들었습니다. 그를 훈련하는 데 몇 년이 지난 다음에 윌리엄은 이 젊은이에게 휠체어를 탄 다른 친구들을 위해서 교회를 시작하도록 용기를 주었습니다. 이들은 힌두 사회에서 가장 천민층에 속하는 사람들로 버림받았거나 나병환자 혹은 집이 없는 거지나 장애인 등 아무도 원하지 않던 사람들이었습니다.

윌리엄은 이러한 '취업 부적격자'를 고용하는 사업을 시작해 인생을 살아가는 법을 가르쳐 주거나 아니면 생활 능력이 전혀 없는 사람들이 훈련을 받을 수 있게 도와주었습니다. 저(플로이드)는 최근에 미문 교회라는 그들의 교회에 다니기 시작했습니다. 카트만두(Kathmandu) 지역 근처의 7개의 가정교회들이 연합으로 참석하는 모임이었는데 200여 명의 사람들이 조그만 방에 모여서 예배 드리는 모습을 목격했습니다. 장로들은 앞자리에 앉았는데 모두 휠체어를 탄 사람들이었습니다. 저는 예배 시간 중 손가락이 잘린 사람들이 손을 들고 찬양하는 모습을 보았습니다. 나병으로 인해서 코나 귀가 없는 사람들도 있었습니다. 그들의 고통에도 불구하고 주님이 주신 기쁨이 그곳에 충만했고 그곳에서 그들은 정성을 다해 하나님께 예배를 드리고 있었습니다. 정말로 감동스럽고 아름다운 장면을 목격했습니다.

윌리엄은 그들 뒤에서 영적인 면들을 지도해 주었습니다. 그는 저에게 말했습니다. "저희들은 매일 기도하고 가난한 자들을 방문합니다. 저는 사람들을 제자 양육하고 그들에게 제 인생을 나눕니다. 저희들은 작은 가정 그룹에서 함께 그들을 격려하고 할 수 있는 한 그 가정교회들을 증식시킵니다." 그곳에서 저는 가정교회를 성공시키는 5가지 핵심 요소에 대해서 다시 듣게 되었습니다. 그들은 아직 예수님을 모르는 사람들을 **만나서**(*meet*) 그들을 위해서 **기도하고**(*pray*) 그들을 **제자 양육시키며**(*disciple*) 그들 가정에 **모여서**(*gather*) **증가시켰습니다**(*multiply*).

왜 그렇게 어렵게 생각할까요? 교회는 단순한 5가지 단계를 실천하면 됩니다. 이 5단계를 실천하는 것이 항상 쉽지만은 않지만 단순하고 매우 명료합니다.

기도하기(Pray)

왜 기도를 해야 할까요? 왜냐하면 모든 형태의 교회는 하나님의 나라를 위해서 사람들을 변화시키는 하나님의 방법입니다. 우리는 예수님의 가장 사랑하는 연인들이 될 수 있도록 사람들을 세우지만 그것을 원수 마귀는 싫어합니다. 마귀는 우리를 대적할 것입니다. 우리가 기도하지 않는다면 전쟁에서 우리의 힘의 근원으로 사람들의 삶에 감동을 주는 데 패배하게 될 것입니다.

기도는 친밀감이라고 할 수 있습니다. 기도는 예수님과 시간을 보내면서 예수님과 더 깊은 사랑에 빠지는 것입니다. 기도하지 않을 때 우리의 믿음의 수준은 내려갑니다. 우리가 기도할 때 하나님의 음성을 듣습니다.

우리가 자신뿐 아니라 전도하는 영혼과 함께 모이고 양육받는 영혼들을 위한 새로운 계시를 받을 수 있는 때는 바로 예수님과 친밀한 시간을 보내고 있을 때입니다. 주님께서 우리에게 소수의 몇 사람들을 진심으로 사랑하는 마음을 부어 주시며 우리의 삶을 던져서 그들의 멘토가 될 수 있도록 합니다.

저희 부부(플로이드와 샐리)가 1980년대에 암스테르담의 홍등가에 처음으로 이사 갔을 때 그 도시에는 복음주의 교회가 5개밖에 없었습니다. 그후 한 연구 조사에 의하면 저희가 1990년대에 암스테르담을 떠난 후 놀랍게도 가정교회와 복음주의 교회들이 매우 증가해 400여 개의 교회들이 그곳에 존재하게 되었습니다. 저는 우리가 그 도시의 교회사를 기록하는 데 도움을 주었다고 믿고 있습니다.

어떤 기도 모임 중에 우리가 암스테르담의 도시를 위해서 어떻게 기도해야 할지를 주님께 여쭈어보았습니다. 우리는 전 세계적으로 악명 높은 마약의 도시인 이곳에서 '마약의 기근' 현상이 일어나도록 기도하라는 감동을 받았습니다. 바로 2주 후에 다음과 같은 머리 기사가 신문에 나왔습니다. "마약 기근 현상이 암스테르담에 발생하다." 우리 공동체에서 환호의 함성이 터졌습니다. "우리가 해냈어요!" 기도가 바로 하늘 문을 여는 열쇠였습니다.

예수 그리스도의 교회로서 우리의 안건은 원수 마귀가 사로잡아서 깨어진 관계들과 깨어진 가정들로 인해 상처받은 영혼들을 회복할 수 있도록 그들이 성장할 수 있고 예수님을 발견할 수 있는 안전지대인 공동체에 속할 수 있도록 도와주는 것입니다. 우리는 하나님의 구속 사역에 참여하도록 부르심을 입은 사람들입니다. 기도로 우리가 이 사명을 감당하면서 살아갈 수 있으며 우리에게 필요한 사랑과 에너지를 주님으로부터 공급받을 수 있습니다.

제(래리)가 인도하는 랭커스터 미세교회 네트워크(LMCN)가 탄생되기 전에 저희 가정교회 리더들은 첫 번째 미세교회가 시작되기 전에 2년간 함께 기도하는 시간을 가졌습니다. 우리의 생각들이 아닌 하늘로부터 하나님의 전략을 받기 위해 하나님으로부터 말씀받기를 원했습니다. 젊은 지도자들은 주님의 때가 최고임을 인식하면서 그들의 교회에서 적절한 사명을 받기를 원했습니다. 기도로서 기초공사를 한 대가를 얻을 수 있었습니다.

첫 번째 미세교회가 시작되었을 때 주님께서는 예수님의 복음에 완전히 열려 있는 청년 단체를 미리 준비시켜 놓으셨습니다. 그들은 새로운 교회가 처음으로 개척된 지 6개월 만에 모두 예수님께로 돌아오게 되었습니다. 결국 LMCN이 그들을 중심으로 한 교회들의 리더십들을 통해서 구성되었고, 우리 공동체의 리더들이 이 단체를 합법적인 가정교회 네트워크로 인정하게 되었습니다. 기도와 하나님의 때를 기다리는 것에 대한 대가로 얻어진 결과였습니다.

사람들을 만나기 (**Meet People**)

기독교인들을 만나는 데 시간을 보내지 마십시오! 이상하게 들릴지 모르지만 우리가 새로운 가정교회를 시작하는 사람들에게 종종 던져주는 사역의 지침서입니다. 아니면 당신의 모든 시간을 기독교인들을 만나는 데만 보내지는 마십시오. 미세교회들은 참석해야 하는 모임들, 유지해야 하는 프로그램들, 혹은 지불해야 하는 건물에 대한 비용이 많지 않습니다. 그래서 미세교회에 참여하는 사람들은 더 깊이 교제할 수 있는 영적인 공동체 속에서 소수의 사람들과 함께 보낼 수 있으며 예수님을 모르는 많은 사람들과 함께 지낼 수 있는 시간이 많이 있습니다.

우리는 비기독교인들에게 의도적으로 접근해서 좋은 친구가 되어야 합니다. 성인들의 운동 경기에 참여하거나 공동체의 사람들을 만나기 위해서 어린이 운동 경기 모임에도 참여할 수 있습니다. 예술학교나 양궁 동아리에도 참여할 수 있습니다. 우리는 집 근처에서 여름 마을 축제를 시작하거나 공동체 사업에 참여해 음식을 준비하는 데 섬길 수 있습니다. 이것들은 예수님을 믿지 않는 사람들과 친구가 될 수 있는 좋은 방법들입니다. 우리는 비기독교인들과 함께 지내면서 그들을 위해서 기도할 수 있습니다. 그들을 창조하신 하나님께 기도할 때 우리는 그들에게 하나님의 사랑을 보여 달라고 요청할 수 있습니다.

기도와는 상관없이 우리가 형성한 비기독교인들과의 관계들을 주님 안에 내어 놓을 수 있습니다. 우리는 그저 일만 하기 위해서 직장에 들어가거나 공부만 하기 위해서 학교에 다니지 않고, 우리가 만나는 사람들에게 소망과 믿음과 사랑을 전해 주기 위해서 하나님의 살아 계신 말씀을 통해 영적으로 주님과 호흡하고 그곳에서 지내게 됩니다. 그러한 관계들 속에서 우리는 기도를 통해서 다른 사람들을 다르게 보기 시작합니다.

　한번은 제(플로이드)가 뷔페 식당에 줄을 서서 기다리고 있는데 제 앞에서 음식을 나눠 주는 종업원 아가씨가 몹시 고통스러워하는 것을 느꼈습니다. 그녀에게 무엇인지 괴로운 일이 있다는 것을 금방 알아차릴 수 있었습니다. 저는 무엇이라고 이야기를 건네줘야 한다고 느꼈습니다. 그래서 다음과 같이 말했습니다. "아가씨! 우리는 곧 자리에 앉아서 식사를 하기 전에 하나님께 감사기도를 하려고 합니다. 그런데 우리가 아가씨를 위해서 기도해 드려도 될까요? 지금 당신의 삶에서 하나님께 원하는 한 가지가 있다면 우리에게 말씀해 주시겠습니까?"

　그녀는 고개를 들어서 나를 놀란 듯이 쳐다보고 무엇인가 생각하는 듯하더니 다음과 같이 말했습니다. "저는 제 삶에 평강이 있기를 갈망하고 있습니다." 바로 그 순간 천국의 능력이 바로 임했습니다! 그녀에게 일상적인 시간과 공간에서 신령한 만남이 일어났습니다. 나는 그녀에게 하나님을 팔러 가지도 않았고, 하나님의 선하심을 맛보라고 설득하러 가지도 않았습니다. 그런데 하나님께서 단순히 그녀의 고통을 나에게 보여 주셨고, 나는 순종하는 마음으로 그녀에게 도움의 손길을 내밀었을 뿐입니다.

　이와 같이, 예수님께서는 우리에게 무엇인가를 팔러 오신 것은 아닙니다. 그분 자신을 드리기 위해 오셨습니다. 전도는 **주는 것**(giving)이며 사람들에게 나눠 주는 것입니다. 그때 이후로 내가 다시 그 뷔페 식당에 갔을 때 그 종업원 아가씨와 좋은 대화를 나누게 되었습니다. 아직까지 그녀가 예수님을 믿겠다고 결심하지는 않았지만 당시에 하나님께서 나에게 원하시는 것을 말했고 실천했습니다.

하나님께서는 우리가 그분과 그분의 사랑에 대해서 이야기하기 위해서 매일 매일의 삶 속에서 많은 기회를 주십니다. 제 아내 샐리는 초코칩 쿠키의 여왕으로 우리 동네의 세탁소에서 휘발유 가게 주인들까지 자신이 구운 쿠키를 종종 나누어 주곤 합니다. 그녀는 하나님께서 주신 격려의 은사를 사용해 사람들을 위해 기도해 주고 그들에게 선물을 나누어 주면서 용기를 주고 있습니다.

우리가 암스테르담을 떠난 뒤 몇 년이 지난 다음 다시 그 도시로 돌아왔을 때 제 아내가 이전에 사귀어 놓은 친구들이 너무 많은 것에 무척 놀랐습니다. 그 당시에 내가 중요한 사역자라고 생각했었는데 아내인 샐리는 공공연한 전도 활동이 아닌 친구관계를 통해서 아주 조용하게 많은 사람들을 사귀어 놓았던 것입니다. 좋은 이야깃거리가 있습니다. 우리가 11년 만에 암스테르담으로 돌아와서 어떤 초콜릿 가게에 들렀을 때 그 가게 종업원은 샐리를 알아보고서 기쁨의 함성을 지르고 그녀에게 달려들어 포옹했습니다. 또 그 가게 주인을 불러서 샐리가 왔다고 알려 주었습니다. 나중에 샐리가 나에게 사연을 이야기해 주었습니다. 그 가게 주인이 결혼 생활이 깨어져서 깊은 상처를 경험하고 있을 때 샐리는 그와 함께 기도해 주었습니다. 그들은 제 아내를 통해서 그동안 알고 있던 하나님과는 전혀 다른 하나님의 모습을 보았기 때문에 제 아내를 매우 좋아합니다. 이런 방식으로 샐리는 단순히 다른 사람들과 함께 예수님을 나눌 수 있는 열정과 은사를 사용했던 것입니다.

우선 3~4명의 사람들의 명단을 뽑아서 그들을 위해 기도하는 일을 시작하라고 제안하고 싶습니다. 하나님께서는 우리가 예수님을 모르는 사람들을 위해서 기도하고 그들과 의도적으로 시간을 보내는 것을 통해서 가정교회들이 새롭게 탄생되기를 원하십니다.

교회에 다니지 않는 한 사람을 그리스도께로 인도하는 데 모든 정성을 드리면 이렇게 믿게 된 사람이 예수님을 모르는 다른 주변 사람들을 모두 데리고 올 것입니다. 펜실베이니아에 있는 우리 가정교회도 몇 사람을 전도했는데 그 사람들의 친구들이 모두 따라와서 교회가 세워지게 된 경우입니다. 심지어는 예수님도 이러한 방법으로 전도를 하셨습니다. 예수님이 친구를 사귀게 되면 그 친구들이 또 다른 친구들을 데리고 와서 예수님을 만나도록 했습니다. 우물가의 여인을 생각해 보십시오! 예수님이 친절하게 다가간 한 여인이 마을 전체에 예수님을 소개하지 않았습니까!

제자 양육하기(**Make Disciples**)

예수님께서 못박히시기 전에 다음과 같은 기도를 하셨습니다. "나는 아버지께서 내게 주신 말씀을 저희에게 주었사오며"(요한복음 17:8). 예수님은 자신을 드려서 다른 사람들을 섬기었습니다. 예수님께서는 그들을 지도하셨고 용기를 주셨습니다.

하나님께서 우리에게 주신 사람들은 누구입니까? 하나님께서는 당신만을 위해서 사람들을 주시기도 하십니다. 가정교회는 의도적으로 다른 사람들의 삶 속에 투자하는 사역입니다. 만일 우리가 그러한 사람들과 함께 만나고, 그들을 위해 정성을 들이고, 함께 기도하고, 함께 성장하고 있다면, 우리의 미세교회들이 작고 이기적인 거룩한 집단으로 변하지 않을까 하는 염려를 떨쳐 버릴 수 있습니다. 그 대신에 우리는 성장하고 있고, 역동적이며, 예수님을 따르고 있으며, 예수님께 순종하고 있으며, 성령에 인도하심을 받는 공동체들이 될 것입니다.

만일 우리들의 교회에 앉아서 사소한 일로 흠을 잡고 불평을 하면서 문제를 일으키는 사람들이 있다면 우리는 그러한 사람들이 진정으로 하나님을 찾을 수 있도록 도와주어야 합니다. 만일 사람들이 성장하는 것을 보기 원한다면 그들로 하여금 제자 양육하고 다른 사람들을 위해서 기도하고 밖으로 관심을 돌리도록 동기부여를 해야 한다는 사실을 우리는 경험을 통해서 배웠습니다. 어린 아이들을 방에 가두어 놓고서, "앞으로 5시간 재미있게 놀아라!" 라고 말하는 것은 상식적으로 맞지 않는다는 것을 잘 알고 있습니다. 그대신 "밖에서 게임하면서 놀자!" 라고 말하며 우리는 그들이 밖의 일에 집중하도록 관심을 돌려야 합니다. 우리는 그들에게 목표를 주고 그들이 이해할 수 있는 **사명**(mission)을 받았기 때문에 함께 더 재미있게 놀게 될 것입니다.

어떤 사람이 예수님을 영접해서 기독교인이 된 **이후**(after)에만 제자 양육을 시작할 수 있는 것이 아니라는 사실을 알고 있습니까? 만일 그것에 대해 생각한다면 **제자 양육**(discipleship)과 **전도 사역**(evangelism) 사이에 성경적인 차이가 없음을 발견하게 될 것입니다. 이 점에서 당신의 사고

체계가 완전히 달라지게 될 것입니다! 다음의 이야기를 들어보십시오!

빌(Bill)이라는 사람이 교회 개척 팀과 함께 요르단의 암만(Amman)에서 일하고 있었습니다. 그는 또한 몇 명의 무슬림 친구들도 있습니다. 교회 개척 팀은 그 지역 공동체를 위해 기도하기 위해서 빌의 집에서 함께 모이기 시작했습니다. 어느 날 빌의 무슬림 친구 중의 한 명이 빌의 집에서 사람들이 정기적으로 모이는데 자신이 왜 초대되지 않았는지 궁금해했습니다. 무슬림 문화에서는 자기 집을 항상 친구들에게 개방하고 환영하는 분위기라서 그는 그들이 '비밀' 모임을 하고 있다고 마음속에 생각하고 있었습니다. 무슬림 문화에서는 친구들끼리 비밀 모임을 하지 않습니다.

그래서 빌의 무슬림 친구가 빌에게 와서 물어보았습니다. "빌, 왜 당신 집에서 이런 모임이 있다는 것을 나에게 말하지 않았죠? 제가 참석해도 될까요?" 자 이제 상상을 해 보십시오. 교회 개척 팀은 지역 공동체에 있는 무슬림 사람들에게 어떻게 전도할 수 있을까에 대해서 전략을 세우고 기도하는 모임을 하고 있었습니다. 그리고 한 무슬림 남자가 그 모임에 참석하기를 원했습니다. 빌은 그 친구에게 참석해도 좋다고 이야기하고 그 친구가 편안하게 느낄 수 있도록 다른 교회 개척 팀들에게 '기독교적인 용어(Christianese)'를 한동안 사용하지 말아 달라고 부탁했습니다. 빌의 무슬림 친구가 참석한 첫 번째 모임에서 그 그룹은 함께 식사를 나누었고 산상수훈에 대한 짧은 성경공부를 했습니다. 그들은 함께 노래했고 예수님의 말씀에 대해서 토론했습니다. 잠시 후에 무슬림 친구가 다음과 같이 말했습니다. "오늘 정말 좋았습니다. 다음에 또 와도 될까요?"

"물론입니다"라고 빌은 말했습니다. "다음에는 당신이 토론을 이끄십시오." "저는 무슨 내용인지도 모르는데 무엇이라고 말하죠?" 하며 무슬림 친구는 의아해했습니다. 빌은 그에게 다음과 같이 확신시켜 주었습니다. "이 모임 전에 저와 당신이 만나서 먼저 토론해 보면 됩니다. 당신이 미리 읽어볼 수 있도록 몇 가지 책을 드리겠습니다."

이 모임에서 한 무슬림 남자가 성경공부 시간에 기독교인으로 구성된 교회 개척 팀의 토론을 인도했습니다! 그 다음주에 빌의 무슬림 친구가 말했습니다. "저 어땠어요? 잘 인도했나요? 사실 저는 예수님이 하신 말씀이 무엇을 의미하는지 완전히 이해하지 못하고 있었거든요." 이것이 바로 열린 문이었습니다. 빌과 그의 무슬림 친구는 계속해서 몇 달 동안 예수님의 말씀에 대해서 함께 공부했습니다. 그리고 지금 그 무슬림 친구는 예수님을 따르는 자들로 이루어진 작은 공동체의 리더가 되었습니다.

빌의 무슬림 친구가 예수님을 따르기로 작정하기 **이전에**(before) 빌이 그를 양육하기 시작했다는 사실을 관찰해 보십시오. 제자 양육은 사람들이 기독교인이 되기 이전에 시작할 수 있습니다. 왜냐하면 제자 양육은 예수님을 나누고, 사람을 사랑하고, 믿음의 씨앗을 뿌리고, 사람들이 예수님과 사랑의 관계를 형성할 수 있도록 초대하는 바로 영적인 삶의 여정이기 때문입니다.

만일 우리의 미세교회들이 지나치게 종교성을 띠지 않고 지나치게 기독교적인 용어를 쓰는 대신에 일상적인 용어를 사용한다면 아직 기독교인이 아닌 사람들도 모임에 자유롭게 와서 참여할 수 있을 것입니다. 그들은 다른 **평범한**(normal) 사람들과 함께 편안함을 느낄 것입니다. 만일 우리가 우선적으로 식사를 나누고 교제를 하게 된다면 서로 다른 믿음과 삶의 수준을 가진 사람들이 자연스럽게 그 모임에 적응할 것입니다.

모이기(**Gather**)

음식은 미세교회의 매우 중요한 부분입니다. 전통적인 교회에 다닐 생각을 한 번도 해보지 않은 사람도 집에 식사 초대를 한다든지 공원에 소풍을 간다든지 아니면 커피숍에서 차를 마시자고 한다면 흔쾌히 받아들일 것입니다. 뉴질랜드 사람인 토니 코릴스(Tony Collis)는 다음과 같이 말했습니다.

가족들이 함께 식사를 하듯이 하나님의 가족도 동일합니다. 초대교회에서 저녁식사 시간은 성찬을 나누면서 사랑의 축제의 시간이 되었습니다. 함께 식사를 나누는 동안에 그들은 승리들과 도전들과 통찰력 등을 서로 나누게 되었습니다. 그들은 차례로 성찬을 나누었습니다. 오늘날 우리는 커피숍에서 카푸치노 커피를 마시고 공원에서 피자를 먹으면서 인간관계를 돈독히 세워 나갈 수 있습니다. 낯선 사람들이 같이 식사를 나누게 되면 몇 분이 지나지 않아서 친구가 됩니다. 식사를 같이 하는 데 무슨 문제가 생기겠습니까? 우리가 처음 미세교회 모임으로 만났을 때, 모임을 시작한 가정집에 단기간 동안 머무르는 여자 손님이 있었습니다. 그녀도 우리 모임에 초대되었고 우리와 함께 시간을 보냈습니다. 그날 저녁 그녀는 우리 그룹의 새로운 가족이 되었습니다. 음식은 사람들을 친구로 만듭니다.[35]

저희(래리) 부부는 미세교회 모임에 항상 음식을 준비합니다. 우리 교회는 수요일 오후 6시 30분에 저녁식사와 함께 모임이 시작됩니다. 우리는 식사가 시작되었을 때 종종, "지금 교회가 시작되었습니다" 라고 말합니다. 함께 식사를 한다는 것은 교회의 매우 중요한 부분입니다. 그래서 초대교회가 이 가정집 모임에서 저 가정집의 모임으로 이루어지고 식사를 함께 나눴던 중요한 이유일 것입니다. 그들은 일주일에 한 번씩 단순히 교회의 딱딱한 의자에 앉아서 다른 사람들의 뒤통수만 바라보는 것이 아니라 오히려 식탁 공동체를 통해서 그들의 삶을 함께 나눔으로써 진정한 가족과 순수한 공동체를 경험했습니다.

우리는 가정교회 모임이라는 프로그램 꾸러미를 챙겨서 갈 필요가 없습니다. 기타나 5곡의 노래와 설교가 있어야 하는 것은 아닙니다. 만일 우리가 하는 일이 전통적인 주일 예배를 줄여서 주중에 더 작은 예배로 만나는 것이라면 우리들이 하는 일은 아마도 목적 의식이 상실될 것입니다.

저(플로이드)에게는 몇 년 전에 가정교회를 시작하려다가 실패한 친구가 한 명 있었습니다. 최근에 그는 나에게 물었습니다. "플로이드! 가정교회에 대해서 어떻게 생각해?" 나는 리더십과 공동체를 어떻게 돕고 어떻게 나누며, 종교적인 모임이 되지 않는 법에 대해서 이야기를 시작했습니다. 내가 계속해서 말하면 할수록 그는 점점 더 조용하고 할 말을 잃어 갔습니다. 마침내 그는 큰 소리로 비명을 질렀습니다!

"무슨 일이야?" 하고 제가 물었습니다.

그는 다시 고통스러워했습니다. "아! 플로이드! 내가 완전히 잘못 생각했었어. 나는 단지 그들에게 많이 가르치기를 원했어. 우리가 가정교회 그룹을 시작하고 말씀을 가르쳤어. 그런데 몇 달이 지난 어느 날 밤에 가장 친한 친구 한 사람이 내가 가르치고 있는 중간에 갑자기 끼어들더니 이렇게 말했어. '난 더 이상 이 내용을 들을 수 없네. 내가 여기 앉아서 다른 사람이 이야기하는 것을 들어야 한다면 나는 차라리 내가 다니던 교회의 주일 아침 예배에 계속 나가는 것이 좋겠어.'"

내 친구는 이 경험을 통해서 깊은 상처를 받았습니다. 그 친구의 갈등은 권위를 존중할 수 있느냐 마느냐라는 문제가 아니라 그가 진행한 모임의 형식에 있었습니다. 그는 어떻게 리더들이 가정교회를 인도해야 하는지 그 방법을 잘 모르고 있었습니다. 또한 그는 신약시대의 리더십의 목표가 사람들을 돕고, 편안하게 해주고, 용기를 주는 일이라는 사실에 대해서 잘 모르고 있었습니다. 좋은 선생의 목표는 모든 것을 다 가르치는 것이 아니라 다른 사람들이 가르칠 수 있도록 도와주고, 배우고 발견한 것을 토론할 수 있게 하고, 하나님의 말씀을 그들의 삶 속에 적용할 수 있도록 도와주는 것입니다.

우리가 모여서 음식을 먹으며 함께 시간을 나누고 있을 때 우리는

도우미들(facilitators)로서 인도하는 것입니다. 우리는 그들이 **목사님들**(pastors)이라고 자신들을 부르지 말고 가정교회 도우미들이 될 수 있도록 충고하고 있습니다. 우리는 위에서 아래로 있는 계급 구조와 구약시대의 리더십의 구조를 원하지 않습니다. 예수님을 바라보십시오! 그분은 권위를 가지고 있는 리더였습니다. 예수님께서 다음과 같이 말씀하셨습니다. "여기에 경계선들이 있습니다. 여기에 우리가 가야 할 방향이 있습니다." 그러나 예수님은 권위를 우리와 **같은 위치에서**(besides) 사용하셨지 **높은 위치에서**(above) 사용하지 않으셨습니다. 그분은 사람들을 이끌기 위해서 '목사' 혹은 '성직자' 라는 직함을 가질 필요는 없었습니다. 그분은 모임이 조직력을 가지고 세워지는 데 관심이 없으셨고 오로지 모임이 역동적으로 탄생되기를 원했습니다. 그분은 장거리를 생각하고 큰 그림을 그리셨습니다. 그분은 많은 리더들과 참석자들을 도울 수 있는 리더십 형태의 모델을 제시했습니다.

증식하기(**Multiply**)

모든 생명체는 증식합니다. 식물, 토끼, 박테리아 등도 증식하고 생명을 주는 미세교회들도 증식합니다. 우리는 시작부터 미세교회들이 증식할 것을 기대해야 합니다. 우리가 주님께서 주신 지상명령을 완수할 수 있는 길은 오로지 증식이라는 방법을 통해서입니다.

저(래리)에게는 어떤 친구가 있었는데 그 가정에서 믿는 자들의 그룹을 인도하면서 그 친구와 그의 아내가 모든 일을 다하는 것을 보았습니다. 그 친구가 교회 개척을 위한 훈련학교에 왔을 때 저는 그에게 다른 사람과 책임을 나누라고 권면했습니다. 그래서 자기와 아내가 하던 사역, 즉 가정을 개방하고, 성경 공부 토론을 인도하고, 매주 가정 그룹이 유지되기 위해 필요한 모든 사역들의 목록을 적었습니다. 그룹에 있는 모든 사람들에게 섬길 수 있는 기회를 제공했을 때 그는 너무나 놀라지 않을 수 없었습니다. 왜냐하면 그들이 모두 열심히 참여해서 섬길 사역들을 알아서 가져가 버렸기 때문입니다! 이것이 이야기의 끝이 아닙니다. 약 6개월 동안에 결혼하지 않은 그룹들이 세 그룹으로 증가했습니다. 이것은 하나님의 사람들이 실천함으로써 배우게 된다는 중요한 예일 것입니다.

가정교회가 가진 아름다움은 꿈을 크게 가지면서도 **작게 세울 수 있다**(and build small)는 점입니다. 우리는 작은 모임들에 사람들을 데리고 와서 한두 명을 훈련시킨 다음에 그 사람들이 리더가 되도록 권면할 수 있습니다. 이들 중 몇 사람은 도중에 그만 두게 될 것입니다. 그러나 계속해서 용기를 가지십시오! 당신의 삶을 다른 사람을 위해서 헌신하십시오! 어떤 매우 현명한 사람이 다음과 같이 말했습니다. "땅에 물을 붓고 꽃이 자랄 수 있도록 보살피십시오." 우리는 좌절을 피하기 위해서 성장이 일어나고 있는 곳에 집중해야 합니다.

정성을 다해 다른 사람들을 섬기십시오. 우리는 한 가정교회에서 함께 사역한 두 부부들을 알고 있습니다. 한 부부는 대부분의 시간을 뒤에서 조용히 섬기고 있습니다. 다른 한 부부는 모임에서 거의 아무

이야기도 하지 않습니다. 두 부부 모두 다른 사람들이 성찬을 인도하고 노래를 인도하고 음식 식단을 잘 짤 수 있도록 훈련을 하고 있으며 그 부부는 옆에서 그냥 도와주고 격려만 해주고 있습니다. 우리가 다른 사람들을 섬기는 자리에 설 수 있도록 가르칠 수 있다면 성령님께서 교회가 증식되도록 도우실 것입니다. 때때로 우리의 가정교회들은 우리가 방해하기 때문에 증식하지 않는 경우가 있습니다. 교회가 증식할 수 있도록 우리가 장악하고 있는 길을 비켜 줘야 할 것입니다!

성공적인 가정교회들은 예수님의 모범을 따르고 그분께서 하셨던 자연스런 진행방법을 모방합니다. 예수님은 **기도하셨고**(prayed), 사람들을 **만나셨으며**(met), 그에게 가까이 온 사람들과 **모였을**(gathered) 때면 제자 양육을 **하셨고**(made), 그런 다음 리더들을 선택하셔서 하나님의 나라에 영향력을 **증가시키셨습니다**(multiply).

STARTING A HOUSE CHURCH

제9장
가정교회를 시작하기 위한 방법

가정교회들은 한 그룹을 잘 배치하고 관리하기 위해 조직적인 기술이나 대단한 은사들을 가진 사람들을 요구하는 조직이 아닙니다. 가정교회들은 예수 그리스도와 사랑에 빠진 평범한 사람들을 단순히 부르고 있습니다. 〈하나님을 위한 인생 계발하기(Cultivating a Life for God)〉의 저자인 닐 콜(Neil Cole)은 단순성이 예수님의 지상 명령을 수행하기 위한 열쇠라고 믿고 있습니다. 그는 다음과 같이 말하고 있습니다.

"과정이 더 복잡하면 할수록 그것을 유지하는 데 더 많은 은사가 필요합니다."[36]

그러나 정말로 좋은 소식이 기다리고 있습니다. 가정교회를 시작하기 위해서 당신은 건물 및 프로그램 및 전도 전략 등을 맞추는 방법들을 기획하고 개발해야 한다는 부담을 내려놓을 수 있습니다. (아마 어떤 사람들은 리더십 은사를 가지고 있을지라도) 당신은 리더로서 다른 사람들에게 감동을 주려고 너무 노력하지 않아도 됩니다. 가정교회를 시작하기 위해서 단순히 당신의 집을 친구들과 이웃들에게 개방하고 한 번에 한 가지씩 일을 진행시켜 나갈 필요가 있습니다.

먼저 기도하기!

가정교회를 시작하기 위한 첫 번째 단계는 기도로 출발하는 것입니다. 가정교회 사역은 기도로 탄생**되어야만**(must) 합니다. 비록 단순한 단계이지만 기도와 하나님의 인도하심이 없다면 우리는 문제를 일으키게 될 것입니다.

가정교회를 시작한다는 것은 단지 좋은 생각만으로 될 수 없습니다. 이것은 **하나님**(God)의 생각임에 틀림없습니다. 만일 당신이 가정교회를 시작하도록 부르심을 받았다고 느낀다면 같은 마음을 품은 사람들과 함께 모여서 기도를 함으로써 하나님으로부터 전략적인 지혜를 받을 수 있을 것입니다. 많은 가정교회들이 기도가 절대적으로 부족한 탓에 잘못된 출발을 하게 됩니다.

기도하는 데 보내는 시간은 하나님께서 우리의 마음 가운데 일하시고 우리의 동기를 정결하게 할 수 있는 기회들을 드리게 됩니다. 기존의 교회들에 대해서 우리가 반감을 가지고 있기 때문에 가정교회들이 시작되었을 때 가정교회들의 정체성은 반란이나 내분으로부터 세워지게 됩니다.

반면에 건강한 가정교회들은 하나님의 인도하심과 예수님을 모르는 사람들에게 전도하기 위한 바람으로 시작되어야만 합니다. 한 사람이 씨앗을 뿌린 대로 거둔다고 성경은 우리에게 가르쳐주고 있습니다. 그래서, 만일 우리가 기존 교회나 지도자에 대한 반감이 있기 때문에 가정교회를 시작한다면 잘못을 추궁하는 씨앗과 당신이 세운 그 교회의 교만이라는 씨앗들을 거두게 될 것입니다.

새 교회를 시작하게 될 때 기도와 함께 지역 기독교 공동체의 리더들의 영적인 안내와 조언을 구하는 것도 매우 중요합니다. LMCN이라는 가정교회 네트워크가 형성되던 날부터 우리는 지역 사회의 기존 성도들과의 관계 증진을 위해 노력하면서 미세교회에 대한 질문에 대답하고 그들에게 그 개념을 이해시키기 위해서 설명하는 일도 게을리 하지 않았습니다. 한 현명한 성경 강사가 어느 날 우리에게 이렇게 말했습니다.

"외로운 카우보이는 혼자서 싸우다가 권총에 맞아 말에서 떨어졌습니다."

우리는 이 말에 동의합니다. 건강한 가정교회 운동들은 책임을 회피하는 독단적인 그룹들이 아닙니다. 역동적인 미세교회 네트워크들은 그리스도의 몸에서 리더십들에게 영적으로 연결되어 있습니다.

전도해야 할 대상이 누구인지 파악하기

모든 미세교회들은 전도해야 할 대상이 누구인지 파악하고 있어야 합니다. 텍사스 주에서 가정교회들의 네트워크를 성공적으로 함께 출발시킨 토니 데일(Tony Dale)과 펠리시티 데일(Felicity Dale)은 다음과 같은 중요한 사항을 제안해 주고 있습니다.

당신의 영향권 안에 들어 있는 사람들의 명단을 적어서 함께 묶어 보세요. 우리가 하는 사업에 관련된 사람들 중 대다수가 비기독교인들이지만 지난 몇 년간 서로 잘 아는 사람들이 되었습니다. 우리 집에서 피자를 먹으면서 성경의 잠언서를 교과서로 사용해 사업 구상 연구 모임에 10여 명을 초대하게 되었습니다. 우리의 토론에는 규칙들이 없었으며 모든 사람들의 의견이 유효했으며 잘못된 대답들이 있을 수 없었습니다. 1년 동안 점진적으로 기도와 예배가 소개되었으며 모든 사람이 기독교인이 되었습니다. 그들은 우리 가정교회의 핵심이 되었습니다.[37]

몇 년 전 LACN의 첫 번째 미세교회가 우리(래리와 라베르네) 집에서 시작되었을 때, 우리는 하나님께 전도 대상자들이나 새 신자들을 우리에게 연결시켜 주시기를 기도했고 이 사역을 위해 수고할 일꾼들을 보내 달라고 기도했습니다. 그러나 우리는 몇 가지 직접적인 문제들에 직면하게 되었습니다. 첫 번째로 많은 기독교인들이 우리 교회에 방문해 어떤지 확인하고 갔습니다. 어떤 기독교인들은 최신식의 교회 모델을 찾아 다니던 사람들이었습니다. 그들은 주일에는 참여하지 않고 교회 성전이 아닌 가정집의 거실에서 만나는 우리 미세교회의 수요 모임에만 참석했습니다.

그러나 우리는 새로운 어떤 것을 출발시키기 위해서 새로운 것을 시작한 것은 아니었습니다! 새 신자를 전도하도록 주님으로부터 사명을 받았기 때문에 우리는 호기심이 많은 기독교인들이 우리 모임들에 방문하지 않도록 기도했습니다. 우리 그룹에 기존 기독교인들이 너무 많으면 전도 대상자들은 불편하게 느낍니다.

짐 피터슨(Jim Petersen)은 그의 저서 〈벽이 없는 교회(Church Without Walls)〉에서 만일 이웃 교회들에서 '철새 교인들'이 단순한 호기심으로 새로 개척한 교회들을 찾아오기 시작한다면 무슨 일이 일어날지에 대해서 분명하게 묘사하고 있습니다.

저는 새로운 교회 개척을 위한 팀에 속해 있는 한 친구를 알고 있었습니다. 한 교회가 가정교회 구조로 나누어졌고 각 가정교회를 감독할 수 있는 장로들이 지정되었습니다. 그들의 가족들과 믿지 않는 친구들에게 더 많은 시간을 자유롭게 사역할 수 있도록 교회 전체가 움직이는 중앙 통제 방식의 사역 활동들은 최소한으로 줄이게 되었습니다.

주중 모임들은 매우 역동적이 되었습니다. 저를 방문했던 첫 번째 사람을 결코 잊어버릴 수 없습니다. 사업가들로부터 히피족 같은 사람들까지 매우 다양한 사람들이 그곳에 찾아왔습니다. 많은 사람들이 새 신자들이었습니다. 사람들의 필요에 맞추어서 성경 공부의 수준을 매우 낮추었습니다. 저는 그렇게 하는 것이 좋았습니다.

우리를 방문했던 다른 사람들도 그 수준에 맞추었습니다. 주변에 소문이 퍼졌고, 주변 교회들에서 철새와 같은 성도들이 곧바로 우리 모임에 들어오기 시작했습니다. 그들의 필요들은 새로 생긴 교회의 리더들을 탈진하게 했습니다. 그들의 필요들이 점진적으로 안건으로 다루어졌습니다. 철새 신자들의 습관적인 방문으로 인한 무기력증이 가정교회의 창조적인 노력을 잠식하게 되었고 이에 따라 이 안건이 의제에 오르게 되었습니다…… 그리고 무엇이 문제였다고 우리가 질문했을까요? 문제는 바로 모든 믿는 자들의 노력들을 통해서 교회를 사회 속으로 끌어들이기 위한 원래 팀의 비전이 좌절되기 시작했습니다.[38]

저(래리)와 아내(라베르네)는 주님께서 주신 새로운 세대를 전도하라는 비전을 지키기 위해서 새로운 미세교회를 시작하는 초창기부터 매우 신중하게 기준을 지켜나가야 했습니다. 그리고 이 네트워크의 젊은 리더들도 이 기준을 분명하게 잘 지키도록 했습니다. 그들은 하나님께 전도 대상 영혼, 새 신자 및 그것을 위해 수고할 일꾼을 보내달라고 기도했고 주님께서 그들의 요구를 존중하셨습니다.

가정교회 크기가 중요하다

그리고 얼마 되지 않아서 저희들의(래리와 라베르네) 집을 근거로 한 미세교회 안에 두 번째 문제가 발생했습니다. 참석하는 전도 대상 영혼들이 그들의 친구들을 초대했고 시작한 지 6개월도 안 되어서 한 번은 모임이 있는 날에 우리 집 거실에 50명의 인원이 참석하게 되었습니다. 너무나 큰 규모였습니다. 새로운 가정교회를 인도하던 윌(Will)과 마이크(Mike)는 다른 리더들을 지정해서 그들이 6개~8개의 더 작은 셀들로 나누어서 증식하도록 도와주었습니다. 이 셀 그룹들은 모든 사람들이 더 친밀한 관계를 경험할 수 있고 연약한 부분을 놓고 기도할 수 있기 위해서 그리고 새 신자들이 적절히 제자 양육될 수 있도록 하기 위해서 가정교회 모임의 일부분의 시간 중에 기도하러 모였습니다.

곧바로 그 교회는 매우 크게 되어서 새로운 가정교회들로 증식해야 할 필요가 있었지만 소그룹 안에서 가능성 있는 리더들이 새로운 가정교회를 인도하기에는 아직 준비되지 않았다고 느꼈기 때문에 많이 두려워하고 있었습니다. 특별히 그들의 두려움은 새로운 교회가 자기의 소그룹에서와 같이 급성장을 하게 될 경우 어떻게 감당할 수 있을까 하는 것이었습니다! 그들이 이제까지 본 유일한 교회는 큰 규모의 가정교회였고 그것은 위협적인 것이었습니다. 그러나 마침내 두 부부가 하나의 새로운 가정교회를 시작할 수 있도록 파송되었고, 윌은 자기가 시작한 처음 교회를 마이크에게 넘겨 주고 한 그룹과 함께 세 번째 가정교회를 세우기 위해 떨어져 나갔습니다. 한 개의 큰 교회보다는 차라리 3개의 작은 미세교회들이 더 건강하고 관리하기에 더 용이했습니다. 이러한 인식을 바탕으로 한 가정교회 네트워크가 형성되기 시작했습니다.

가정교회들은 가정집에서 모일 수 있는 인원의 규모와 특별한 그룹에게 줄 수 있는 편안함의 정도에 따라서 다양한 크기로 이루어질 수 있지만 더 작은 크기의 미세교회들은 더 적극적으로 참석하고, 더 책임감을 가지며 더 많이 헌신할 수 있도록 도울 뿐 아니라 서로 더 많이 교제함으로써 더 친밀한 인간 관계를 형성하는 데도 도움을 줍니다. 무엇보다 더 작은 규모의 가정교회는 자신들의 재산들을 이용해 그룹 안에서 서로를 도울 수 있습니다!

래드 즈데로(Rad Zdero)는 그의 저서 〈세계적인 가정교회 운동(The Global House Church Movement)〉에서 한 그룹의 크기가 너무 크면 이롭지 못하다는 사실에 동의하고 있습니다.

6~12명 정도의 인원으로 유지하는 것이 현명합니다. 제 경험에 의하면 6명 미만의 그룹은 교제와 관계 형성을 위해서 만나는 횟수가 줄어들기 때문에 그 크기가 줄어들거나 활력이 없게 되기 쉽습니다. 반면에 12명 이상의 그룹들은 친밀감 형성과 모든 인원의 참석이 어렵습니다. 그래서 오늘날 급성장하는 교회 개척 운동은 10~30명 정도의 인원을 가진 가정교회들을 증식시키는 것이라고 여기는 것은 그리 놀라운 일이 아닙니다.[39]

모임의 횟수

가정교회들은 최소한 일주일에 한 번씩 만나서 서로 연결되어 있다는 느낌이 유지되도록 해야 합니다. 하지만, 이런 모임을 융통성 있게 생각하는 것도 매우 중요하다고 생각합니다. 어떤 미세교회들은 매주 동일한 장소에서 만나지만 또 다른 모임들은 성도들의 가정에서 돌아가면서 만나기도 합니다. 어떤 그룹들은 더 자주 만나고 다른 모임들은 덜 자주 만납니다. 어떤 가정교회들은 주중에 모이고 또 어떤 가정교회들은 주말에 모입니다.

함께하는 모임이 공동체를 세워 가고자 하는 성도들의 소망의 표현이어야지 바쁜 자신들의 일정에 더 의무적인 종교 행위를 추가하는 모임이 되어서는 안 된다는 사실이 무척 중요합니다. 함께하는 모임에 음식을 준비하고 교제를 위한 목적을 두고 있다면 이 모임은 더 자연스럽게 될 것입니다. 모든 사람들에게 가장 편안한 시간대를 선택한 다음 공적인 모임 이외의 별도의 시간을 내서(전화통화나 이메일을 통해서라도) 서로 연결되도록 노력하십시오. 영적인 가족을 세우기 위해서 일주일에 한두 시간의 저녁시간만을 보내는 것으로는 너무 어렵습니다.

모임 장소

이 책을 읽고 계신 당신은 가정교회 모임이 어떻게 진행되는지에 관해 실질적으로 도움을 받을 수 있는 생각과 조언이 필요합니다. 우리가 몇 가지 좋은 생각들을 줄 수 있지만 매주마다 모임은 변화를 거듭하기 때문에 어떤 정형화된 모임의 정확한 그림을 준다는 것은 거의 불가능한 일입니다. 한 가지는 분명합니다. 가정교회들은 더 작은 형태의 전형적인 주일 아침 모임이 되어서는 안 됩니다. 어떤 청년이 가정교회를 묘사할 때 전통적인 교회의 찬양, 설교, 기도로 구성되어 있는 예배 형식을 약간 복사해서 반복하고 있는 듯한 느낌이 든다고 표현하듯이, 가정교회 모임이 '거실에서 은밀히 모이는 모임'과 같은 형태가 되어서는 안 됩니다.

반면에, 우리는 미세교회가 되기 위해서는 4가지 기본 구성 요소가 있다는 것을 알게 되었습니다. 4가지 요소는 바로 먹기, 모이기, 소그룹 모임들 및 모임 이후의 모임입니다.

1. **먹기:** 가정교회 사람들은 먹기를 즐겨 해야 합니다! 모든 사람들이 음식을 들고 와야 합니다.

2. **모이기:** 가정교회들은 예배와 가르침이 있어야 하고 성경의 말씀이 삶 속에 어떻게 적용되는지 토론을 위해서 함께 모여야 합니다.

3. **소그룹 모임들:** 만일 가정교회가 5~6명 이상의 인원으로 구성되어 있다면 우리는 소그룹들로 만나는 것이 효과적이라는 사실을 발견했습니다. 이 그룹들은 종종 공식적인 미세교회 모임 이외의 시간에도 만납니다. 우리가 새 신자들에게 미세교회 모임 중에서 가장 좋은 점이 무엇이냐고 물어볼 때 우리는 그들이 소그룹 모임을 좋아한다는 사실을 반복해서 듣습니다. 새 신자들이 그들의 생활에 대해서 솔직하게 나누고 처음으로 다른 사람들과 함께 기도하는 법을 배울 수 있는 기회는 소그룹 형태에서

가능합니다. 우리는 동질 소그룹, 특별히 여성 소그룹 모임 혹은 남성 소그룹 모임 등이 효과적이라는 것도 발견할 수 있었습니다. 8~10명의 인원으로 구성되어 있는 가정교회는 1~2개의 남성 소그룹과 1~2개의 여성 소그룹으로 나눌 수 있습니다. 종종 가정교회 리더들이 훈련과 권면을 위해서 소그룹의 리더들과 함께 한 달에 한 번씩 만나기도합니다. 사실상, 소그룹 리더들은 보통 가정교회 리더들입니다.

4. **모임 이후의 모임**: 전통적인 교회들에서는 사람들이 예배 후에 곧바로 집으로 갑니다. 가정교회는 그렇지 않습니다. 가정교회 사람들은 사실상 함께 있는 것을 무척 좋아합니다. 실질적인 모임시간은 참석하는 모든 성도들이 함께 참여할 수 있는 가능성에 따라 한 시간 혹은 세 시간 혹은 더 오래 걸릴 수도 있습니다.

예를 들면 저희(래리) 부부가 개척한 가정교회는 매주 수요일 오후 6시 30분에 시작합니다. 처음 1시간은 함께 식사하는 시간이고 그 이후의 한두 시간 동안에 우리는 예배 혹은 토론의 시간들을 갖습니다. 종종 우리는 30~45분 정도의 소그룹 모임 시간으로 보내고 그런 다음 집으로 가기 전에 모임 이후에 몇 시간 동안 함께 보내는 시간을 보냅니다(결국, 그들의 영적인 가족들과 함께 보내는 시간은 집에서 실제 가족들과 보내는 시간과 거의 비슷합니다).

미세교회 사역에는 융통성이 많이 있어야 합니다. 포도주 부대에 새 포도주를 담는 데는 많은 융통성이 필요하다는 것은 자명한 사실입니다. 어떤 미세교회들은 주일 점심 때쯤 만나서 하루 종일 함께 시간을 보내는 경우를 본 적이 있었습니다!

먹는 일(보통 식사)은 가정교회 모임의 중요한 요소이기는 하지만 가끔 음식 없이 진행될 수도 있습니다! 한 주 가정교회 모임을 한 가정이 집을 짓는 데 쓰는 관목을 자르는 일을 도와준 다음 기도하는 시간을 가지고 나서 그 다음 주에는 찬양, 기도, 말씀, 교제 모두를 함께하는 시간을 갖습니다. 사람들이 예수님의 생애와 예수님과 함께 동행하는 삶에 대해서 토론하기 위해서 모임이 이루어지기 때문에 매주 새롭고 격식이 없어야 합니다. 저희 부부(플로이드와 샐리)가 개척한 가정교회 회원들은 서로 번갈아 가면서 모임을 인도했고 함께 모이는 시간을 위해서 매우 독창적인 것을 개발해서 진행했습니다.

토니 콜리스(Tony Collis)가 제시해 주는 가정에서의 모임에 관한 다음과 같은 실질적인 조언이 있습니다.

절대로 전통교회에서와 같은 배열로 의자를 배치하면 안 되고 모든 사람들을 포함시킬 수 있도록 둥근 원형으로 배치해야 합니다. 만일 참석 인원 수가 당신이 가지고 있는 의자 수보다 많이 오는 경우에는 바닥에 앉게 되는 사람들을 위해서 쿠션이나 방석들을 준비하면 됩니다.

당신이 가장 아끼는 접시나 은수저 등을 꺼내오지 마십시오. 왜냐하면 사람들이 고급스러운 식기에 불편하게 느껴서 자신의 가정을 개방하는 데 부담을 가질 수 있기 때문입니다.

만일 방문객 중 한 사람이 담배를 피워도 좋은지 물어볼 경우를 대비해서 적절한 대답을 생각해 두십시오. 제 의견은 그 사람이 집 안에서 든지 집 밖에서든지 담배를 피우는 것을 좋아하든지 그렇지 않든지 간에 그 사람에게 줄 재떨이를 준비하라고 권하고 싶습니다. 하지만 요즘에는 사람들에게 집 밖에서 담배를 피우라고 요청해도 그리 불쾌감을 주는 일은 아닙니다. 재떨이를 제공해 주는 것은 섬기는 정신과 비판적이지 않은 태도를 보여 줘서 서로 대화가 용이하게 됩니다.

당신은 사람들이 도착할 때 음악을 틀어놓기를 원할 수 있습니다. 모든 사람들이 동일한 취향을 갖고 있지 않기 때문에 모든 사람들이 당신이 선택한 음악을 좋아하는 것은 아닙니다. 중요한 사실은 음악이 너무 커서 참석한 사람들의 대화를 방해해서는 안 된다는 사실을 확실히 해야 합니다.[40]

가정교회를 위한 사명 선언문

각 가정교회들은 쉽게 서로 다른 개성을 드러내기 시작합니다. 어떤 가정교회들은 행복하고 건강한 결혼 생활을 돕기 위한 그들만의 비결을 개발하기 시작하고 또 다른 가정교회들은 10대들을 위한 중점 사역을 하며 그들에 의해서 운영되기도 합니다. 성도들의 매일의 삶에 실질적인 필요들을 도와주는 일을 잘하는 교회들도 있습니다.

모든 가정교회들 혹은 네트워크들은 그들만의 비전과 사명을 표명해야 합니다. 예를 들면, 미세교회 네트워크의 리더들 중에서 저(래리)

는 우리 가정교회 네트워크에 필요한 다음과 같은 비전을 만드는 데 기여했습니다.

이 가정교회 네트워크를 위한 비전은 작고, 관계 중심적이고, 전도 중심적인 교회들의 리더들이 급속히 증식될 수 있기 위한 지도자 훈련장이 될 것입니다. 이러한 새로운 교회들은 가정, 대학 캠퍼스, 사업장, 쇼핑몰, 커피숍, 빈 건물, 스케이트장 등 사람들을 자연스럽게 만날 수 있는 다양한 장소에서 모임을 가질 수 있습니다.

영적인 부모님들이 새 신자들, 새로운 소그룹 리더들, 새로운 교회 리더들 및 새로운 사도적인 리더들에게 멘토가 될 수 있도록 훈련을 시킬 것입니다. 각 교회의 최고 리더들은 성경적인 원리에서 벗어나지 않는 범위 안에서 그들이 느끼기에 주님께서 인도해 주시는 방향에 맞는 취향으로 교회를 인도할 수 있는 자유와 권위를 가지고 있습니다. 이들 새로운 교회들은 매주 주중에 어떤 요일과 시간에 만나도 좋으며 성령님의 인도하심에 따라 서로가 연결될 수 있습니다.

한 가정교회의 비전과 사명 선언문을 위와 같이 길게 만들 필요가 없습니다. 단지 한 문장으로 만들 수도 있습니다. "우리의 비전은 우리가 다른 사람들에게 예수님에 대해서 나눌 때 우리의 도시 안에서 모든 사람이 걸어서 다닐 수 있는 위치에 가정교회들이 세워지는 것을 보는 것입니다" 또는 "우리의 비전은 예수님을 우리 삶의 중심에 모시고 영적인 고아들을 전도해서 우리의 영적인 가족으로 만드는 것입니다" 라고 만들 수 있습니다.

가정교회와 재정 관리

가정교회들은 많은 조직력이나 행정력이 필요하지 않기 때문에 헌금을 통한 수입을 개발 도상국에서의 선교 사역 후원금이나 주변의 불우한 환경에 있는 사람들을 돕는 데 쓸 수 있습니다. 건물 및 프로그램 혹은 월급 등과 같은 높은 경상비가 들어가지 않으므로 가정교회들과 가정교회 네트워크들은 그들의 재원을 투자해서 경비의 많은 부분들을 가난한 사람들을 위해서 쓸 수 있습니다.

많은 경우에 있어서 약 1,000명의 성도가 있는 기성교회들은 건물 임대료, 시설 유지비, 관리비, 건물 보수 비용, 성직자 봉급 등에 매여 있습니다. 그러나 1,000여 개의 가정교회 네트워크는 유급 직원이나 유지해야 할 건물이 없으므로 더 많이 나눌 수 있습니다. 미국 개신교 연합의 연구 자료에 의하면 교회 총수입의 약 82퍼센트가 건물, 직원, 내부 프로그램 등을 위해서 사용되며 단지 18퍼센트만 전도 및 선교 사역에 사용되고 있다는 통계가 나왔습니다. 가정교회들은 정반대의 결과를 보여 주고 있습니다![41]

짐과 캐시(Jim and Cathy Mellon) 부부는 텍사스 주에 위치한 킬린(Killeen) 시에 가정교회 협회(Association of Home Churches)를 창설했습니다. 이 가정

교회 네트워크는 다음과 같은 보고를 했습니다. "우리는 전 수입의 80 퍼센트를 자선 사업과 선교 사역에 사용합니다. 그리고 10명의 지방의 사역자들을 지원하고 인도에 220여 개의 교회를 세웠습니다. 100명의 개척자들이 작게 시작하는 것도 그리 나쁘지는 않습니다!"[42]

세금 공제에 관한 문제

가정교회 회원들은 종종 다음과 같은 질문을 합니다. "제가 헌금을 하게 되면 우리 가정교회를 통해서 세금 공제를 받을 수 있습니까?" 미국에서 가정교회들이 세금 공제에 관한 문제를 해결할 수 있는 몇 가지 방법들이 있습니다.

단독적인 교회로서 기능을 하기 위해서 가정교회는 501-C3 신분을 위해 독립적인 단체로서 합법적으로 등록할 수 있습니다. 이 서류를 위해서 드는 변호사 비용은 미화 1,000달러 정도입니다. 이 비용도 낼 수 없는 아주 작은 가정교회들은 가정교회 네트워크들이나 지역교회 혹은 대형교회 등의 기존의 기독교 단체를 통해서 자신들의 재정을 운영하는 방법을 선택할 수 있습니다. 다른 기독교 단체를 통해서 나가는 비용은 운영비를 내는 정도로 총수입의 작은 부분에 지나지 않습니다. 네트워크가 형성된 가정교회들은 개별적인 비영리 단체로서 존재하면서 네트워크 안에서 각자의 가정교회로 등록해야 하기 때문에 비영리 사업 단체를 조직할 수 있습니다.

LMCN에서 각각의 미세교회들은 회원들의 십일조와 헌금을 통해서 들어온 모든 돈들을 사용할 특권과 책임이 있습니다. 그들은 가정교회 안에서 필요한 사람들에게 기부할 수도 있고, 선교 단체 및 어려운 사람들을 위해서 공동체 대내외적으로 기부할 수도 있습니다. 각 미세교회들은 그들의 수입의 1퍼센트를 운영비로 네트워크 단체에 지불합니다. LMCN은 법인 조직입니다. 이는 개별 교회들이 그들 스스로 법인 단체를 세울 필요가 없으며, 단지 이 네트워크 조직을 통해 그들의 재정을 운영할 수 있습니다. 이것은 교회 개척을 용이하게 하며 연말 회계 감사 보고를 통해서 회계 책임을 수행할 수 있습니다.

건물 및 프로그램을 위한 비싼 비용을 지불하지 않아도 되는 가정교회들은 성도들이 그들의 공동체와 예수 그리스도의 몸을 위해서 그들이 가지고 있는 재원을 어떻게 쓸 수 있는지 그 방법과 모델을 제시해 줄 수 있습니다. 우리가 서로 사랑하고 섬길 때 세상은 예수님의 사람을 볼 수 있을 것입니다.

가정교회 증식을 위한 기도와 계획

펜실베이니아 주에 우리 부부(래리와 라베르네)가 개척한 가정교회는 5년이 지나기 전에 4개의 새로운 가정교회들로 증식했고 개척되었습니다. 새 가정교회의 증식과 개척은 그렇게 자연스럽게 가능한 것이 아닙니다. 이를 위한 집중적인 기도와 비전 제시 및 미리 계획하는 일 등이 필요합니다.

펜실베이니아 주의 엘리자베스타운(Elizabethtown) 시에 사는 저희 친구들인 스티브와 메리(Steve and Mary Prokopchak) 부부는 몇 년 전에 85명의 참석 인원으로 성장하는 가정그룹을 인도했습니다. 그 가정그룹에 속한 그 어느 누구도 스티브와 메리와 같은 훌륭한 리더가 될 자신감이 들지 않기 때문에 또 다른 그룹을 만들 엄두를 내지 못하고 그 가정그룹은 계속해서 커가고 성장하게 되었습니다. 그 부부는 그들 그룹 안에 있는 미래의 리더들이 새로운 그룹을 증식할 수 있도록 그들을 계발하고 격려하는 데 더 많은 시간을 드려야 할 필요를 곧 깨닫기 시작했습니다.

그들은 그 가정교회를 5개의 소그룹 기도 모임으로 나누고 각 그룹에 한 명의 리더를 세우면서 그 가정교회의 문제를 접근하기 시작했습니다. 스티브와 메리는 가정교회 리더들로서 쉽게 기도 그룹에 있는 리더들을 멘토해 줄 수 있었습니다. 결국 리더들은 자신의 소그룹을 충분히 인도할 수 있을 만큼 자신감을 느끼기 시작했고, 각자의 가정에서 소그룹 기도 모임을 진행시키기 시작했습니다. 리더들이 미리 계획하고 사람들이 믿음의 발걸음을 시작할 수 있도록 용기를 주었기 때문에 상대적으로 짧은 기간 안에 4개의 새로운 가정교회들이 시작되었습니다.

메리와 스티브 부부의 경우가 설명해 주는 것처럼, 가정교회의 증식은 그렇게 어려운 것만도 아닙니다. 성장 과정을 돕기 위해서 그룹 리더들이 계속해서 가정교회 성장과 증식에 대한 비전을 제시해 주어야 합니다. 가정교회들은 그들의 교회들이 건강한 가족 관계에서 자녀들이 성장하고 결국은 그들 자신의 가족들을 이룰 수 있도록 기대하는 것과 동일한 방식으로 증식하게 된다고 기대해야 합니다.

가정교회 증식을 돌보기 위해서 좋은 리더는 자신의 시간과 정성을 다해 신실하면서 리더의 가능성이 있는 사람들을 잘 훈련시켜야 합니다. 그들이 훈련을 시작할 때, 대부분 잠재적인 리더들은 자신들이 나중에 리더가 될 것이라고 생각하지 않습니다. 많은 잠재적인 리더들이 매주일 교회 예배당의 좌석에 앉아 있거나 소그룹에 참석하고 있지만 자신들이 한 교회를 인도할 수 있는 가능성이 있는 사람들이라는 것을 인식하지 못하고 있습니다. 그들은 이제까지 경험하고 보아 왔던 교회 형태가 단지 지역교회이며 대형교회 모델이기 때문에 수동적으로 가만히 남아 있습니다. 그들은 가정교회 개척을 위해 권면을 받고, 훈련받고, 파송될 필요가 있습니다.

우리는 당신이 지역교회와 대형교회가 가능한 유일한 교회 모델이 아니라는 사실을 깨닫기를 소망하고 있습니다. 가정교회 네트워크는 새로운 모델을 제시해 줍니다. 그것은 모든 사람이 운동장에서 운동경기에 모두 참여하는 것 이상의 느낌을 줍니다. 가정교회 상황에서 8~14명의 믿는 자들을 인도할 수 있을 정도로 충분한 믿음을 소유한 미래의 가정교회 리더들이 수천 명이 넘게 있다고 우리는 믿고 있습니다. 이러한 사람들은 결코 기성교회에서 100명 이상의 사람들을 인도하거나 많은 프로그램들과 사역들을 유지하하는 것을 시도하고 싶어하지 않는 사람들일 것입니다. 미래의 가정교회들이 전통적인 기성교회들의 틀에서 떠난다면, 기성교회들을 통해서 열방의 추수밭으로 결코 들어가지 못할 수 있는 수많은 일꾼들을 자유케해서 열방의 추수꾼이 되도록 도울 수 있을 것이라고 믿고 있습니다.

열심을 다해서 노력해야 한다

저(래리)는 가정교회 개척을 시작하는 것은 쉽지만 많은 어려움을 겪게 될 것이라고 말하고 싶습니다. 새 신자들을 제자 양육하고 영적인 기저귀를 갈아 주는 일은 매우 어려운 일입니다! 사실 저희는 리더들이 너무 지쳐 있어서 미세교회 중에서 하나를 포기해야 하는 경우도 있었습니다. 감사하게도, 대부분의 회원들이 다른 미세교회에 다시 참석하게 되었고 심지어 어떤 사람들은 나중에 다른 미세교회 증식을 통해서 새로운 미세교회의 리더들이 되었습니다.

비록 쉬운 일은 아니었지만 미세교회 사역은 우리에게 보상해 줍니다. 지역교회나 대형교회에 한 번도 다녀보지 않은 새 신자들이 하나님 안에서 성장하는 것을 볼 때 너무나 기분이 좋습니다.

대형교회에서 사역하는 제 친구 목사는 그 교회 성도들의 대부분은 한 달에 한 번 내지 두 번 교회에 출석한다고 저에게 말해 주었습니다. 미세교회에서는 그렇게 할 수 없습니다! 이 새로운 신자들은 영적인 가족들에게 아주 헌신되었습니다. 그들은 가정교회 모임에 빠지는 법이 없습니다. 이는 아마도 미세교회가 일주일에 한 번 이상 만나기 때문일 수도 있지만 가정교회는 삶을 나누는 곳이기 때문입니다. 우리는 서로 이사하는 것도 돕고, 집에 페인트 칠하는 것도 돕고, 함께 영화도 보고, 주말에 함께 외출도 하고, 파티를 열기도 합니다. 우리는 한 가족입니다. 기억하십시오! 교회는 이러한 인간 관계들을 통해서 세워진다는 사실을……

STARTING A   HOUSE CHURCH

제10장
가정교회 안에서의 자녀 교육

가정교회에 다닐 생각이 있는 사람들이 자주 하는 첫 번째 질문 중의 하나는 "우리 자녀들을 위해서 무엇을 해야 하나요?" 서로 다른 형태의 가정교회들이 많기 때문에 가능한 더 많은 대답을 찾아야 한다는 생각이 듭니다. 모든 상황들은 각 가정교회에 속해 있는 어린이들의 수와 연령에 따라 다양할 것입니다. 어떤 가정교회들은 한두 명의 어린이들만 있을 수 있고, 어떤 가정교회에는 어른들보다 더 많은 어린이들이 있을 것입니다. 많은 경우에 있어서 '어린이들에 대한 문제'는 가정교회 내에서 그리 심각하게 고민할 문제들이 아닙니다. 주님께서 어린이들을 가치 있게 여기셨고 어린이들은 가정교회의 삶에서 적극적인 역할을 합니다.

가정교회는 자녀들에게 영적인 가정과 가족과 소속감을 제공할 수 있습니다. 가정교회 내에서 어린이들은 예배와 찬양을 통해서 하나님에 대한 사랑과 감사를 표현할 수 있는 기회를 가지게 됩니다. 그들은 가정교회에 있는 다른 어른들과 함께 친밀한 관계를 형성하고 계발할 수 있습니다.

제자 양육은 이렇게 안전하고 사랑이 풍부한 환경에서 자연스럽게 일어납니다. 어린이들이 가정교회를 참석할 때 물론 재미있는 일이 일어날 뿐 아니라 열매를 맺는 씨앗들이 그들의 삶 가운데 심어지게 됩니다.

"예수님도 사도들도 어린이들과 함께 무엇을 할 것인가에 대해서 걱정한 적은 없습니다"라고 댄 트로터(Dan Trotter)라는 가정교회 리더가 언급하면서 다음과 같이 지적했습니다.

예수님께서는 결코 다음과 같이 "어린아이들을 보육원으로 데리고 오라"고 말씀하신 적이 없습니다. 성경은 믿는 자들이 함께 모였을 때 어린이들을 다루는 것에 그리 많이 이야기하지 않았습니다. 나는 초대교회의 기독교인들이 어린이들에 대해 큰 문제로 다루지 않았기 때문에 저도 그렇게 교회에서 어린이들이 큰 문제가 되지 않는다고 생각합니다. 교회들은 가정집에서 이루어졌습니다. 가족들이 집에서 살았습니다. 어린이들은 가정에서 교회를 경험하게 되었습니다. 비록 성경은 어린이와 믿는 자들의 모임들에 관해 직접적으로 다루지 않지만 우리가 엿볼 수 있는 점이 있습니다.

예를 들면, 5,000명을 먹인 오병이어의 기적이 일어날 때 어린이들도 함께 있었다고 성경은 기록하고 있습니다(마태복음 14:21). 선교 여행을 하려고 사도들이 떠나려고 때, "모든 제자들과 그들의 아내들과 자녀들"이 해변가에서 기도하기 위해 사도들과 동행했다고 하였습니다(사도행전 21:5).[43]

조나단 에드워드(Jonathan Edwards)가 예전에 "모든 기독교인 가족들은 항상 그랬던 것처럼 작은 교회로 이루어져야만 합니다" 라는 말을 했을 때 저도 그의 생각에 동의했던 적이 있습니다. 가정교회들이 가족 중심적이기 때문에 어린 아이들을 가정교회 안에 혼합하는 것은 매우 쉽습니다. 어린이들은 그룹 안에서 어른들 간의 친밀한 인간관계를 형성할 수 있는 결속력을 주며 서로의 관계를 개발시켜 주어서 그들이 교회 가족의 구성원이라는 것을 느낄 수 있도록 도와줍니다.

몇 년간 전통교회에 다닌 후에 가정교회에 2년 정도 다녔던 부룩(Brooke)이라는 11세의 어린이는 가정교회 안에 있는 어린이들에 대해서 다음과 같이 말하고 있습니다.

"큰 교회에서 우리 어린이들은 주일학교에 가서 노래하고 성경 공부하고 그리고 나서 헤어집니다. 그러나 가정교회에서 어린이들은 놀이를 하는 데 더 큰 역할을 하게 됩니다. 우리들 자신이 더 중요한 존재이고 더 깊이 있게 참여하고 있다고 느껴집니다. 그리고 더 창조적으로 놀 수 있는 여유가 있습니다."

어른들 모임에 자녀들 참석 여부에 관한 선택 사항

개별적인 가정교회에서 어린이들을 어떻게 참여시키게 하느냐에 대한 선택 사항에 대해서 미세교회에 참석하고 있는 부모님들과 다른 어른들의 관점들이 결정에 중요한 역할을 합니다(시편 22:9-10, 누가복음 18:16). 서로 다른 문화권에서 서로 다른 형태의 가정교회를 운영하듯이, 부모들과 가정교회 리더들은 가정교회에 속한 어린이들을 위해서 어떻게 효과적으로 사역하느냐 관해서 서로 다른 방법들을 선호하게 됩니다. 어린이들을 효과적인 사역자들로 키우기 위한 방법과 때에 관한 매우 다양한 의견들이 있습니다. 다음과 같이 고려해 볼 만한 많은 선택사항이 있습니다.

선택사항 1: 온 가족 참여 이후 어른과 어린이 따로 시간

대부분의 북미의 가정교회들은 이와 같은 선택을 하는 것을 많이 관찰했습니다. 이렇게 접근하게 될 때 어린이들은 가정교회 모임에서 하는 첫 번째 부분에 부모님들과 함께 참여하고 두 번째 부분에서는 따로 떨어져서 만납니다. 더 큰 그룹에 어린이들이 참여하게 되면 그들은 어른들과 함께 예배와 간증과 기도의 시간에도 함께 참석하게 됩니다. 그리고 난 후에 그들은 그 가정집의 다른 방이나 가능하다면 옆집에 가서 자신들만을 위한 사역의 시간을 갖습니다.

어른들과 따로 떨어져서 어린이들이 가정교회 모임 장소와 다른 방에서 만나게 될 때, 대부분 어린이들은 자신들이 존중받고 있고 보호받고 있다고 느끼고 있습니다. 이러한 형태는 또한 부모들, 특별히 혼자서 자녀를 키우는 부모들에게도 동일하게 적용되는데 이는 부모들이 자녀들과 잠시 떨어져 민감한 가족 문제들에 관해서 따로 기도와 격려를 받을 수 있기 때문입니다.

토니와 펠리시티(Tony and Felicity Dale) 부부는 가정교회 모임 중 한 부분을 자녀들과 함께하게 되면 혼란스럽지만 무척 가치 있는 시간이 된다고 주장합니다. 그들의 네트워크에서 새로운 가정교회에서조차도 어린이들을 가능하면 포함하려고 노력하는데 그들의 생각을 다음과 같이 주장하고 있습니다.

우리 가정교회들 중 한 가정교회가 두 번째 모임을 가졌을 때 18개월짜리부터 16세까지 자녀들의 수가 15명으로 어른의 수 10명을 넘었습니다. 대부분의 자녀들은 난생 처음으로 이러한 모임에 참여하게 되었습니다. 우리 부부가 도착하자 마자 우리가 알고 있던 아이들이 우리들에게 달려들어 안겼으며 그들이 좋아하는 노래 한 곡을 부르기를 원했고 그들이 좋아하는 노래들을 친구들에게 가르쳐 주려고 했습니다. 정말 혼란스러운 분위기였습니다! 식사를 마칠 때에 어떤 아이는 기타를 치기 시작했고 다른 아이들은 흥얼거리며 노래하기 시작했습니다….

성경에 대해서 토론하는 시간이 왔을 때, 우리와 함께 왔던 10대 아이들의 부모님은 어른들이 성경공부하는 시간에 교회를 사랑하는 마음으로 몇몇의 어린 아이들을 데리고 밖으로 나가서 그들과 함께 놀아 주었습니다. 처음 시간에는 어린아이들이 들쑥날쑥하며 약간 소란스러웠지만, 우리들이 성경공부가 끝날 때까지만 아이들에게 밖에 나가서 놀아 달라고 요청했고 결국 모두가 안정을 찾을 수 있었습니다.[44]

식사 시간 이후에 어른들이 따로 만나서 모임을 하는 동안 누가 어린 아이들에게 사역을 할 수 있을까요? 어떻게 하든지 다 통할 것입니다! 다음과 같은 몇 가지 제안이 있습니다.

가정교회 안의 모든 회원들이 한 번씩 돌아가면서 감당할 수도 있고, 책임감 있고 믿을 만한 좀더 나이 많은 어린이들이 감당할 수도 있고, 아니면 부모 중 한 사람과 다른 어른들이 팀들을 구성해서 어린이들을 돌보는 동안 부모 중 다른 한 사람은 토론에 참석하는 방법 등이 있을 수 있습니다.

어떤 가정교회들은 다른 가정교회들과 함께 어린이 예배와 자료들을 공유합니다. 예를 들면, 어린이 사역에 부르심이 있는 한 사람이 자신의 소그룹 모임과 다른 시간에 가정교회 안에서 어린이들에게 가르칠 수 있습니다. 어떤 경우에는 가정교회 회원이 아닌 사람이 와서 그들의 자녀들을 위해 사역하러 올 때 약간의 사례비를 줘서 감사의 표시를 하기도 합니다.

당신의 가정교회에서 어떠한 선택을 하든지 중요한 점은 그룹의 연합과 지속성을 유지해야 합니다. 그리고 항상 자녀들의 안전이 보장된다는 사실을 확인해야 하는 것은 너무나도 당연한 일일 것입니다.

선택 사항 2: 전 가족의 참여

이 선택 사항은 가정교회 모임이 이루어지고 있는 동안 부모님들과 자녀들을 함께 참여시키는 방법입니다. 가르침과 예배는 아이들에게 맞게 조절해서 가족들이 함께 배울 수 있습니다. 이러한 가정교회들은 가끔 남성들의 아침 식사 모임 또는 여성들의 외식 모임을 하거나 주중에 소그룹 모임을 따로 가져서 부모들만을 위한 보충 사역 등을 겸비할 수 있습니다.

이 선택 사항을 사용하시는 분들은 자녀들에게 모든 모임에 기여할 수 있는 기회를 줌으로써 가정교회 모임들에 어린이들과 10대들을 완전히 합칠 수 있습니다. 이러한 종류의 다세대 접근 방법들은 젊은 세대들이 더 나이든 세대들을 가르칠 수 있는 기회도 주며 또 가정교회 환경에서 잘 적용될 수 있습니다. 항상 이야기하는 것이지만, 예수님께서는 아이들을 소중하게 여기십니다. 그들은 영적인 가족의 중요한 일원이기 때문에 가정교회 생활에서 실제적으로 중요한 역할을 할 수 있습니다.

자녀들과 어른들이 함께할 때 자녀들은 자신이 부모들의 부속적인 존재로 여겨지거나 어른들 그룹이 자기들을 따로 분리한다고 느끼지 않습니다. 그대신 그들은 환영받는 존재가 됩니다! 자녀들과 함께 모임을 하면 그들은 자신의 부모님들과 다른 어른들이 진실하고 영적인 관계를 형성하는 것을 볼 수 있습니다.

여기에서 어떻게 하나의 가정교회가 가족 중심적인 모임을 형성하고 그들이 모이는 모든 시간에 자녀들을 함께 참여시킬 수 있는지 방법을 제시해 주고 있습니다.

우리 그룹에서는 모든 어린이들이 어른들과 함께 시간을 보냅니다. 우리는 함께 식사하며 성찬식에 같이 참여하고 함께 노래하며 아이들이 가끔 자신들이 좋아하는 노래를 부를 수 있도록 요청합니다.

노래를 부른 후에는 종종 한 가족이 자신들이 준비해 온 어린이들을 위한 영적인 메시지 또는 '실제적인 교훈'이 담긴 놀이 활동 또는 게임 등을 실시합니다. 결혼한 부부들과 결혼하지 않은 독신들과 자녀들 모두 이 놀이에 참여하게 됩니다.

모든 게임이 끝난 후에 다시 그룹 모임에서 어른들이 자신의 의견을 나누는 시간이 시작될 때, 어린이들에게 토론하고자 하는 성경 구절들을 읽을 수 있는 기회를 줄 수 있습니다. 반면에, 나이가 어린 아이들은 어른들과 함께 하는 거실에서 그림을 그리거나 색칠 공부도 하며 어떤 아이들은 소파에서 부모님 품에 바싹 달라 붙어 있기도 합니다. 물론, 그들은 어른들이 토론하는 이야기를 듣고 있습니다. 그들은 어린 아이들이지만 대부분의 시간들을 어른들과 함께 있게 되고 그러면서 어린이로서 남아 있을 수 있습니다.

어떤 가정 중에는 뒤뜰에 수영장이 있어서 가끔 우리들은 뒤뜰의 테라스에 우리 모임을 계속하면서 아이들이 함께 수영하고 놀 수 있도록 허락해 줍니다.

몇 가지 정리를 하겠습니다. 어린이들은 어른들과 함께 교제하는 시간을 좋아하며 다른 집 아이들도 자신들의 형제이며 자매들이라고 느낄 수 있으므로 확장된 가족을 경험합니다. 그들은 다른 가족들과 함께하는 시간들을 기대하며 어른들이나 다른 아이들과 대화하는 데 별로 어려움을 겪지 않습니다. 방문하는 다른 가족들이 있을 때도 거부감 없이 그들의 자녀들을 환영합니다.[45]

기타 다른 선택 사항들

어떤 사람들이 더 선호하는 다른 선택 사항은 부모님들이 가정교회 모임에 참여하는 동안 자신들의 자녀를 돌봐줄 수 있는 베이비 시터를 고용하는 일입니다. 이렇게 함으로써 부모님들은 자녀들 없이 자신들만의 '특별한 외출 시간'을 가질 수 있습니다. 그들은 자녀들에게 방해받지 않고 토론에 참여하며 기도를 받을 수 있으며 동일한 상황에 있는 다른 부모님들에게도 사역할 수 있는 방법을 배울 수 있습니다. 유럽의 어느 지역에서는 이러한 방법이 보편화되어 있습니다.

노인들, 결혼하지 않은 젊은 청년들, 십대들, 자녀를 동반하지 않은 부모들로만 구성되어 있는 가정교회들은 어린이 사역에 초점을 맞출 필요가 없습니다. 자녀를 동반하고자 하는 부부들은 이러한 가정교회 모임보다는 다른 가정교회 모임에 참여하는 것이 더 낫습니다.

각 가정교회들은 그들의 자녀들을 교회의 삶 속에 잘 적응시킬 수 있는 그들만의 독특한 방법들이 있습니다. 각 가정교회마다 독특한 방법으로 교회를 통한 자녀 교육을 실시하고 있지만 모든 가정교회에 해당하는 매우 중요한 열쇠는 각 교회들이 유연성과 창의성을 가지고 있어야 한다는 것입니다.

인간 관계를 통해서 융화되기

어떠한 선택사항을 택하든지 간에, 가정교회에 어린 자녀들의 참여는 가정들이 교회로 함께 모일 때 실제 삶의 환경에서 일하고 계신 성령의 역사를 볼 수 있는 좋은 기회가 될 뿐 아니라 성령의 사역에 자녀들이 중요한 역할을 할 수 있습니다!

주님께서는 어린이들의 기도들을 소중하게 여기십니다. 그들은 어른들이 표현하는 것과 같이 성령의 능력을 행할 수 있습니다. 어린이들이 병든 자들에게 손을 얹고서 그들의 치유를 위해서 기도할 수 있도록 권면하십시오. 열방을 위해 기도하는 창조적인 기도의 시간에 어린이들을 포함시키십시오. 자신들의 친구들이 예수님께 올 수 있다는 것을 믿게 하고 그들과 함께 기도하십시오. 서로 돌아가면서 기도하는 시간을 가지십시오. 어린이들은 이러한 형태의 기도가 매우 자연스럽게 여겨지고, 어른들은 처음으로 기도하는 것이 즐겁다는 것을 인식하게 될 것입니다!

창의성과 유연성은 진정으로 하나님과 함께 동행하고자 하는 어린이들을 위한 교제를 제공하는 열쇠들과 같이 매우 중요합니다. 가정교회들은 어린이들 사역을 위한 몇 가지 좋은 자료들을 마련하고자 할 수 있습니다. 예를 들면, 제인 니콜러스(Jane Nicholas)가 쓴 〈어린이들을 위한 성경적인 원리(Biblical Foundation for Children)〉라는 책은 어린이들에게 기초적인 기독교의 원칙들을 가르치고 있으며, 가정교회들에 속한 어린이들을 위한 이상적인 자료입니다.[46]

어린이 그룹의 리더들을 위해서 우리가 제안할 수 있는 어떤 활동들은 선교사들의 사역 가운데 어린이들과 함께 할 수 있는 사역이라고 할 수 있습니다. 그들은 특별한 행사나 은퇴식과 같은 지역 행사에서 워십 댄스와 인형극, 드라마 등의 특별한 공연들을 발표할 수 있도록 계획하고 준비할 수 있습니다. 고립되어 있는 환자들이나 노인들의 가정에 방문해 세차를 도와준다든지 잔디를 깎아 주는 등의 활동에 참여할 수도 있습니다. 무제한적으로 가정교회 활동들을 통해 어린이들이나 십대들은 다양하게 참여할 수 있습니다.

STARTING A HOUSE CHURCH

제11장
가정교회 개척의 세계적인 동향

영국에서 시작해 미국에 파급된 복음주의 기독교의 중심은 서구 세계에서 다른 지역으로 이동하고 있습니다. 현재 대부분의 복음주의자들은 중국, 한국, 인도, 아프리카 및 남미 대륙에 살고 있습니다.

"예상치 못한 장소들과 예상치 못한 시간에 당신은 매우 유능한 리더들을 만나게 됩니다" 라고 마크 놀(Mark Noll)이라는 휘튼 대학 역사학 교수님이 언급하고 있습니다. "저는 베이징(Beijing), 나이로비(Nairobi) 혹은 케이프 타운(Cape Town) 등에서 필라델피아(Philadelphia), 시카고(Chicago) 혹은 런던(London)이 인식하기 전에 새로운 혁명으로 일들이 잘 풀릴 듯합니다. 중요한 모든 것들이 거의 레이더 망에 걸리지 않은 채 일어나고 있습니다."⁴⁷ 여기에서 "레이더 망에 걸리지 않는다" 는 것은 서구 세계에서 예수님을 따른 사람들이 개발 도상국에서 일어나고 있는 하나님의 거대한 움직임을 거의 인식하고 못하고 있다는 것을 의미하고 있습니다.

다른 말로 표현하면, 복음주의의 진동이 서구에서는 쇠퇴함에 따라 동양의 많은 국가들과 남미와 남아프리카 등에서 그 깃발을 들고서 힘차게 행진을 하고 있습니다. 이러한 흐름에서 가장 두드러진 것은 가정교회 운동이 서구 문화권 이외의 지역에서 활발하게 일어나고 있다는 것입니다. 그리스도 안에 있는 비서구권의 형제들과 자매들이 미국과 유럽에 있는 기독교인들에게 기준을 제시해 주고 있습니다.

중국

예를 들면, 오늘날 중국에서 일어나고 있는 부흥은 사도행전 이후의 최대의 영적인 추수로 여겨지고 있습니다. 이러한 부흥은 중국의 문화혁명 기간 동안 발생한 기독교인들에 대한 가혹한 핍박으로 인해서 불이 더 지펴졌습니다. 오늘날, 중국 전역에서 일어나고 있는 다양한 가정교회 운동들을 통해서 매일 약 3만 5,000명의 중국인들이 기독교인으로 개종하고 있다고 추정되고 있습니다. 중국에서 비등록된 가정교회에 약 1억 명 이상의 기독교인들이 있습니다.⁴⁸

중국 교회는 핍박이라는 어쩔 수 없는 환경으로 인해서 가정교회라는 '지하' 교회로 성장하게 되었습니다. 그들은 정부에 가정교회를 등록할 수 없으며 자녀들이 18세 이상이 될 때까지 예수님에 대해서 가르치지 않고 기다립니다. 매일 당면하고 있는 중국 정부의 강한 제제로 인해 중국 그리스도인들은 가정교회라는 성경적인 유형을 따르는 데 더욱 더 헌신되어 있습니다.

이러한 역경을 통해서 하나님께서 중국의 교회에 은혜를 부어 주셨습니다. 중국의 지하교회는 아마도 오순절 강림 사건 이후로 가장 큰 하나님의 부흥의 역사이며 모두 가정교회들 내부에서와 가정교회들을 통해서 일어나고 있습니다. 중국 교회는 세계에서 가장 전략적으로 조직이 잘 되어 있고 모든 가정교회들이 서로 연결되어 있습니다.

몇 년 전에 저(래리)에게 중국의 지하교회 운동의 중요한 리더들 80명에게 사역할 수 있는 기회가 주어졌습니다. 이것은 저의 인생을 바꿀 수 있는 아주 놀라운 경험이었습니다. 중국의 겸손한 하나님의 자녀들과의 만남은 저에게 많은 감동을 주었습니다. 저는 다음과 같은 한 가지 사실을 분명하게 확신할 수 있습니다. 제가 그들에게 가르칠 수 있던 것보다 훨씬 더 많은 사실들을 그들이 저에게 가르쳐 주었다는 점입니다.

비밀리에 실시하는 이 세미나에 참석하기 위해서 며칠씩 기차를 타고서 온 이들 리더들 중 약 95 퍼센트가 그들의 신앙 때문에 감옥에 갇힌 경험이 있었습니다. 한 연로한 리더는 그곳에 도착하기 바로 4일 전에 감옥에서 풀려났습니다. 아침식사 때 제 옆에 앉았던 또 다른 하나님의 사람은 네트워크를 통해 약 1,000만 명의 가정교회 회원을 감독하는 총책임자라고 했습니다. 저는 너무나 놀란 상태로 앉아 있었습니다! 아주 다른 세상에 제가 가 있었던 것입니다.

저는 또한 가정교회를 감독하는 여성 지도자 그룹을 만났는데, 그 중 한 여성 리더는 자신의 네트워크로 약 40만 명의 기독교인들을 책임지고 있다고 말했습니다. 그들은 감옥에 갇혀서 강간을 당하는 수모도 겪으면서도 어떻게 주님을 믿는 믿음을 지켰으며 또한 중국 전역에 그리스도께로 돌아오는 새 신자들이 다닐 수 있는 가정교회들을 계속해서 탄생시켰는지에 대한 이야기들을 나누어 주었습니다.

중국에 있는 동안 저는 영적인 어머니들과 아버지들이 되는 성경적인 원리들에 관한 강의를 해달라는 부탁을 받았습니다. 제가 몇 강의를 한 다음에 이 겸손한 하나님의 사람들이 서서 기도하고 회개했습니다. 그들은 자신들이 하나님의 사역에 너무 사로 잡힌 나머지 하나님의 사역자들에게 별로 관심을 갖지 못했던 것에 대해서 회개했습니다. 제 자신에게도 정말 겸손을 경험하게 한 사건이었습니다. 이것은 우리 모두가 배워야 할 중요한 교훈이라고 생각됩니다. 우리는 새로운 가정교회들을 시작하라는 하나님의 부르심에 지나치게 사로잡힌 나머지 다음 세대의 영적인 아버지들과 어머니들이 되라고 하시는 주님의 부르심을 놓쳐 버립니다.

중국을 방문하는 동안에 제가 중국인들로부터 배웠던 한 가지 중요한 사실은 오늘날 미국의 가정교회 운동에도 동일하게 적용되고 있습니다. 제가 중국 가정교회에서도 십일조를 강조하는지에 대해서 리더들에 물어보았을 때 그들은 그렇다고 대답했습니다. 제가 중국 가정교회의 목사들이 성도들의 십일조를 통해서 사례비를 받는지도 물어보았을 때, 그들은 선교사로 헌신한 사역자들이나 중국의 다른 지역에서 가정교회를 세울 의사가 있는 사도적인 리더들만이 재정적인 지원을 받는다고 미소를 지으면서 대답해 주었습니다. 그리고 다른 가정교회 리더들을 감독하는 책임을 맡고 있을 때에만 리더들이 재정적인 지원을 받는다고 했습니다. 이 사실은 북미의 대부분의 가정교회 리더들에게도 적용되는 사실입니다. 대부분의 가정교회 리더들이 자신의 사업을 운영하거나 자기 자신과 가족을 부양할 수 있는 직업을 갖고 있습니다. 전 세계적으로 가정교회 리더들은 그들 가정에 교회를 세운 아굴라와 브리스가(Aquila and Priscilla) 부부와 같은 '전문인 선교사들(tent-makers)' 입니다(롬 16:3-5, 고전 16:17 참고).

선교사들을 파송하고자 하는 중국인들의 비전

중국 교회는 중국에서 10만 명의 선교사들을 훈련해서 수백만 명의 영적인 암흑 상태에 있는 아시아 지역으로 그리스도의 복음을 가진 선교사들을 파송하는 장기적인 비전을 가지고 있습니다. 이 계획은 '백 투 예루살렘 행진(Back to Jerusalem)'이라고 불리며, 이를 통해 교회 개척 선교사들이 고대의 실크로드(약 6,000년 동안 극동과 중동을 연결하던 길)을 통해서 복음의 서진을 위해 예루살렘을 향해 가면서 무슬림과 같은 미전도 종족들에게 선교 여행을 계획하고 있습니다.

선교사들은 세계에서 제일 적게 복음화된 국가들을 중심으로 하는 마지막 선봉대들을 통해 세 개의 주요 노선을 따라 가면서 교회들을 개척할 예정입니다. 처음 두 개의 노선은 대부분 무슬림 국가들을 통해서 전도하는 것을 의미하며, 세 번째 노선은 불교와 힌두교 국가들의 중심을 통해서 전도하는 것을 의미합니다.

첫 번째 선교사들이 이미 이 노선들을 밟고서 행진하고 있습니다. 그들 대부분은 대과업(Great Task)을 위해서 준비하고 있으며 다른 선교사들을 곧 따라갈 예정입니다. 예를 들면 아랍어 및 영어와 같이 그들은 서로 다른 언어를 배우고 있습니다. 그들은 그들이 들어갈 지역 국가들의 문화와 관습 등을 배우며 훈련하고 있습니다.[49]

베트남과 인도의 다양한 지역들과 네팔에서 중요한 부흥이 이미 일어났습니다. 중국인들이 이 국가들에 세운 교회들이 그 지역의 다른 교회를 세우는 데 중요한 역할을 담당하고 있습니다.

중국인들은 하나님의 말씀만 가지고 이러한 국가들에 들어갈 수 없다는 것을 잘 알고 있습니다. 그들이 섬길 수 있는 정말 살아계신 하나님을 그 나라 사람들에게 인식시키기 위해서 복음의 능력, 즉 기사와 표적 등의 능력을 가지고 가야 합니다.[50]

중국 교회의 미래 전략
중국 가정교회 운동은 미래에 공산주의 체제에서 자유케 된다고 할지라도 그들은 교회 건물을 짓지 않기로 주님께 이미 헌신했습니다. 그들은 훈련과 파송 방식들이 변하지 않고 보존되기를 원합니다. 건물을 세우는 데 집중하는 대신에 그들은 사람들을 세우는 데 초점을 맞추기를 원합니다. 그들은 다음과 같은 사항 등을 이루기 원합니다.

1. 모든 성도가 참여해야 하는 전도 사역 및 교회 개척 사역을 하기 위해 한 리더에게 의존하는 분위기가 형성될 수 있기 때문에 어떠한 '목사들'도 장기간으로 한 교회에 머무르지 못하게 한다.

2. 지속적으로 팀 사역을 세우면서 개선하는 데 헌신한다.

3. 이스라엘 백성들이 광야에서 방황할 때 구름 기둥이 움직일 때마다 이동했듯이 성전(temple)과 같은 건물 중심의 사고보다는 장막(tabernacle) 중심의 사고를 유지한다.

남미 국가, 인도, 캄보디아

몇 년 전에 남침례교 선교위원회가 선교를 접근하는 방식에 일대 혁신이 일어났습니다. 선교위원회는 사도행전에서 묘사하고 있는 방식으로 교회를 개척하겠다는 결정을 내렸습니다. 선교위원회는 교회 개척 전략을 개발했는데, "정해진 인구 분포 내에서 표본 인종집단 내부에 교회를 개척하는 토착 교회들의 수를 급속히 증가시키기 위함"

이라고 정의했습니다.

　남미에서 교회 개척가들은 그들의 영적인 아들들과 딸들이 새로운 가정교회 개척가들이 될 수 있도록 훈련시키고 파송시키는 영적인 아버지들과 어머니들이 됨으로써 시작됩니다. 1989년에 남미의 한 지역에 129개의 가정교회들이 존재했습니다. 9년이 지난 후에는 가정교회 수가 1,918개가 되는 폭발적인 성장을 이루었습니다! 이 가정교회 네트워크의 성장에 불을 지폈던 한 가지 요소는 1990년대 초반에 남미가 심각한 경제 위기를 경험하게 되었기 때문입니다. 그 기간 동안 교회의 성도들은 먼 거리에 있는 교회까지 운전해서 갈 수 없기 때문에 "그들의 교회 모임들이 가정집에서 이루어지게 되었고 가정교회의 성장이 급속도로 이루어졌습니다."[51]

　1989년 인도에서는 28개의 가정교회가 시작되었고 9년이 지난 다음에는 같은 지역에 2,000여 개 이상의 가정교회들로 성장했습니다. 침례교도들은 누가복음 10장에서 예수님께서 제자들을 2명씩 짝을 지어서 파송했던 것처럼 교회 성장을 위한 계획을 수행했습니다. 그들은 목표한 마을에서 '평안의 사람들'을 만나면 그들 집에 들어가서 그들과 그 가정들을 제자 양육했습니다. "이렇게 처음 만난 사람들이 기독교로 개종해서 믿음으로 들어갔을 때 그들은 가족들을 주님 앞으로 인도했고 그들에게 세례를 주고 그들이 각 마음에 새로운 교회들의 핵심 요원이 되도록 했습니다."[52]

　과거 전쟁과 독재 정권으로 인해 유혈의 장소가 되었던 나라인 캄보디아에 동일한 결과가 나타났습니다. 같은 기간 동안 6개였던 캄보디아 가정교회들이 194개의 가정교회들로 성장했고 대부분의 가정교회들은 네트워크가 형성되어 있었습니다. 교회 개척 운동이 전개되면서 그 기세가 내부로부터 불타오르기 시작했습니다.

지역의 리더들은 모든 구역과 모든 인종집단 안에 교회들을 개척하기 위한 자신들의 비전을 표현했습니다. 그들이 훈련과 격려를 받으면서 교회 개척가가 되었습니다. 일차적인 교회 개척가들은 선교사들이나 전문적인 교회 개척가들이 아니라 그 교회 회원들 자신이었습니다. "다른 교회들에 의해서 개척된 교회들은 중식이 가능하지만 후원을 받은 교회 개척가들에 의해서 시작된 교회들은 몇 가지 예외적인 상황을 제외하고 대부분 중식이 불가능합니다" 라고 한 리더가 언급했습니다.[53]

무슬림 국가들

무슬림 국가들 가운데서 가장 큰 교회 개척 운동은 현재 중앙아시아 국가들에서 진행되고 있습니다. 이 운동은 샤리프(Sharif)와 그의 친구 빌랄(Bilal)이라고 하는 젊은 두 청년을 통해서 시작되었습니다.

1983년에 한 선교사와 친구가 된 샤리프가 그 관계를 통해서 기독교인이 되었습니다. 결과적으로 샤리프의 가족은 그를 버리게 되었고 그는 종종 지역 주민들에게 매를 맞았습니다. 그러나 샤리프가 친구인 빌랄을 주님께로 인도하고 둘 다 세례를 받게 된 1991년부터 상황이 변화되기 시작했습니다. 그 다음해에 이 두 청년은 그들의 무슬림 가족들을 그리스도께로 인도했고 이슬람 공동체에서 처음으로 가정교회를 시작하게 되었습니다. 지난 10여 년 동안 4,000여 개의 교회가 개척되고 15만 명 이상의 무슬림들이 그리스도 안에서 믿음을 가지게 되었습니다.[54]

교회 개척 성공의 중심

가정교회 개척 운동들은 전 세계적으로 퍼지고 있습니다. "대부분의 교회들이 가정집이나 가게 앞에서 만나며 10~30명 정도의 회원을 가진 아주 작고 증식이 가능한 단순한 교회들입니다."[55] 이러한 형태의 증식 현상은 더욱 보편화되고 있습니다.

한 선교 전략가는 1989년에 북인도 지역에서 겨우 28개의 교회가 존재했다고 밝혔습니다. 2000년까지 교회 개척 운동으로 교회들의 수가 급속도로 증가해서 4,500개 이상의 교회가 개척되었고 30만 명 이상의 사람들이 세례를 받았다고 추정되고 있습니다.

동남아시아에서는 한 선교 전략가가 1993년 85명이 회원이 있는 3개의 작은 교회들과 함께 일하게 되었습니다. 7년이 지난 다음에 믿는 세례받은 성도들의 수가 무려 9만 명이 넘게 늘어났고 이들은 920여 개나 되는 교회들에서 예배를 드리고 있었습니다.[56]

남침례 선교위원들은 가정교회가 성공적인 교회 개척 운동의 중심에 있다는 것을 깨닫게 되었고, 다음과 같은 세 가지 성공 요인을 밝혔습니다.

1. **가정교회들은 급속히 증식합니다.** 그래서 가정교회에 기반을 둔 교회 개척 운동은 새로운 교회들이 시작될 때 급속하게 증가하게 됩니다.

2. **가정교회들은 증식을 통해서 증가합니다.** 증식을 통한 증가는 전문적인 교회 개척가들 혹은 선교사들보다는 자체 교회에서 새로운 교회들을 시작할 때에만 가능합니다. 그 증가 속도는 폭발적입니다.

3. **가정교회들은 토착적입니다.** 이는 가정교회가 외부적인 것이 아니라 내부적으로 증식한다는 것을 의미합니다. 이것은 복음이 사람들의 집단 안에서 자연스럽게 생성될 수 있다는 것을 의미하지 않습니다. 복음은 거의 항상 외부로부터 사람들 집단으로 들어가게 됩니다. 이것은 타 문화권 교회 개척가들의 수고로 이루어집니다. 그러나 교회 개척 운동에서 그 출발과 동기는 외부에서 들어온 선교사들에 의해서가 아닌 토착 주민들의 내부에서 시작됩니다. 토착 주민들은 이미 그 지역에서 다른 사람들과 관계가 형성되어 있고 가정교회들은 전적으로 관계에 바탕을 두고 있습니다. 그래서 가정교회들은 관계가 긴밀한 사람들이 있는 공동체에 자연스럽게 잘 맞습니다.

서구 교회의 동향은?

남침례 교회의 교회 개척 운동은 비서구권에서 대부분 성공한 것처럼 보입니다. 〈하나님의 교회 개척 배가운동(Church Planting Movement)〉의 작가인 데이비드 게리슨(David Garrison)은 서구 세계에서 거대한 운동들이 일어나는 것을 볼 수 없는 이유와 그런 운동들이 일어나야만 하는 이유를 다음과 같이 소신 있게 주장하고 있습니다.

우리가 관찰한 교회 개척 배가 운동의 공통적인 특징들 중 한 가지는 핍박이며, 많은 민주주의 국가에서는 그러한 핍박을 경험할 수 없습니다. 핍박은 종종 긴급하게 예수님께 반응할 수 있는 분위기를 조성해 줍니다. 우리가 목격했던 한 서구의 교회 개척 배가 운동은 암스테르담이었으며 모두 이 지역에 들어오게 된 이민자들이나 난민들을 통해서 이루어졌습니다. 그들은 매우 빨리 복음에 반응했으며 급속한 속도로 교회들을 증식해 나가기 시작했습니다.

미국에서도 가정교회들을 시작할 많은 이유들이 있습니다. 교회 건물들에 대한 비용, 급속한 인구 증가, 급속한 도시화, 도시에서 부동산 가격의 증가 등의 많은 현실들이 있습니다. 우리는 교회 건물들을 충분히 건축할 방법을 찾기 어렵습니다. 청지기 정신에 대한 의심이 생기기도 합니다. 이미 2,000여 명의 성도들을 갖춘 한 교회에 또 다른 1,000여 명의 성도를 추가하기 위한 교회를 세우는 데 200만~300만 달러의 비용을 사용할 정당한 이유를 찾을 수 있다고 생각하십니까? 저는 8,000만 명 이상의 교회를 다니지 않는 미국인들에 대해 관심이 많이 있습니다. 기존의 교회 조직들이 교회를 다니지 않는 기독교인들을 교회로 끌어들일 수 있을 것이라고 저는 생각하지 않습니다. 가정교회 운동을 통해서 이들을 교회로 데리고 올 수 있는 가능성이 훨씬 더 많습니다.[57]

우리는 서구 문화에서 교회 개척 운동을 위한 가정교회들의 중요성에 대한 게리슨의 평가에 동의하고 있습니다. 북미 및 다른 서구 문화에서 우리가 가장 관심 있게 생각하는 것은 단지 한 개별 가정교회에만 한정하는 것이 아니라 전체 교회 개척 운동을 어떻게 시작할 수 있을지에 대해 고민을 해보고자 하는 것입니다. 그것은 교회를 개척하기 위해서 새로운 전략을 모색하거나 아니면 더 근본적인 사고의 전환이 필요하다는 의미입니다. 교회 개척 배가 운동으로 자연스럽게 증식할 수 있는 작고, 단순하고, 쉽게 증식할 수 있는 교회들로 초점을 맞추고 그 자원들을 이동시켜야 할 엄청난 필요가 있습니다. 물론, 이것은 우리의 노력들에 성령님께서 호흡을 불어넣어 주지 않으시면 일어날 수 없는 일입니다.

사도행전 13장에서 바나바와 바울은 안디옥 교회에서 파송되어 교회 개척 배가운동을 시작했습니다. 사도행전 13~15장에서는 새로운 운동에 관한 이야기와 거의 그들이 가는 지역의 여기 저기 가정들에서 일어나는 일들을 기록하고 있습니다. **주님! 오늘날 우리에게도 동일한 경험을 할 수 있도록 은혜를 내려 주소서.**

STARTING A HOUSE CHURCH

제12장
북미의 가정교회 모델

"저는 북미에서 실제로 가정교회 공동체들이 매우 큰 것을 발견하고 깜짝 놀랐습니다. 간단하게 말해서 우리는 천주교와 남침례 교단의 중간 노선입니다" 라고 짐 루스(Jim Rutz)가 언급했습니다.

루스는 조지 바나(George Barna)의 새로운 책인 〈교회 혁명(Revolution)〉에서 신뢰할 만한 미국 교회 여론조사 기관의 자료에 나타난 숫자들을 언급하고 있습니다. 바나의 통계는 663명의 흑인, 631명의 멕시칸 계통의 사람들, 676명의 자유주의자들, 1,608명의 보수주의자들을 포함한 성인 5,013명의 다양한 표본 조사로 과학적인 방법을 바탕으로 하고 있습니다. 사람들이 바나의 결론과 이론에 동의하지 않을 수도 있지만 그

수치에는 확실한 근거가 있습니다. 조지 바나 연구소(The Barna Group)는 정확한 결과를 보장할 수 있도록 표본 조사 오차율 1.8 미만의 수치를 보장하도록 전문적인 연구원들을 고용했습니다. 그 5가지 방법의 결과가 다음과 같습니다.

1. 일주일에 한 번 가정교회에 출석하는 사람들은 미국 성인 전체 인구의 9퍼센트에 해당합니다.
2. 여기서 9퍼센트는 약 2,000만 명의 사람을 의미합니다.
3. 한 달에 한 번 가정교회에 출석하는 미국 성인 인구는 약 4,300만 명에 해당합니다.
4. 모두 합쳐서 미국의 성인 인구 7,000만 명이 최소한 한 번씩 실험적으로 가정교회에 참석하고 있습니다.
5. 어떤 종류의 교회에 참석하고 있는 사람들만 초점을 맞춘다면(기독교 인구가 약 43퍼센트인 것을 기억해 보면), 그들 중 74퍼센트는 전통교회에만 출석하고 19퍼센트는 전통교회와 가정교회에 동시에 출석하고 5퍼센트는 확실하게 가정교회만 다니는 사람들입니다.[58]

이 연구 발표는 전통교회의 일부인 소그룹 혹은 셀 그룹 등을 포함하지 않은 가정교회 출석자들 수만 포함했습니다. 바나의 연구는 단순한 가정교회들이 중국, 인도, 및 남미 국가들과 같은 곳에서만 급속도로 성장하는 것이 아니라는 것을 분명하게 밝혀 주고 있습니다. 지난 몇 년간에 수천 개의 가정교회들이 네트워크를 함께 형성하면서 북미

전 지역에 걸쳐 생겨났습니다. 가정교회 네트워크들은 덴버(Denver), 댈러스(Dallas), 오스틴(Austin), 신시내티(Cincinnati), 및 포틀랜드(Portland) 등에서 등장했으며 이것은 빙산의 일각에 지나지 않습니다.

조지 바나 연구소(The Barna Group)는 "수백만 명의 성인들이 새로운 형태의 영적인 예배와 공동체를 추구하고 있으며, 그들 중 많은 사람들이 한꺼번에 기성교회의 전통적인 형태들을 떠나고 있습니다"라고 연구 발표했습니다. 이러한 추세가 앞으로 20년 정도 지속된다면, "전통 교회를 자신의 일차적인 영적 공동체라고 부를 수 있는 성인들의 비율이 현격하게 줄어들 것입니다."[59]

콜로라도(Colorado)에서 온 단순한 교회 리더인 마이크 스틸(Mike Steele)은 거의 10년간 이 하나님의 가정교회 배가 운동에 연결되어 있습니다. '그리스도 안에서 단순한 삶'이라는 메시지가 미국과 캐나다 지역에 단순한 교회 네트워크의 성장에 엄청나게 기여하고 있습니다. 마이크는 하나님께서 비서구권 국가들의 예수님의 몸된 교회들에 자극하는 것과 동일한 방식으로 서구의 그리스도의 몸된 교회들에도 자극하고 계신다고 믿고 있습니다.

가정집에서 교회들을 개척하는 사람들이 제일 먼저 시작했던 일은 바로 그들의 친구들과 가족들 가운데서 '매일 그리스도를 닮는 삶'을 추구하는 사람들로서 교회를 인식하는 일이었습니다. 그리고 그렇게 인식된 곳에서 하나님의 가정교회 배가 운동은 계속해서 성숙해 가고 있었습니다. 그는 가정교회 모임 그 자체가 목적이 아니라 가정교회 성도들이 예수님과 함께 동행하는 삶을 우선순위로 하고 이러한 삶에 추가적으로 모임이 이루어지는 것이라는 인식이 중요하다는 것을 알았습니다. 다음은 마이크가 목격했던 가정교회 배가 운동들이 어떻게 진행되었는지에 관한 이야기입니다.

라스베이거스(Las Vegas)에서 네바다(Nevada)라고 하는 퇴역 장교들의 모임(대부분이 30대 초반 및 중반의 사람들)은 10여 년간 매우 힘겨운 공동체 가운데 사역하면서 주님과 동행하고 있습니다. 이 '죄악의 도시' 중심부에서 그들은 술집의 여종업원들, 카드상들, 호텔 종업원들에게 그들의 가정들과 공동체에서 삶을 나누어 주고 있습니다. 그들은 용납함과 치유함이 있는 분위기를 조성하고 있었습니다. 많은 사람들이 주님을 알기 전부터 이 모임에 참석하고 있었습니다. 그들에게 이곳은 하나님의 사랑을 직접 체험할 수 있는 첫 번째 장소가 되었습니다.

저는 로스앤젤레스(Los Angeles) 근처에서 하나님의 나라가 탄생하는 것을 보기 위한 동일한 마음과 열정을 가지고 있는 놀라운 한 그룹과 연결되었습니다. 그들은 친밀한 교제를 위해서 제자 양육과 소그룹 모임들에 초점을 맞추고 있었습니다. 이 모임에 참여하는 많은 사람들이 20대의 청년들이며 불우한 가정 환경 출신들이었습니다. 또 다른 그룹들은 다양한 환경에 있는 공동체에 전도 활동을 하고 있었습니다.

그들은 LTGs라고 부르는 단순하지만 친밀한 제자 양육 과정을 이용했습니다. 바로 이런 '삶 변화 그룹들(Life Transformation Groups: LTGs)'은 일주일에 30장의 성경을 읽고 자신들의 죄를 씻고 치유받기 위해 고백하는 3명의 사람들에 의해서 조직되었습니다. 4명이 되자 그들은 새로운 그룹을 시작했습니다. 이러한 모임들은 그들의 공동체와 영향권 안에서 매일의 삶을 가치 있게 살아갈 수 있도록 도움을 주고 있습니다. 최근 몇 년 사이에 수천 명의 사람들이 이 그룹에 속하게 되었습니다.

이런 새로운 모델의 교회들의 모든 네트워크들이 위의 도시들에서처럼 항상 독특한 모델인 것은 아닙니다. 캘리포니아에서 메릴랜드까지 워싱턴에서 플로리다까지 많은 목사님들과 리더들은 그들의 공동체들이 '예수 그리스도의 삶'을 닮아 가는 방법을 터득하며 그렇게 점차적으로 살아갈 수 있도록 도움을 구하는 무수한 전화와 이메일 등을 받고 있습니다. 우리들은 건강한 관계들과 깊은 제자 양육 등을 통해서 계속 교회가 증식되는 방향으로 바뀌는 것에 대해 무척이나 기대하고 있습니다. 깊은 삶을 공유하는 인간 관계들은 주님을 더욱 신뢰할 수 있도록 하며 주님의 음성을 함께 듣고 그분의 인도하심에 순종할 수 있는 능력을 줄 것입니다.[60]

던(DAWN)은 "지구상의 모든 나라에 있는 모든 종류의 계층과 인종의 사람들이 모여 살고 있는 모든 이웃들과 공동체들 가운데서 생생하게 증거하는 모임들이 세워지는 것을 보기" 위한 비전을 가진 "포화(saturation)" 교회 개척 운동입니다. 그들은 북미의 웹사이트에 다수의 가정교회 네트워크를 형성하고 있습니다(www.dawnministries.org). 여기에 몇 가지 네트워크를 소개해 놓겠습니다.

- 신시내티의 빈야드 센트럴(Vineyard Central in Cincinnati)은 전통적

인 빈야드 교회(Vineyard Church)가 팽창하는 가정교회들의 네트워크로 변화되고 있습니다. 지난 몇 년 동안 이 교회는 10개의 가정교회들에서 20개의 가정교회들로 두 배나 성장했으며 서로 네트워크를 형성하고 있습니다.

● 노스 웨스트의 친구 교회(The Friend Church in the Northwest)도 DAWN 웹사이트에 연결되어 있고 현재 퍼시픽 노스웨스트(Pacific Northwest) 지역에 약 20~25개의 오가닉 교회들(organic churches)이 형성되었습니다.

● 댈러스 지역에서는 남침례 미세교회 네트워크들이 등장하고 있고 콜로라도 주의 프런트 레인지(Front Range)를 따라서 남침례 교단의 가정교회들이 약 30개가 생겼습니다.

● 캘리포니아에서는 조나단과 제니퍼 부부(Jonathan and Jennifer Campbell)가 로스앤젤레스, 파사데나, 산타크루즈, 샌디에이고, 산호세 및 샌프란시스코에 있는 성장하는 가정교회들의 네트워크를 인도하고 있습니다. 그들은 올랜도, 플로리다, 아이다호, 시애틀과 키샤프 지역 등에도 가정교회들을 세웠습니다.

애리조나 주의 메사와 피닉스, 유타 주의 솔트레이크 시티, 오하이오 주의 어반 콜럼버스 등 DAWN 사역에 연결되어 있는 무수히 많은 가정교회가 네트워크를 더 많이 형성하고 있습니다![61]

인터넷은 관심을 증가시킨다

인터넷 시대가 도래하자 가정교회 배가 운동이 더 큰 활력을 찾았습니다. 인터넷을 통해 오늘날의 가정교회의 웹사이트를 살펴보면 현재 가정교회가 보편화되고 있는 현실을 볼 수 있습니다. 더욱 증가되고 혁신적인 방법들을 이용한 인터넷은 전통적인 교회들을 통해서는 도저히 전도될 수 없는 특정한 사람들의 그룹들을 전도할 수 있는 기회들을 제공하고 있습니다. 가정교회들은 그들이 정보를 서로 교환하는 데 인터넷을 통해서 혜택을 많이 받고 있습니다.

덴버에 위치한 가정교회 리더인 존 화이트(John White) 목사는 인터넷이 최근 가정교회들이 더 많이 일어나게 하는 데 중요한 역할을 했다는 사실에 동의하고 있습니다. 화이트 목사는 8년 전에 가정교회를 시작하기 위해 장로교회의 사역을 그만두었을 때 자신과 함께 가정교회를 세울 사람을 찾기가 무척이나 어려웠다고 합니다. 그러나 지금은 그를 통해서 가정교회에 대한 실제적인 문제들에 관한 정보를 얻고자 하는 사람들이 현재 미국 전 지역에 800명 이상이나 된다고 합니다.

"종교적인 정보가 담긴 인터넷 사이트에 접속함으로써 사람들은 높은 학위를 취득한 목사님들이 자신들의 리더로서 반드시 있어야 하는 것이 아니라는 사실을 깨닫게 되었고, 모든 사람들이 자신의 신앙생활에 참여할 수 있는 하나님 나라의 제사장들이며 하나님 나라의 약속에 참여하고 있다고 했습니다"라고 그는 주장하고 있습니다.[62]

교회들이 네트워크를 형성하고 있다

존과 캐시(John and Kathy Johnson) 부부가 인도하는 프런트라인 사역(Frontline Ministries)은 셀 그룹 중심의 인디애나폴리스 기독교 연합(Indianapolis Christian Fellowship)의 개척 교회입니다. 프런트라인과 인디애나폴리스 교회 연합은 도브(DOVE) 국제 기독교 연합의 가족입니다.

존과 캐시는 이들 단체 네트워크 안에서 대학생 그룹, 신혼 부부 그룹 및 노인 그룹 등과 같은 다양한 동종 그룹들이 있다고 보고했습니다. 존은 대부분이 젊은이들 가족들로 구성된 가정교회들은 "마치 어린 아이들이 방바닥에서 놀 때 멀리 가지 못하도록 주변에 울타리를 치고 있는 것과 같은 느낌을 줍니다. 이런 교회들은 동물원이나 비어 있는 둥지처럼 보이기도 합니다. 이 그룹들을 더 많이 사랑하면 할수록 저는 보통 눈에 약간은 근심의 그림자가 생기기도 합니다. 그러나 이 가족들은 그들의 삶을 잘 연결해서 항상 다른 독신 부모나 나이 어린 부부들이 편안하게 참여할 수 있는 여지를 줍니다"라고 말합니다.

네트워크에서 가정교회들은 맥도널드 하우스(Ronald McDonald House)와 같은 지역 사회 단체에서 함께 섬기기도 하고 이웃과 가족 전도 사역을 개최하고 그 도시에서 형편이 어려운 가정들을 돕습니다.

마크와 사라(Mark and Sarah Rife) 부부는 하와이의 힐로(Hilo) 시의 학생 교회인 엘리베이트(Elevate)를 인도하고 있습니다. 엘리베이트는 관계 중심과 동일한 가치와 비전들을 통해서 연결되는 교회들의 열방 네트워크의 일부입니다. 소그룹 공동체들이 엘리베이트의 중심을 이루고 제자 양육, 전도 사역 및 공동체 사역 등이 일어나는 곳인 가정교회들과 같은 기능을 가지고 있습니다. 마크와 다른 팀원들은 이 운동의 생명의 피에 있는 DNA의 정보에 대해서 잘 인식하고 있습니다. 저(플로이드)는 마크와 사라 부부가 친구들과 이웃들을 전도하기 원하고 열방에 영향을 미칠 수 있는 열정을 가진 리더들의 무리를 키우는 데 헌신되어 있을 뿐 아니라 선교적인 교회를 세우는 데 중점을 두고 있다는 점에 무척 감사하고 있습니다.

아이다호 주의 포스트 폴(Post Falls) 시에 있는 섬김의 집(House of Service)은 브루스와 앨리스(Bruce and Alice Preston) 부부가 인도하는 가정교회입니다. 그들은 리버 시티 네트워크(River City Network)라는 셀 그룹 중심의 파송 교회와 계속 연결하면서 한 달에 한 번씩 연합 예배를 함께 드립니다. 22명으로 구성된 이 가정교회는 전도와 증식에 대한 비전을 갖고 하나님이 모든 사람들에게 주신 그들의 부르심과 은사들에 맞게 사는 것을 목격하기를 소원하고 있습니다.

캔자스 시티(Kansas City)의 보일러실(The Boiler Room)은 (7일간 24시간 기도하는) 24-7 이라는 기도 운동으로 긴밀하게 연결되어 있는 일종의 대체적인 교회입니다. 이곳은 아담 콕스(Adam Cox), 줄리 콕스(Julie Cox), 나단과 마리사의 교회(Nathan and Marissa Church) 및 데이비드와 몰리(David and Molly Blackwell) 부부 등을 포함한 20여 명이 이 팀을 이끌고 있습니다. 대부분 18~35세의 청년들로 구성되어 있으며, 그들은 친구 관계, 기도 및 선교 등으로 세워진 선교적 공동체에서 그리스도의 단순한 가치관과 세상에 대한 주님의 메시지에 따라 살고 있습니다.

이 신생 그룹은 현재 약 80~90명의 확고한 인원으로 매주 예배를 위해서 미술관 2층에서 만나고 있으며 다른 가정집에서 소그룹 모임을 하고 있습니다. 그들은 도심에 있는 결식 아동이나 구타당하는 여성들, 정착 중인 피난민들을 돕는 사역을 하고 지방 대학 캠퍼스에서 철야로 24시간 기도하면서(24-7 prayer) 그 도시의 문화와 잘 융화되는 것을 추구하고 있습니다.

루이스와 파멜라(Luis and Pamela Perez) 부부는 뉴욕의 로체스터(Rochester)의 더 넓은 지역에 미세교회들의 실질적인 네트워크를 성장시키는 사역에 봉사하고 있습니다. 이 부부는 전도 대상자들과 영적인 고향이 없는 사람들을 전도하기 위해서 서로 다른 전략이 필요하다는 것을 깨달았기 때문에 자신들이 16년간 섬기던 그 지역의 대형교회의 목사 자리를 사임하고 이러한 미세교회 사역으로 옮겨 왔습니다. 그가 첫 번째 미세교회를 시작한 지 6개월 만에 그들은 총 10개의 가정교회를 개척했습니다.

그 가정교회들의 비전은 "예수님을 아직까지 만나지 못한 사람들에게 아무런 의미가 없으면서 종종 믿는 자들에 의해서 우리 주변의 세상과 진정으로 참여하는 데 방해가 되는 형식적인 종교 의식이 없는 장소들로서 사람들이 살고, 놀고, 일하는 바로 그 장소들에 살아 계신 예수 그리스도를 인식할 수 있도록 돕는다" 입니다.

펜실베이니아 주의 랭커스터 지역에 있는 찬양의 문(Gates of Praise)이라는 웨이니 카우프만(Wayne Kaufman)의 가정교회 네트워크는 "예수님을 위해서 한 번에 한 가정씩 세상을 바꾸고자 하는" 비전을 가지고 있습니다. 웨이니는 다음과 같이 말합니다.

"우리의 사명은 가정교회 네트워크와 함께 지역 사회의 개별 가정교회들을 통해서 예수 그리스도의 충만한 은혜를 표현하고자 하는 것입니다.

이 네트워크의 목적은 건강한 섬김의 지도자들을 세우고 훈련시켜서 세상에 복음을 전하고 모든 열방 가운데 제자를 삼고 새로운 가정교회들을 세우고 개척하고자 하는 것입니다."

지하교회(The Underground)라고 하는 가정교회 네트워크는 플로리다 주의 탬파(Tampa) 시에서 IVF 학생 사역을 통해서 성장하게 되었습니다. 브라이언 샌더스(Brian Sanders)와 그의 친구들이 함께 이끄는 네트워크로 이 사역을 위해서 친구들 간에 장기간 헌신할 것을 약속했습니다. 지하교회는 기도와 사회 정의에 열정적이어서 브라이언과 그의 가정교회는 가난한 자들을 섬기는 법을 배우기 위해 일 년간 필라델피아로 교회 전체가 모두 이주해 갈 정도로 열정을 보였습니다.

펜실베이니아 주의 랭커스터 지역에서 마이크 스톨즈푸스(Mike Stolzfus)가 감독하는 LMCN은 가정교회 네트워크들 중의 한 네트워크입니다. 더 넓은 랭커스터 지역에서 그물망(The Nets)이라는 미세교회 네트워크가 2004년에 탄생했고 또 다른 미세교회 네크워크인 원형 공동체(The Circle Community)가 2006년에 출범했습니다. 두 네트워크는 그들이 새로운 가정교회를 개척하기 위해 필요한 자원, 공통 가치, 및 공통 비전을 나눌 수 있는 곳인 LMCN와 연결되어 있습니다.

전 세계에 동일한 일이 일어나고 있다!

제(래리)가 새로운 교회를 개척한 지 10년쯤 되었을 때 랄프 네이버(Ralph Neighbour) 목사님이 가르치는 뉴저지의 셀 그룹 세미나에서 저를 만나자는 전화가 왔습니다. 랄프 목사님은 〈믿음의 삶(Where Do We Go from Here?)〉이라는 책의 저자로 이 책을 통해서 주님이 전 세계적으로 수천 명의 영혼들을 셀 그룹 운동에 참여할 수 있도록 문을 연 주인공이라는 것을 잘 알고 있습니다.

랄프 목사님을 뉴저지에서 만났을 때, 그는 "당신에 대해서 이야기해 보십시오!" 라고 말했습니다. 저는 우리 가정교회가 어떻게 한 셀 그룹에서 시작했고 가정그룹들에 참여하는 사람들 수가 2,300명 이상이 될 정도로 어떻게 성장했는지를 이야기하고 있을 때 그의 눈에 눈물이 흐르기 시작했습니다. 그는 "주님께서 전 세계에 동일한 일을 하고 계십니다" 라고 감탄하면서 저에게 외쳤습니다.

"전 세계의 많은 곳에서 서로 한 번도 만나보지 못했고, 서로 한 번도 들어보지 못한 사람들이 그들을 통해서 주님이 하고 계시는 동일한 사역 때문에 동일한 용어를 사용하고 있습니다. 이것은 정말 주님께서 하신 일이십니다."

일주일 후에 플로이드와 저는 함께 여행을 하면서 동일한 일에 대해서 계속 들었습니다. 하나님께서는 평범한 사람들이 단순하게 성경에 기초한 교회들에서 함께 만날 때 그들의 삶이 변화될 수 있도록 사람들에게 성령을 계속해서 부어 주고 계십니다. 사람들은 북미 지역의 가정교회들과 전통교회 간에 분쟁이 있는 것을 더 이상 인식할 수 없습니다. 사실상 릭 워렌(Rick Warren) 목사님과 같이 유명한 리더들은 '가정교회들을 선호한다' 는 표현을 최근에 발표했습니다. 새들백 교회(Saddleback Church)는 그들의 성도들을 가정교회 네트워크를 세우기 위해 '선교사들'로서 파송시키고 있습니다.[63]

저희 둘은 모두 대형교회에서 담임 목사들로 섬긴 적이 있었으며 서로 다른 크기와 취향들의 지역교회들을 섬겨 왔습니다. 그리고 이러한 종류들의 교회들은 계속해서 북미 대륙에서 그 자리를 유지할 것입니다. 그러나 오늘날, 플로이드와 저는 둘 다 국제적인 교회 운동인 국제 기독교 연합(DOVE) 및 열방 행진(All Nations)을 각각 섬기고 있습니다. 우리 모두는 가정교회 네트워크들을 포함시킬 수 있는 이러한 네트워크들에 대한 비전을 품고 있습니다. 예를 들면 열방 행진(All Nations) 교회 개척 전략은 우리가 힌두교, 무슬림, 불교 신자들과 예수님의 사랑의 복음에서 제외되어 있는 미전도 종족들을 선교하기 위해서 작고 단순하고 쉽게 증식이 가능한 가정교회를 중심으로 사역한다는 개념을 중심으로 하고 있습니다.

가정교회 운동은 더 이상 북미나 세계에서 일어나고 있는 피상적인 운동이 아닙니다. 사실상, 전 세계에 퍼져 있는 많은 교회 가족들과 교파들이 가정교회 운동에 참여하고 있습니다. 가정교회들은 미국과 다른 나라들에서 살아 있고 잘 성장하고 있습니다. 가정교회 혹은 단순한 교회 또는 미세교회들은 그들이 새로운 형태의 영적인 공동체와 예배를 추구하고 있기 때문에 북미에 거주하고 있는 많은 사람들의 영적인 필요들을 채워 주고 있습니다.

교회 개척 배가 운동들이 가지고 있는 놀라운 영향력에 대해서 더 알아 보기 위해서 데이비드 게리슨(David Garrison)의 〈하나님의 교회 개척 배가운동(Church Planting Movement)〉이라는 정말로 좋은 책을 권해 드리고 싶습니다. 전 세계에 양적·질적인 교회 성장이 일어나고 있습니다. 그것은 **꿈은 크게 꾸고 작게 짓는 것**(dreaming big and building small)을 강조하는 가정교회 개척 배가 운동을 통해서 일어나고 있는 것입니다.

STARTING A HOUSE CHURCH

제13장
가정교회에서의 리더십 다이내믹

우리 주변 사회의 모든 영역에 리더들이 있습니다. 정치적인 세계에서 각 나라들은 그 나라의 대통령과 총리들에 의해서 움직입니다. 사업체에는 사장들과 CEO들이 있습니다. 스포츠 팀들에는 주장들이 있습니다. 이 리더들의 역할은 자신들이 인도하는 나라, 조직, 혹은 팀들을 지도하고 있습니다. 그리고 중요하고 전략적인 결정들을 내릴 수 있는 권위들을 가지고 있습니다.

또한 성경에서 하나님이 리더십을 발휘할 수 있도록 선택한 사람들의 예를 볼 수 있습니다. 교회의 모든 사람들이 섬김의 지도자들이 될 수 있도록 부르심을 받지만, 모든 사람들이 교회 공동체 혹은 네트워크를 지도할 수 있는 은사들과 능력들을 가지고 있는 것은 아닙니다. 하나님께서 특별한 리더십의 중요한 과업들을 주신 남성들과 여성들에 관해 성경에 좋은 예들이 많이 기록되어 있습니다. 예를 들면, 모세는 애굽의 노예 상태에 있는 이스라엘 백성들을 이끌어서 하나님께서 그들을 위해서 예비하신 땅으로 인도할 수 있도록 지명을 받았습니다. 하나님께서 이 과업에 모세를 사용하셔서 하나님의 백성들이 하나님을 알고 지구상의 다른 민족들에게도 축복의 통로가 되도록 하셨습니다. 모세가 자신의 생애를 마칠 때 그의 리더십의 위치를 여호수아에게 맡겼습니다. 여호수아가 리더십을 맡게 되었을 때 하나님께서는 모세와 함께 하셨던 것처럼, 여호수아에게도 함께 하실 것을 약속하셨습니다 (여호수아 1:1-9).

다윗도 하나님께 선택받은 지도자입니다. 하나님께서는 이스라엘 역사 가운데 혼란기에 이스라엘의 왕이 되도록 다윗을 선택하셨습니다. 비록 다윗도 실수를 하고 자신의 욕심으로 인해서 죄를 범했지만 그는 하나님의 백성을 위한 훌륭한 장군이었으며 지도자였습니다. 드보라도 성경에 나타나 있는 또 하나의 모범적인 위대한 지도자였습니다. 자기 백성들의 원수들을 직면할 수 있는 그녀의 용기와 비열하게 대하는 사람들을 당당하게 무시할 수 있는 태도 등은 모든 리더들이 마음에 새겨야 합니다.

동시에, 우리는 하나님의 목적들을 성취하기 위해서 교회 혹은 영적인 운동들을 이끌어 왔던 모범적인 하나님의 여성들과 남성들을 교회사 가운데서 찾아 볼 수 있습니다. 6세기경에 패트릭(Patrick)과 콜럼부스(Columbanus)는 켈트(Celtic) 선교사들의 운동을 주도해 유럽 국가들의 종족 선교의 문을 열었습니다. 16세기에는 루터(Luther)가 교회를 주도해 그리스도의 사역에서 자신들의 노력이 아닌 믿음으로 하나님의 눈에 의롭다 하심을 받을 수 있는 중요한 사실을 재발견하게 했습니다. 1700년경에는 존 웨슬리(John Wesley)가 영국을 변화시키는 복음주의와 교회 개척 운동을 주도했습니다. 19세기에는 허드슨 테일러(Hudson Taylor)가 당시 그리스도의 사랑의 메시지로 완전히 복음이 미치지 않던 장소들로 갈 수 있는 새로운 선교의 동력을 인도했습니다.

그러나 오늘날 특별히 가정교회에 있는 사람들은 매우 다양한 이유들로 인해서 리더십의 개념들에 관해 의문을 제기하고 있습니다. 어떤 사람들은 매우 강압적이고 비열한 리더십을 경험했습니다. 또 다른 사람들은 그러한 리더십들에 의해서 상처를 받았던 사람들은 리더십의 권위에 더 이상 들어가지 않을 합당한 이유들을 찾고 있습니다. 이런 사람들은 예수님께서 그의 제자들에게 "권세를 부리지 말라"고 특별히 강하게 표현하고 있는 마태복음 20장 25절과 같은 성경 구절을 지적할 수 있습니다.

또 전통교회에서 모이는 인원수보다 훨씬 작은 규모의 모임으로 가정교회가 모이는 특성을 고려해 볼 때 어떤 사람들은 리더가 없어도 된다고 생각합니다. 그들은 그룹이 함께 모든 결정을 내릴 수 있다고 느끼고 있습니다. 어떤 사람들은 결정을 내리는 데 있어서 리더들의 결정을 따르는 것은 현대의 세속 사회와 비성경적인 관습들을 좇아가는 것이라고 지나치게 생각하는 사람들도 있습니다. 지금도 어떤 사람들은 새로운 언약에는 구약의 제사장들과 같이 사람들 가운데 특별히 구별

된 계층이 더 이상 존재하지 않는다고 믿고 있습니다. 이 사람들이 믿는 신약성경이 우리가 모두 제사장들이고 사역자들이라고 가르치고 있다는 사실(벧전 2:9)은 정말 맞다고 생각하지만, 그들이 주장하는 리더들이 없어도 된다고 하는 해석은 틀렸다고 생각합니다.

가정교회들은 리더들이 필요할까요?

이제 우리들은 가정교회에서 논쟁할 만한 한 가지 측면을 다루고자 합니다. 우리는 리더들이 필요할까요? 이 질문에 관해 우리들은 많은 대답이 나올 수 있습니다.

첫 번째로, 성경에서는 하나님께서 교회에 지도자들을 두실 것을 분명히 하고 있습니다. 베드로전서 2장 13절에서는 우리들이 사람들 사이에 '제도화된' 모든 권위에 순복하라고 권면하고 있습니다. 헬라어로 된 '제도화된' 또는 '세워진' 등의 단어들은 교회에서 지도자들의 역할들이 하나님께서 시작했다는 것을 함축하고 있습니다. 그것은 하나님께서 세상적인 사람들이 다스리는 방식을 축복하신다는 의미가 아니라 단순히 하나님께서 지도자의 권위에 특별한 능력을 부여하셨다는 것을 의미합니다.[64]

두 번째로, 우리는 전체적인 성경의 맥락을 통해서 리더십이 어떻게 발휘되고 있는지를 잘 관찰할 수 있습니다. 우리는 제 13장의 첫 부분에 구약의 몇 가지 예들을 인용했습니다. 그러나 리더십이 구약시대의 역할을 초월해 예수 그리스도의 생애와 사역을 통한 새 언약의 시대와 초대교회 시대에서 지속되는 것을 볼 수 있습니다. 예수님께서 직접 사람들의 소그룹을 인도하셨고 모범적이고 **위대한** 지도자의 모든 특성들을 보여 주셨습니다. 예수님께서 떠나신 후에(요한복음 10:10) 그분의 사역을 수행할 수 있는 제자들을 미리 훈련하시면서 그들에게 비전, 전략 및 계획들을 알려 주시면서 능력을 부여해 주셨습니다. 그분은 이 땅에 계시는 동안에만 제자들에게 능력을 부여해 주신 것이 아니라(누가복음 10장 참고), 예수님께서 행하셨던 것보다 더 큰 사역들을 감당할 수 있도록 또한 그들을 준비시키셨습니다(요한복음 14:12 참고). **바로 이것이** 지도력(리더십)입니다.

신약성서의 리더십

신약성서는 우리에게 지도력에 대한 중요한 사실 몇 가지를 가르쳐 주고 있습니다.

- 새로운 지도자들을 지명하고 세우는 모범적인 지도자들을 우리에게 보여 주고 있으며 우리에게 이와 같이 동일한 방식으로 지도자들을 지명하라고 권면하고 있습니다.
- 평범한 사람들이 지도력을 갖게 되는 예들을 보여 주고 있습니다.
- 어떤 사람이 인도하게 될지 우리가 알 수 있도록 안내서와 기준

들을 제공해 주고 있습니다.
- 지도자의 역할과 책임들에 대해서 명료하게 보여 주고 있습니다.
- 하나님의 뜻에 맞는 결정들을 어떻게 내릴 수 있는지 우리에게 제시해 주고 있습니다.
- 지도자들이 갖추어야 할 영성과 마음과 태도들을 우리에게 보여 주고 있습니다(사도행전 14:23, 15:1, 16:14, 고전 16:16, 딤전 5:17, 19, 3:1-2, 딛 1:5, 7, 2:15, 벧전 5:1, 벧후 2:10 참조).

1세기 교회에서 예수님의 모든 제자들은 성령이 충만했고 다른 사람들에게 사역할 수 있었습니다. 사도행전 14장 21절에서 믿는 자들에게 능력을 주고 권면하기 위해서 루스드라(Lystra), 이고니온(Iconium)과 안디옥(Antioch)에 바울과 바나바가 방문한 이야기를 읽을 수 있습니다. 23절에서 우리는 "바울과 바나바가 각 교회에서 장로들을 택해 금식 기도하며 저희를 그 믿은 바 주께 부탁하고" 라는 내용을 읽을 수 있습니다. 신약시대에 교회는 영적인 권위를 가지고 있는 지도자들을 분명히 두었습니다.

바울은 디도에게 쓰는 편지에서 영적인 권위를 행사하도록 권면하고 있습니다. "내가 너를 그레데에 떨어뜨려 둔 이유는 부족한 일을 바로 잡고 나의 명한 대로 각 성에 장로들을 세우게 하려 함이니"(딛 1:5)라고 쓰여 있습니다. 사실상, 이 성경 구절은 거룩한 인격 및 증명된 성숙도 등과 같이 우리가 리더로서 지명될 수 있는 사람들의 자질들을 알 수 있도록 교회에서 영적인 지도자들의 자격에 맞는 특징들을 열거하

고 있습니다.[65]

바울은 서신을 통해 서술 형식과 분명한 가르침의 방법 등 지도자들의 책임들을 분명히 제시하고 있습니다. 우리는 여기에서 리더십이 가져야 하는 세 가지의 책임감들이 있다고 믿습니다. 그것들은 보호하기(to guard), 다스리기(to govern), 인도하기 혹은 가르치기(to guide or to teach) 등입니다.

보호하는 지도자들

바울은 에베소의 장로들에게 다음과 같이 편지했습니다.

"너희는 자기를 위하여 또는 온 양 떼를 위하여 삼가라 성령이 저들 가운데 너희로 감독자를 삼고 하나님이 자기 피로 사신 교회를 치게 하셨느니라. 그러므로 너희가 일깨어 내가 삼 년이나 밤 낮 쉬지 않고 눈물로 각 사람을 훈계하던 것을 기억하라"(사도행전 20:28, 31).

다스리는 지도자들

지도자들은 교회의 자원들을 관리하고 교회의 결정을 지시할 책임이 있습니다(딤전 3:4-5 참고). 비록 교회를 다스리는 많은 형태를 취할 수 있지만 지역교회에 의해서 이루어진 결정들에 대해서 지도자들이 책임을 져야 한다는 것이 기본 원칙입니다.

현명한 지도자들은 의사 결정 과정에서 그들의 선택에 의해 영향을 받을 수 있는 사람들을 포함시키지만 지도자 자신들이 결정한 의사들에 대한 궁극적인 책임을 지게 됩니다.

가르침을 통해 인도하는 지도자들

이것은 예수님을 따르는 사람들을 제자 양육하고 믿는 자들에게 격려와 용기를 주기 위한 것입니다. 필요하다면, 지도자들은 가르침으로 경책하도록 또한 부르심을 받았습니다(딤후 4:2 참조). 가정교회에서 성경 공부는 종종 성경을 가지고 함께 토론하는 형식으로 이루어지고 있습니다. 가정교회에 있는 사람들이 소그룹 모임에서 토론할 때 한 사람이 일방적으로 가르치는 것이 아니라 토론하는 동안 사람들의 마음속에 성경이 강력하게 말씀하셔서 깨달음을 주도록 하는 것이 모범적인 방식입니다.

한 명의 지도자 혹은 한 팀?

성경 구절에서 우리가 많이 볼 수 있는 것 중의 한 가지는 지도력(leadership)이 단수가 아닌 복수로 쓰인다는 사실입니다. 지명되어야 하는 '장로들(복수)'로 단 한 명의 '장로(단수)'를 의미하지 않고 여러 명을 의미합니다. 오늘날 좋은 지도자 모델들과 같이 초대교회의 지도자들이 팀을 형성하고 있었으며 이러한 팀 사역에 대한 분명한 인식을 가져야 하며 팀 사역이 더욱 더 실천되어야 한다고 믿고 있습니다.

사도행전적인 교회에서 지도력이 있는 사람들이 팀을 구성하고 있었지만 그 팀에서 최고 지도자는 한 명밖에 없었습니다. 구약성경에서 이러한 팀 역동성을 미리암(Miriam), 아론(Aaron) 및 모세(Moses)들이 함께 팀으로 사역하는 것을 통해서 배울 수 있습니다. 모세가 세 명 중의 지도자였고 미리암이 자기 동생인 모세와 동일한 지도력을 주장했을 때 그녀는 나병에 걸렸습니다(민수기 12장 참고)!

사도행전 15장에서 우리는 의회에서 사도들과 장로들의 모임을 볼 수 있으며 그곳에서 모든 사람들이 그 토론에 참여할 수 있었습니다. 그러나 결국에는 야고보가 일어서서 평결을 내렸습니다. 그는 예루살렘 회의 모든 지도자들 가운데서 최고 지도자였습니다.

팀이 효과적이고 한 지도자가 효과적으로 인도하기 위해서는 한 사람에게 지도자들 그룹을 위해서 의사 결정을 내리기 위한 자유가 주어질 필요가 있다고 믿고 있습니다.[66]

오늘날의 리더십

그러나 우리가 포스트모더니즘의 세계에 살고 있다는 사실과 가정교회들은 적은 인원수가 모인다는 사실이 던져 주는 의미는 무엇일까요? 이러한 요소들이 지도력에 영향을 미칠 수 있을까요? 그렇습니다. 우리는 그렇다고 믿습니다. 그러나 이러한 문제들은 지도력이 필요한지 아닌지에 관한 근본적인 질문들이라기보다는 차라리 형식, 영적인 성숙 및 그룹 역동성 등과 같은 문제들에 대해서 우리에게 던져 줍니다.

뛰어난 지도자들 없이도 기능을 잘 수행하는 교회들과 문화들이 있으며 리더 없이는 운영이 잘 안 되는 그룹들도 있습니다. 우리의 경험에 의하면 그 팀원들이 모두 성숙되어 있으면 지명된 지도자가 없어도 팀의 운영이 잘 되고 있지만 가끔 어떤 팀은 지도자 부재로 인해서 하나님께서 교회에 하시고자 하시는 일에 방해가 될 수 있습니다. 그리고 어떤 경우에는 교회가 스스로 분열되는 경우도 있습니다. 지도력의 성경적인 원칙들이 모든 문화에 적용되고 지도력이 발휘되었을 때 놀라운 축복들이 임하는 것을 우리는 믿습니다.

물론, 성도가 100명이 넘는 교회에서는 가능하지 않은 일이지만 소그룹에서는 모든 사람들이 의사 결정에 영향을 미치며 더 적극적으로 참여할 수 있습니다. 우리가 전폭적으로 추천하고 있는 그룹 참여는 가정교회의 많은 장점들 중의 한 가지이며, 리더십 안에서 사람들이 잘 성장할 수 있도록 격려할 수 있습니다. 그러나 영적인 가족 안에서 회의가 끝날 때에는 하나님의 뜻을 분별해 주고 그룹 회원들을 돌보아 주기 위해서 영적 부모님들이 결정을 내려 주는 것이 바람직합니다. 그룹들의 크기나 선호하는 문화들이 다를지라도 리더십의 성경적인 원칙들은 동일합니다. 보호하고, 다스리고, 가르치는 원칙들을 따르고 있으며 이 원칙들이 적용되는 방식은 매우 다양합니다.

초대교회에서도 항상 영적인 리더들이 존재했습니다. 만일 가정교회에 지도자들이 아직까지 없다면, 성경에서 지역 지도자들이 지명될 때까지 새 신자들이 바울 혹은 사도들을 찾아가서 지도자가 되어 달라고 하는 모습을 신약성경에서 찾아보는 것이 좋습니다. 피터 번톤(Peter

Bunton)은 그의 저서 〈셀그룹과 가정교회들의 역사가 우리에게 주는 교훈(Cell Groups and House Churches? What History Teaches Us)〉에서 "성공적이면서도 가장 오랫동안 영향을 미친 그룹들은 분명한 지도자들이 있었고 지도자 훈련이 잘 실시되었던 그룹들이었다"고 교회사 연구를 통해 발표했습니다. 교회의 역사와 현대의 많은 실례들을 통해서 위에 세세하게 언급한 성경적인 지도자 원칙들이 아주 중요함이 증명되고 있습니다. 우리의 관점은 단순합니다. 교회는 가족이고 가족들은 부모가 필요하다는 사실입니다.

오늘날 어떤 그룹이 자기들은 리더가 필요없다고 말할 때 이렇게 부정적으로 말하는 사람들은 대부분 자신들이 그 사실을 인정하든지 그렇지 않든지 간에 보통 리더 자신들이므로 이러한 주장에 대해서 경계하는 마음으로 들어야 합니다. 우리 부부(래리와 라베르네)가 25년 전에 처음으로 가정교회를 개척했을 때 우리는 성도들에게 한 명만 리더로 지정하지 말고 동일한 리더십을 가진 한 팀으로 만들자고 했습니다. 각 가정그룹들은 두 명의 동일한 권한을 가진 리더들이 존재했고, 총 6명의 리더들이 동일한 권한을 가지고 우리 가정교회 네트워크를 이끌어 나갔습니다.

겉으로는 이것이 좋고 고상한 것처럼 들립니다. 그러나 실제로는 잘못된 겸손의 표현이었습니다. 겉 표면 아래로 큰 갈등이 존재하고 있었습니다. 6명의 리더들이 존재하므로 주일날 아침에 누가 우리 모임에서 설교를 담당해야 할지 아무도 결정할 수 없었습니다. 어느 누구도 강한 리더십을 가지지 못하고 있었으므로 어느 누구도 설교를 담당할 수 없었습니다! 주님께서 우리에게 설교하지 말라고 인도하신다면 아무도 설교를 하지 않는 것이 좋을 것입니다. 그러나 리더십 부재로 인한 것이었기 때문에 교회에 엄청난 혼란과 압박을 주게 되었습니다.

첫 해에 우리의 '리더십 부재' 가정교회 네트워크 그룹은 매우 어려운 현실에 직면하게 되었고, 우리들 사이에 리더십이 분명이 필요하다는 사실을 인식하게 됐습니다. 비록 우리가 계속적으로 팀 리더십이 중요하다는 것을 믿고 있었지만, 우리는 팀에서 한 명을 공식적인 리더로 지명할 필요성을 인식하게 되었습니다.

우리 지역에 온 두 명의 영적인 리더들이 우리의 신생 그룹을 감독하고 섬기는 데 동의했습니다. 이들은 원래 6명의 팀 리더들로 구성되어 있던 우리 가정교회 네트워크에서 2명이 분리되어 처음 몇 년 동안 우리를 돕는 데 헌신했던 한 지역의 교단에서 목사 안수를 받게 될 때까지 우리 네트워크의 리더십이 안정을 찾을 수 있도록 도와주었습니다. 저(래리)는 리더십 팀의 대표 리더가 되었습니다. 리더십에 안정을 찾기 시작하자 우리 가정교회는 분명하게 성장하기 시작했습니다.[67]

우리가 세계의 많은 나라들을 여행하면서 한 가지 중요한 사실을 발견하게 되었습니다. 가정교회 부흥을 경험하고 있는 나라들에서는 '그룹의 리더십 부재'라는 철학이 존재하지 않았습니다. 단지 미국이나 몇몇 나라들에서만 대부분의 가정교회 회원들이 기성교회에서 나온 성도들로 구성되어 있어서 리더십 부재를 요구하고 있었습니다. 이러한 성경적인 권위에 반대하는 주도적이고 부정적인 관점은 몇몇의 기독교인들이 매우 나쁘고 심지어는 학대적인 리더십을 경험했기 때문이지만, 그들의 나쁜 경험들이 하나님의 가족을 위한 그분의 계획을 무가치하게 만들 수 없습니다.

진정한 리더십 – 섬기는 종의 마음으로

마태복음 20장 20-28절에 있는 예수님의 가르침으로 되돌아 갑시다. 어떤 사람들은 "우리가 세상에서 특별한 존재이기 때문에 예수님께서 우리에게 리더십이 필요하지 않다고 가르치셨다"고 말하기도 합니다. 진실로 예수님이 무엇이라고 말씀하고 있는지 이해하기 위해서 조금 더 자세히 성경구절을 살펴보기로 하겠습니다.

그때에 세베대의 아들의 어미가 그 아들들을 데리고 예수께 와서 절하며 무엇을 구하니, 예수께서 가라사대, "무엇을 원하느뇨" 가로되, "이 나의 두 아들을 주의 나라에서 하나는 주의 우편에, 하나는 주의 좌편에 앉게 명하소서." 예수께서 대답하여 가라사대, "너희 구하는 것을 너희가 알지 못하는도다. 나의 마시려는 잔을 너희가 마실 수 있느냐?" 저희가 말하되, "할 수 있나이다." 가라사대, "너희가 과연 내 잔을 마시려니와 내 좌우편에 앉는 것은 나의 줄 것이 아니라 내 아버지께서 누구를 위하여 예비하셨든지 그들이 얻을 것이니라." 열 제자가 듣고 그 두 형제에 대하여 분히 여기거늘, 예수께서 제자들을 불러다가 가라사대, "이방인의 집권자들이 저희를 임의로 주관하고 그 대인들이 저희에게 권세를 부리는 줄을 너희가 알거니와, 너희 중에는 그렇지 아니하니 너희 중에 누구든지 크고자 하는 자는 너희를 섬기는 자가 되고 너희 중에 누구든지 으뜸이 되고자 하는 자는 너희 중에 종이 되어야 하리라. 인자가 온 것은 섬김을 받으려 함이 아니라 도리어 섬기려 하고 자기 목숨을 많은 사람의 대속물로 주려 함이니라."

예수님이 리더십에 대해서 가르치는 중심적인 내용입니다. 영국에서 가정교회를 인도했던 피터 번톤(Peter Bunton)은 예수님이 마태복음 20장에서 말씀하신 내용의 정확한 의미가 무엇인지 우리에게 알려 주고 있습니다.

헬라어의 '다스리다(to rule)'라는 동사는 **쿠레이오**(kureio)입니다. 마태복음 20장 25절에서 쓰인 동사는 **카타쿠레이오**(katakureio)로 접두사인 **카타**(kata)가 사용되었음을 발견할 수 있습니다(벧전 3:5 참고). 이 두 구절에서 쓰인 동사는 지도력이나 통치권(쿠레이오)보다 훨씬 더 강제적인 무엇을 표현해 주고 있습니다. 차라리 그들은 더 불길하고 건강하지 못한 어떤 것에 대해서 이야기해 주고 있습니다. 예수님께서 마태복음 20장에서 공공연하게 알리는 리더십의 종류는 지도력 자체만을 의미하지 않습니다. 어떤 의미의 리더십일까요? 저는 사도행전 19장 16절에서 잘 지적해 주고 있다고 믿습니다. **카타쿠레이오**라는 단어가 쓰인 또 다른 유일한 경우입니다. 여기에서는 완전하게 장악하고 제압하는 사탄의 능력에 대해서 말하고 있습니다. 이러한 생각으로 마태복음 20장에서 예수님께서 당신에게 리더가 되지 말라고 하지 않으시고 우리가 마치 사탄을 파괴하는 듯한 학대적인 방법으로 장악하고 있는 힘을 가진 리더가 되어서는 안 된다고 지적하는 것처럼 보입니다. 차라리 우리의 리더십은 다른 사람들의 필요를 알고 그들을 돕는 방법을 선호하는 섬김의 종으로서의 위치에서 발휘되어야 합니다. 예수님께서는 자신의 리더십 유형을 따르라고 하시면서 예수님을 닮고 예수님께서 하신 대로 우리가 실천하라고 말씀하시면서 계속해서 우리에게 가르치고 계십니다.[68]

우리는 확실히 피터 목사가 평가한 '거룩한 섬김의 정신이 있는 리더십이 오늘날의 가정교회들 가운데 필요하다'는 사실에 전적으로 동의하고 있습니다.

권위의 남용

그리스도의 몸을 섬기면서 건강하지 못한 리더십에 의해서 학대를 받아 온 사람들이 많이 있습니다. 〈하나님 아버지의 마음(The Father Heart of God)〉이라는 책에 저(플로이드)는 영적인 리더십이라는 개념을 완전히 왜곡시킬 수 있는 권위의 남용에 대해서 다루었습니다. 하나님께서는 교회의 리더들을 그들의 영적인 자녀들을 그들에게 강압적으로 복종시키는 그런 지배적이고 권위적인 인물들이 아니라 영적인 자녀들이 예수님을 추구할 수 있도록 도와주는 영적인 아버지들과 어머니들이 되도록 부르셨습니다. 그것은 지도자들이 그들을 인도하는 사람들의 잘못을 지적하고, 지시하고, 보호해 줄 시간과 장소가 없다는 것을 의미하지 않습니다.

영적인 아버지와 어머니들은 다른 사람들을 섬기기 원하며 모든 여자들과 남자들을 평등하게 대해 줍니다. 그들은 다스리기보다는 섬기는 데 관심을 두어야 하기 때문에 권위를 사용하지 않고 모든 사람들을 동등하게 대하는 태도로 행동해야 합니다. 다음은 두 가지 접근 방식을 비교해서 서로 다른 점들을 보여 주고 있습니다.

지배적인 영적인 아버지들과 어머니들:

1. 마치 자신들이 사람들의 삶을 인도하기 위한 원천인 것처럼 역할을 합니다.
2. 지도자들의 권리에 대해서 강조합니다.
3. 지도자들을 따로 분리시켜 그들에게 특별한 특권들을 부여합니다.
4. 사람들의 행동들을 통제하기 위한 방법을 추구합니다.
5. 다른 사람들에게 사역하고 있는 지도자들의 중요성에 대해서 강조합니다.
6. 사람들을 통제하기 위한 규칙들과 법규들을 사용하며 그들에게 그것들을 따르도록 강요합니다.

주님 안에 있는 영적인 어머니들과 아버지들:
1. 하나님께서 사람들을 인도하시는 근원이라는 사실을 믿고 다른 기독교인들이 하나님의 음성을 들을 수 있도록 도와주고자 합니다.
2. 지도자들의 권리에 대해서 강조하지 않고 책임감들을 강조합니다.
3. 예수 그리스도 몸 된 교회 안에서 서로를 위해서 섬기는 것을 강조합니다.
4. 사람들이 하나님께 의존할 수 있도록 권면합니다.
5. 주님의 사역에 동참할 수 있는 성도를 세우는 일의 중요성을 강조합니다.
6. 성장하는 데 용기를 줄 수 있도록 신뢰와 은혜의 환경을 제공합니다.

성경적인 권위는 결코 강제로 취해진 것이 아니라 **주어진** 것입니다. 하나님의 성령의 기름 부으심으로부터 온 것이며 하나님의 성품, 지혜, 영적인 은사들 및 섬김의 태도 등을 합쳐 놓은 것입니다. 주님 안에서 어머니들과 아버지들은 권위에 대한 이러한 원칙들을 이해하고 있습니다. 그들은 하나님 아버지의 성품을 알고 있으며 그래서 다른 사람들에게 사역할 때 그렇게 긴장하지 않고 편안하게 그들을 대합니다. 그들은 자신들이 '리더'이기 때문이 아니라 하나님께서 인도하시는 대로 실천하는 것을 배우고 있습니다.[69]

건강한 영적인 아버지들과 어머니들은 그들의 영적인 자녀들의 삶 속에 개입해 이야기할 수 있는 권리를 얻었습니다. 그리고 그들은 자신들의 자녀들이 주님과 동행하는 것을 확신시키고 용기를 주는 섬김의 마음으로 그들을 인격적으로 대해 줍니다. 신령한 영적인 아버지들과 어머니들은 필요하다면 항상 사랑 안에서 잘못을 고쳐 줄 수 있는 용기가 있어야 합니다. 이들이 파괴적이고 분열을 일으키는 사람들을 만나게 된다면, 그룹 안에 있는 다른 사람의 안전을 염두에 두고 그들이 주도하면서 인도하지 못하도록 해야 합니다.

리더들은 섬기는 종들로 부르심을 받았습니다. 어떤 사람들이 리더로 부르심을 받았다고 느끼고 있다면 그것은 자신들의 비범한 통솔력 및 성경을 아는 지식들이 결정하는 요소가 아니라는 것을 알아야 합니다. 리더십의 능력에 실제적인 열쇠는 그들이 예수님을 사랑하는지에 관한 질문, 그리고 사람들을 사랑하고 그들을 섬길 의사가 있는지에 대한 질문들이라고 할 수 있습니다.

어떻게 리더십을 발휘할 수 있을까요?

우리가 성경적인 리더십이 매우 중요하다는 사실에 동의하고 있지만 다음 질문은 새로운 교회 네트워크에서 리더십을 어떻게 발휘하는지에 관한 것입니다.

랭커스터 지역에서 LMCN을 시작했을 때 우리들은 모든 가정교회들에 장로들이 있기를 기대했습니다. 그러나 몇 년이 지난 다음에 우리의 기대와는 전혀 다르게 새로운 교회들을 개척하는 일이 느리게 진행되었습니다. 그 이유는 '장로'라는 호칭을 받고서 장로가 되는 일이 새 신자들을 두렵게 만들었습니다. 그래서 우리는 새로운 일을 시작하는 것을 두려워하기 시작했습니다.

우리는 교회 개척 운동 안에 있는 한 가지 운동을 시작했습니다. 첫 번째 가정교회를 세운 창시자들 중 한 명인 마이크(Mike)는 장로들의 네트워크인 네트(Net)를 시작해 미세교회들에서 섬기는 성도들 중 장로로서의 부르심이 없다고 느끼는 리더들을 일으키는 사역을 했습니다. 사도행전 14장 23절에는 모든 교회에 장로들을 택해 세워야 한다고 했고, 디도서 1장 5절에는 모든 도시에 장로들을 택해 세워야 한다는 내용이 있는 것을 발견했습니다. 어떤 가정교회들은 사도행전 14장 23절을 모델로 해서 각 가정교회마다 장로들을 세웠으며, 다른 교회들은 디도서 1장 5절을 모델로 해서 네트 안에 있는 장로들을 통한 리더십을 받고 있습니다. 우리는 재정 관리를 50 대 50으로 해서 십일조와 헌금의 절반은 네트 사역을 위해서 쓰고 나머지 절반은 가정교회 사역을 위해서 쓰게 됩니다. 그렇게 운영이 됩니다! 사람들은 다른 가정교회들을 개척하는 일에 기대하기 시작했습니다!

LMCN에서 주장하는 영적인 리더십의 네 가지 단계들은 다음과 같습니다.

1. 가정교회에 참석하는 한 명, 두 명 혹은 세 명의 회원들을 관리하는 소그룹 리더들
2. 가정교회들에 속한 리더들

3. 한 지역에서의 가정교회들의 네트워크들에 속한 리더들
4. 한 지역 이상의 가정교회들의 개척 운동을 주도할 사도적인 리더들

어떤 가정교회들은 외부에서 촉매 같은 역할을 해주는 요소가 없을 때는 새로운 교회들을 개척하기 어렵다는 사실을 경험을 통해서 배우게 되었습니다. 그래서 우리의 미세교회 리더들이 다양한 가정교회들의 리더들과 잠재적인 리더들이 새로운 교회 개척 전략을 위해서 함께 모여서 기도하기 위해 모인 '인큐베이터(incubator) 모임들'을 통해서 미세교회 리더들을 격려하기 시작했습니다. 때때로, 이러한 리더들은 기도, 교제, 전략 회의 등을 위해서 철야 모임을 했습니다. 이러한 경우에, 리더들은 항상 새롭게 흥분된 마음과 자신들의 믿음의 증가를 위해서 이러한 모임들과 수련회를 떠납니다. 그리고 가끔 하나님께서 한 개 이상의 기존 교회에서 온 성도들이 모여서 새로운 하나의 교회를 개척하는 방법을 보여 주시기도 합니다.

저(플로이드)는 새로운 교회 개척자들을 방출하기 위해서 잠재적인 리더들과 함께 6~9주 동안에 사도행전을 일주일에 한 번씩 모여서 공부하기 시작했습니다. 우리는 바울의 교회 개척 전략들, 그가 추구한 가치들, 그가 반대와 핍박에 반응한 방식 등에 대해 초점을 두고 연구했습니다. 저는 한 그룹의 잠재적인 교회 개척가들과 함께 중앙아시아로 선교 여행을 처음으로 가게 되었습니다. 그 결과는 너무나도 대단했습니다. 그 팀에서 함께 한 몇 사람들은 아직까지 계속 교회들을 개척

하고 있습니다! 새로운 리더들을 세우는 이러한 과정은 그들을 더욱 확신 가운데 거하게 했고 미래의 교회 개척가들을 선택하고 지도하는 일을 지속해야겠다고 제가 다짐할 수 있도록 도와주고 있습니다. 저는 의도적으로 교회 개척 문화에 대해 리더들이 편안하게 생각할 수 있는 환경을 조성하려고 노력합니다.

어떤 방식으로 잠재적인 리더들을 조직하든지 간에 그러한 리더들이 파악되고 제자화되면 그들에게 교회에 대한 가치관들을 실천할 수 있는 기회를 제공해 주어야 합니다. 우리는 최고의 기회가 셀 그룹 또는 가정교회에서 생긴다고 믿고 있습니다. 미래 교회 개척가들을 위한 최고의 훈련은 그들이 셀 또는 단순한 교회를 증식시킬 수 있도록 기회를 주는 것입니다. 교회 개척가들이 모이게 되면, 조력할 수 있는 리더들을 세우고, 더 많은 사람들이 모이고 마침내는 두 개의 성장하는 그룹으로 그룹들이 증식하게 됨으로써 교회 개척이 이러한 방법으로 이루어질 수 있음을 보여 줄 수 있습니다. 만일 한 사람이 이러한 일을 혼자만의 힘으로 할 수 없다면 그 사람은 앞으로 교회를 개척할 수 있는 가능성이 매우 희박합니다.

우리는 위에서 묘사된 것과 같이 리더십을 발휘하려면 참호에 몸을 던지는 과정 이외의 다른 방법이 없다는 사실을 발견했을 것입니다. 그러나 6~9개월의 훈련 과정을 거친 다음에 이러한 과정에 참여할 수 있다고 봅니다. 이러한 프로그램이 운영되는 방법에 대해 더 많이 알고자 하시는 분들은 〈www.dcfi.org〉, 〈www.startingahousechurch.com〉, 〈www.all-nations.info, www.floydandsally.org〉 등을 방문하시면 됩니다.

네트워크에 대한 필요성

　네트워크에 참여하기를 원하지 않는 가정교회들은 자신들의 공동체 이외의 다른 공동체들이나 더 큰 세계를 바라보지 못하고 보통 내부 지향성으로 인해 침체되기 쉽습니다. 네트워크를 해야 하는 많은 이유들이 있습니다. 첫 번째로, 보호받기 위해서 네트워크를 해야 합니다. 우리 모두는 자신의 삶 속에서 가끔 우리를 지켜 주고 기도해 줄 다른 사람들의 감독이 필요합니다. 작은 교회들도 동일하게 보호가 필요합니다. 두 번째로, 우리들 모두는 교만, 죄, 잘못된 교리 등의 오류에 빠질 수 있습니다. 서로 책임감을 가지고 있으면 그러한 일이 발생했을 때 그것들을 멈출 수 있도록 그러한 문제들을 처리하기 위한 좋은 방어적인 방법들을 함께 찾아볼 수 있습니다. 세 번째로, 한 개의 작은 교회는 하나님께서 그리스도의 몸 된 교회에 주시는 영적인 선물들을 모두 갖출 수 없습니다. 가정교회 네트워크들은 교회 생활에 대해서 가르쳐 주고 보충할 수 있는 좋은 장점들을 가지고 있는 다른 사람들로부터 도움을 받을 수 있는 아주 좋은 기회입니다.

　대부분의 가정교회 네트워크들은 지역적이지만, 모두 다 그런 것은 아닙니다. 만일 당신이 새로운 가정교회를 시작한다면, 다른 사람들을 전도할 수 있는 비전을 달라고 하나님께 기도하고 난 후 동일한 비전과 가치들을 가진 사람들과 함께 네트워크를 형성할 수 있는 방법들을 찾으십시오. 아마도 주님은 당신이 직접 가정교회 네트워크를 시작할 수 있도록 부르고 계실 수 있습니다. 다른 가정교회들에 연결되기를 원한다면 다른 예수 그리스도의 제자들에게 연결되는 방법을 찾아서 자연스럽게 이루어질 수 있습니다. 네트워크는 인간 관계를 통해서 이루어져야 하며 어떻게 해서든지 강제적으로 이루어져서는 안 됩니다.

교회나 가정교회 네트워크에 자기 자신을 헌신하기 전에 중요한 점들은 그 그룹을 인도하는 사람의 인격을 잘 알고 신뢰할 수 있어야 하며 그 그룹의 가치관과 신념과 실천 사항에 동의할 수 있어야 합니다.

모든 가정교회들이나 네트워크들이 동일하지 않다는 것을 기억하십시오! 어떤 네트워크들은 몇 개의 가정교회들만 참여하고 있는 작은 네트워크지만 격려와 감독과 영적인 보호를 제공해 줄 수 있는 사도적인 리더들이 팀을 구성하고 있는 훨씬 더 큰 네트워크들도 있습니다. 그리고 어떤 가정교회들은 건강하지만 어떤 가정교회들은 비생산적이고 보수적이며 매우 배타적인 경우도 있습니다. 서둘러서 한 네트워크에 헌신하려고 하지 마십시오! 이러한 네트워크가 관계를 통해서 일어나도록 해야 합니다. 그리고 주님께서 정하신 때가 중요합니다.

신실하게 섬기는 사도적인 리더들

대부분의 가정교회들은 그들이 더 큰 어떤 단체의 일부가 되지 않으면 고립되기 쉽습니다. 우리가 선호할 만한 네트워크는 가정교회들의 사도적(apostolic)인 운동입니다(여기서 **사도적**이라는 말은 교회 개척과 비전 제시의 은사들을 갖춘 어떤 사람에 의해서 주도되는 전도 대상자들을 대상으로 하는 사역을 중점으로 하는 운동을 의미합니다). 신약성서에서 모든 가정교회들은 사도적인 리더들과 연결되어 있습니다. 바울은 디도에게 모든 도시(각 성)에 장로들을 택해서 세우라고 했습니다(디도서 1:5 참고). 디도는 가정교회 장로들에게 사도적인 감독권을 부여받았고 바울의 리더십 팀을 섬기고 있었습니다.

새로운 교회 개척 네트워크에 대한 감독권을 부여할 수 있는 사도적인 리더들을 찾을 때 시간은 너무나 중요한 요소입니다. 저(래리)는 뉴질랜드의 남부 섬에 살고 있는 친구들이 있는데 그들은 하나님의 시간을 기다리지 못했기 때문에 결점이 있는 사도적인 리더십으로 낙인 찍히는 경험을 했습니다.

제 친구들의 가정교회는 예수님에 대한 믿음을 갖게 된 지 몇 달이 채 안 되는 12명의 사람들이 가정교회의 회원이 되면서 하나님께서 매우 강력하게 일하시는 것을 경험하고 있었습니다. 참석자의 수가 점차 증가함에 따라 가정교회 리더들은 또 다른 그리스도의 몸된 교회로 다른 교회들과 연결되고 영적인 감독을 받을 필요가 있었습니다.

그 당시에 제 친구들은 그들이 사는 곳으로 새로운 '사도'가 오고 있다는 소식을 듣고서 그들과 그 사도가 감독하는 가정교회들과 서로 연결되기를 기대하고 있었습니다. 그러나, 이 '사도'가 양의 탈을 쓴 늑대였다는 사실을 알게 되기까지는 그리 오랜 시간이 걸리지 않았습니다. 그 사도는 어느 누구의 권위 체계에도 들어가 있지 않았기 때문에 어느 누구도 그를 돌이킬 수 없었습니다. 몇 달 안에 제 친구들의 가정교회 안에서 하나님의 소중한 사역은 학대적인 '사도' 때문에 난장

판이 되어버렸습니다. 바울은 영적인 아버지가 아니면서 자신들의 이루고자 하는 야망이 있는 거짓 사도에 대해서 고린도후서 11장 13절에 언급하고 있습니다. 제 친구들의 예를 분명하게 하기 위해서 가정교회들은 그들이 영적인 감독을 위한 하나님의 인도하심을 구하는 데 기도하고 분별할 수 있는 시간들을 가져야만 합니다.

사도적인 감독을 위한 적합한 하나님의 시간을 기다리도록 요구하는 상황들에서 이 지역의 지역교회 또는 대형교회들의 영적인 리더들로부터 지도력에 대한 도움을 받을 수 있습니다. 우리는 가정교회들과 지역교회들 혹은 대형교회들 사이의 협력이 잘 되고 있는 곳이 몇 군데 존재하고 있다는 얘기를 들었습니다.

교회를 세우는 5가지 직임 : 중요한 은사들과 그 역할

바울은 교회 사역을 세우기 위해 사람들에게 주어진 5가지 영적인 은사들에 대해서 묘사하고 있습니다.

> 그가 혹은 사도로, 혹은 선지자로, 혹은 복음 전하는 자로, 혹은 목사와 교사로 주셨으니, 이는 성도를 온전케 하며 봉사의 일을 하게 하며 그리스도의 몸을 세우려 하심이라(엡 4:11-12).

우리들은 12절의 NLT 성경 번역 방식을 특별히 좋아합니다.

"그들의 책임은 하나님의 사람들을 세워서 그리스도의 몸인 교회를 세우고자 함입니다."

이런 영적인 은사들을 가진 사람들은 영적인 아버지들과 어머니들로 섬기도록 교회에 배치됩니다. 그리고 그들은 하나님께서 자신들에게 맡기신 사역을 감당하기 위해서 다른 그리스도를 따르는 사람들을 세우며 격려하도록 부르심을 받았습니다. 헬라어에서 '훈련하다(train)' 혹은 '준비하다(prepare)'라고 번역되는 단어는 의학적인 용어입니다. 헬라어에서는 의사가 다리가 부러진 사람을 고쳐서 다시 정상적으로 걸어 다니는 것이 가능할 수 있도록 했을 때를 묘사하는 데 사용됩니다. 또한 항해용 배의 부서진 돛을 고칠 때를 묘사하는 데 사용되는 단어입니다. 부서진 돛의 두 부분을 함께 연결해 붙였을 때 고쳐진 돛은 이전에 사용된 돛보다 더욱 강해지게 됩니다. 동일하게, 하나님께서 교사들, 목사들, 사도들, 선지자들, 복음 전하는 자들을 교회에 두셔서 마음이 상한 자들을 치유시키기를 원하시고 그래서 그들이 용기를 얻고 하나님께서 원하시는 모든 것을 감당할 수 있는 능력을 소유한 자들이 되기를 원합니다.

영적인 은사들을 사용하는 사람들은 주님께서 주신 권위를 가지고 말합니다. 그들은 주님께서 이 땅에 계셨을 때 예수님께서 하셨던 사역들의 다양한 측면들을 대표해 주고 있습니다. 남은 우리들처럼 그들은 신령한 인격, 지혜, 및 영적인 경건의 삶과 훈련을 통해서 사람들의 삶속에 영향을 미쳐야 합니다. 주님은 영적인 열매, 변화된 삶, 그리고 그들을 통해서 초자연적으로 사역하시는 방법들의 증거를 통해서 그들의 정당성을 입증합니다. 그들은 지역교회의 리더들에게 인정받게 되고 사역의 세계로 들어가게 됩니다. 그러나 그것이 어떻게 일어날 수 있을까요? 어떻게 이렇게 영적으로 은사가 있는 리더들이 첫 번째로 성장할 수 있을까요?

다른 사람들을 섬기고, 하나님께 그 자신들의 인격을 계발시킬 수 있도록 허락하고, 예수님을 사랑하고 순종하는 사람들의 공동체의 책임감 있는 성도가 될 때 개인들의 은사들과 능력들이 먼저 분명하게 드러나게 됩니다. 일단 이러한 사람들이 인정받게 되면, 그들에게는 더욱 큰 책임감이 주어집니다. 이상적으로, 더 나이가 들고 더 성숙한 사람들이 나이가 더 어린 사람을 멘토하고 특별한 은사가 있는 사람들이 동일한 은사를 가진 사람들을 멘토해 줍니다. 교회 안에서 이러한 실천을 통해서 은사들과 사역들이 증가하게 됩니다.

복음 전도자들, 사도들과 같은 은사들을 갖춘 많은 사람들 중에서 한 가정교회 혹은 한 지역교회에서만 유일하게 사용되도록 하나님께서 의도하지 않았다는 사실을 우리는 이해하고 있습니다(사도행전 15:22, 30-32, 35). 이상적으로 영적인 능력이 많은 사람들은 교회에서 더 많은 영향력을 가질 수 있도록 인정되고 권면을 받습니다.[70] 이러한 원칙들이 적용된 가장 좋은 예는 존 웨슬리(John Wesley)와 함께한 순회 복음 전도자들을 통한 감리교도의 가정교회들의 예들일 것입니다. 이러한 순회 설교자들은 감리교회 운동이 계속해서 연장되고 성장할 수 있도록 영국과 미국의 작은 교회에서 작은 교회들로 여행했던 영적인 전문가들입니다.

사도들, 선지자들, 복음 전도자들, 목사들 및 교사들은 교회가 성숙되도록 돕는다

사도들은 전 세계에 우리가 선교할 수 있도록 교회에 선택됐고 주님으로부터 비전을 받은 사람들입니다. 선지자들은 우리가 하나님의 음성을 들을 수 있도록 훈련시킬 수 있도록 선택된 사람입니다. 복음 전도자들은 예수 그리스도를 모르는 사람들에게 전도할 수 있도록 우리를 자극하고 훈련시키도록 부르심을 받은 사람들입니다. 목사들은 우리가 어떻게 제자 양육을 하고 사람들을 돌보아 주는지 우리에게 보여 주고 격려해 주도록 사명을 받은 사람들입니다. 교사들은 우리들에게 하나님의 말씀을 사랑하고 공부하고 순종할 수 있도록 도와줄 수 있는 영적인 능력이 주어진 사람입니다. 이러한 각각의 은사들을 가진 사람들이 균형 있게 배치되어 있는 교회는 성장하기를 원하는 교회입니다.

가정교회들은 작기 때문에 사람들에게 이러한 모든 5가지 영적인 은사들로 균형 잡힌 식사를 제공할 수 있는지 확인하기 위해서 별도의 노력을 많이 해야 합니다. 예를 들면, 전도의 은사를 가지고 설명하겠습니다. 당신의 가정교회가 전도의 열정이 부족하다면 복음 전도자에게 몇 주일 동안 당신 교회로 와서 사역을 해달라고 요청하면 됩니다. 그리고 복음 전도자에게 전도에 대해서 가르치지 말고 사람들이 길거리에 나가서 그들의 믿음을 나눌 수 있도록 그들을 데리고 나가 달라고 요청하십시오. 당신은 그 결과들에 대해서 정말 놀라게 될 것입니다!

이러한 전도의 은사를 가진 전문가들에게 헌금과 사랑의 헌물을 줘서 그들이 계속해서 전도의 사역들을 감당할 수 있도록 축복해 주십시오.

지역교회들이나 대형교회들의 많은 목사님들이 매주일 설교하고 가르치는 것을 선호하지만 가정교회 리더들은 그들과 다르게 생각해야 합니다. 가정교회 리더들은 가정교회에 부족한 영적인 은사들을 더할 수 있는 전문가들을 그리스도의 몸된 교회에서 찾아야 합니다. 그래서 가정교회의 성도들이 믿음 안에서 강하고 성숙하게 성장할 수 있도록 해야 합니다.

STARTING A HOUSE CHURCH

제14장
피해야 할 가정교회의 함정들

지금까지 당신은 우리가 가정교회의 옹호자들임을 인식할 수 있었을 것입니다. 우리는 하나님께서 수천 명의 사람들을 사용해 향후 몇 년간 새로운 가정교회들을 시작하실 것을 확신하고 있습니다.

이렇게 된다면 좋은 일일 수도 있지만 재앙이 될 수도 있습니다. 가정교회는 제도화된 교회를 고통스럽게 하는 모든 질병의 만병통치약이 아니며 가정교회 그 자체가 목적이 되어서도 안 됩니다. 다른 기성교회들처럼, 가정교회들도 정도를 벗어날 수 있습니다. 모든 교회들은 서로를 다치게 하고 실망하게 하는 타락한 사람들로 구성되어 있습니다.

우리는 실수를 저지르고, 죄를 범합니다. 우리가 서로 가까이 가면 갈수록, 서로의 잘못들을 더 많이 보게 되고, 서로에게 더 많은 상처를 주게 됩니다. 가정교회들 안에서 관계적인 기독교는 혼란을 초래할 수 있습니다. 여기에 몇 가지 공통적인 함정들과 어떻게 그것을 극복할 수 있을지에 대한 방법들이 있습니다.

소비자형 기독교의 함정

가정교회는 큰 교회들의 축소판이 아니라 더 혁명적인 어떤 존재입니다. 우리가 알고 있는 더 큰 교회들을 소형 규모로 단순히 복제한다면 문제에 대한 해답을 제시해 주는 것이 아니라 결국 문제를 더욱 배가시키는 일이 될 것입니다. 우리가 살고 있는 문화는 기존에 존재했던 것들에 대한 단순한 소형판이 아닌 새로운 차원의 교회 문화를 필요로 하고 있습니다.

만일 하나님의 선교 사역에 혁명적으로 헌신되어 있는 어떤 교회를 원한다면, 조만간에 그러한 교회를 위해서 그들은 전통적인 교회 안에 오랫동안 배어 있던 이전의 가치관들의 DNA를 대상으로 경쟁해야 할 것입니다.

많은 미국인들과 유럽인들은 교회에 대해서 소비자형 접근방식을 가지고 있습니다. 그들이 가정교회의 일부분이 되었을 때 그들은 자신들을 하나님 나라의 종들로서 간주하지 하지 않고 자신들의 필요들과 자녀들 및 십대들의 필요들에 더 초점을 맞추기 위해서 하나님과의 약속을 저버리게 될 것입니다. 미국과 유럽의 대부분의 기독교인들은 진정으로 교회를 성경적인 용어들로 정의하는 데 무능해 보이는 점도 있습니다. 그들은 교회의 성경적인 본질과 각 시대에 표현되는 문화적인 형태들 사이의 차이점을 정의하기 위해서 무엇이 교회이고 무엇이 교회가 아닌지에 대해서 반드시 정의할 수 있어야 합니다.

DNA는 전통적인 교회들로부터 가정교회들로 유입된 가치관의 지속성을 쉽게 표현하는 데 사용된 비유입니다. 우리가 직면한 문제는 거의 세포적인 수준입니다! 사과나무들은 사과를 생산하고 오렌지나무는 오렌지를 생산합니다. 한 사람의 경험이 서구 문화에 의해서 형성된 교회를 생산하는 사교적, 문화적, 경제적 제도라면, 우리는 **세포와 같이**(*cellular*) 깊은 영적인 변화 없이 서로 다른 것을 생산하려는 사람을 기대해서는 안 될 것입니다.

미국에 있는 모든 교회들의 리더들은 그 교회의 사람들이 자신들이 추구하는 예배의 형식과 조금 다르면 그 교회를 떠나서 다른 교회에서 제공하는 다양한 프로그램을 맛보기 위해서 떠날 것을 잘 알고 있습니다. 많은 미국인들과 유럽인들은 마치 쇼핑 몰에 가서 치약을 고르는 것처럼 교회를 선택합니다. 만일 한 교회에서 생산한 상품(프로그램)이 마음에 들지 않으면 그들은 다음 주에 다른 상품을 찾기 위해 노력할 것입니다. 가정교회들은 이 소비자 정신에 반하여 운영되고 있습니다. 그들은 사람들이 헌신하지 않는다면 철저히 일하지 않습니다.

가짜 공동체의 함정

만일 우리가 순수한 공동체와 혁신적인 헌신 등의 새로운 교회가 추구하는 개념에 대해서 사전 설명 없이 예수님을 따르는 다른 사람들과 함께 공동체를 추구한다면 기성교회의 모델에 기초를 둔 기대들에 맞추어서 원래 상태로 되돌아갈 것입니다. 우리는 정직성, 용서 및 자비 등을 요구하는 순수한 관계들에 기초를 둔 공동체로 사람들이 적응할 수 있도록 해야 합니다. 만일 우리가 그렇게 하지 못했을 때, 교회는 사람들 사이의 분쟁과 분열뿐 아니라 사람들의 기대에 맞추지 못하게 될 것입니다.

가정교회는 우리의 문화에 관련될 수 있도록 진정한 공동체이어야 합니다. 성경적인 가정교회는 가족과 같습니다. 사실상 우리가 가족과 같은 공동체를 진정으로 추구하지만 그것이 잘 되지 않습니다. 우리가 이러한 문제들을 성경에서 해답을 찾지 않는다면 많은 가정교회들이 분열과 미완성된 기대들 때문에 생긴 문제들로 인해서 서로 분쟁하게 될 것입니다.

가정교회에서 진정한 공동체를 경험하기 위해서 우리는 다른 사람들을 신뢰해야 하지만 죄라고 하는 작은 문제들이 있습니다! 그러나 죄가 공동체의 가장 큰 장애물이 될 수 없지만 사실상 용서가 부족한 것이 장애물이라고 믿고 있습니다. 대부분의 사람들이 많은 상처를 경험하고 있기 때문에 오늘날 신뢰가 형성되는 것은 그리 쉬운 일이 아닙니다. 사람들이 서로를 신뢰하든지 그렇지 못하든지 간에 상관없이 다른 **사람들**의 죄성이 문제라고 생각하는 것처럼 보입니다. 그들은 자신들이 죄를 짓지 않는다고 생각하는 이상주의자들입니다. 이상주의자들은 공동체 가운데서 잘 적응하기 어렵습니다. 왜냐하면 그들이 완벽하지 않기 때문이 아니라 그들 자신들이 완벽하지 않다는 것을 인식하지 않아서 하나님으로부터 용서함을 받지 못하기 때문입니다. 만일 이상주의자들이 용서함을 못 받는다면 그들은 다른 사람을 용서하는 데 어려움을 겪을 것입니다.

이 권리를 갖는 것이 중요합니다. 당신이 작은 공동체의 부분이라면 조만간에 어떤 사람들이 당신에게 상처를 주고 실망시키는 일을 하게 될 것입니다. 그리고 당신은 다시 한번 '교회'를 떠날 좋은 이유를 찾게 될 것입니다. 디트리히 본회퍼(Dietrich Bonhoeffer)는 그의 책 〈함께하는 인생(Life Together)〉에서 교회는 이상주의자들이나 인본주의자들을 위한 장소가 아니라고 했습니다. 교회는 용서받은 사람들의 공동체로 예수님과 같이 용서하는 것을 배우는 사람들로부터 긍휼을 필요로 하는 사람들의 가족입니다.

교만의 함정

다른 교회와 차이가 있도록 보이기 위해 가정교회가 새롭고 현실적인 노력을 하게 될 때 공통적으로 빠지기 쉬운 함정은 교만입니다. 새로운 교회 공동체를 세우는 개척자들은 교회를 개척하는 방법을 오늘날 병든 교회 문화에 대한 유일무이한 해결책으로 보는 경향이 있습니다. 그것이 새로운 종류이거나 유행하기 때문에, 또는 어떤 사람들의 필요나 선호하는 취향에 맞기 때문에 우리가 다른 형태의 교회를 개척한다면 잘못된 이유들로 그것을 시작하는 것입니다. 단순한 교회 공동체들은 오늘날 세상에서 교회들이 일어나고 속박에서 풀어지도록 주님께서 부르시는 많은 방법 중 한 가지일 뿐입니다. 한 가지 유형이 모든 유형에 다 적합한 것은 아닙니다.

우리 그룹이 주변 도시에서 유일무이한 '올바른' 그룹이라고 생각하기 시작한다면 우리는 곧 곤경에 빠지게 될 것입니다. 타락 전에 교만이 먼저 찾아옵니다. 우리는 예수님께서 주신 확고한 믿음 안에서 우리를 위해서 예비해 주신 길을 따라가는 법을 배워야 하며, 이와 동시에 우리 자신과는 다른 길을 걷고 있는 다른 사람들을 통해서 주님이 하고 계시는 일들을 존중해 드려야 합니다.

만일 그들의 나쁜 태도들이나 환영하지 않는 태도들 때문에 참여하고 있던 사람들을 가정교회에서 그만두게 한다면, 그것은 마치 목욕탕에서 목욕하고 있던 어린 아이를 물에 젖은 채 밖으로 던지는 것과 같을 것입니다. "우리는 4명이면 돼! 더 이상은 필요 없어!" 라는 식으로 가정교회 그룹들이 자기들이 최고라는 생각을 가지고 있을 때, 위험한 상태에 빠져 있다는 적신호를 보내야 합니다. 우리들은 전통교회 구조를 더 열등하게 보는 '가정교회와 조직화된 교회의 경쟁'이라는 의식에 대해서 경계해야 합니다.

어떤 종류의 교회들(공동체, 대형 혹은 가정교회 등)이 배타적인 생각을 하게 될 때 그러한 교회들은 기차 노선에서 탈선한 것과 같습니다. 전 세계에 퍼져 있는 우리들은 그리스도의 몸의 지체들입니다. 여기에는 단 한 개의 교회가 있지만 우리 모두 연합하면서 함께 걸어갈 수 있도록 모든 노력을 기울여야 합니다. 하나님께서는 공동체 가운데서 영적으로 잘 자랄 수 있도록 우리를 특별한 교회에 두십니다. 이것은 교회가 최고라는 것을 의미하는 것이 아닙니다. 중요한 점은 모든 교회 가족들은 그 안에서 장점들과 약점들을 함께 가지고 있다는 점입니다.

우리는 다음과 같은 질문을 던져볼 수 있습니다. 하나님께서 당신을 어느 곳에 두셨습니까? 주님께서 당신이 겪고 있는 인생의 과정 중 현재에 어떤 그룹의 기독교인들과 함께 일하도록 부르셨는지요? 그런 교회를 찾으십시오. 그리고 당신 자신을 그곳에 심으십시오. 문제에서 도망치지 말고 문제를 일으키는 사람들도 피하지 마십시오.

두려움의 함정

피해야 할 또 다른 함정은 두려움이며, 특별히 사람들이 생각하는 두려움입니다. 가정교회들은 오늘날의 교회 세계에서 대부분 증명이 되지 않은 존재들입니다. 가정교회들은 많은 사람들에게 낯설며 가끔 리더십이 부족하기 때문에 경험이 없는 사람들을 리더로 세웁니다. 이러한 장애에도 불구하고 가정교회 리더들은 두려움이 아닌 믿음으로 행동해야 합니다. 하나님께서 그들에게 세우라고 부르신 것을 세워야 하며 그들이 비전통적인 접근 방식으로 교회를 개척하는 것을 누군가가 의문스럽게 물어 볼지라도 담대하게 개척해 나아가야 합니다. 비록 가정교회들에 대한 신뢰성이 부족할지 모르지만, 가정교회들의 부족한 점들은 용기와 비전을 통해서 대체할 수 있습니다.

우리 자신의 실수로 인한 두려움은 우리를 방해할 수 있는 또 다른 취약점입니다. 성경 강사인 봅 뭄포드(Bob Mumford)는 다음과 같이 말했습니다. "저는 절름발이로 걷지 않으면 절대로 신뢰하지 않습니다." 창세기 32장에 보면 야곱이 하나님과 씨름한 다음에 그분에게 축복을 요구했을 때, 그의 넓적다리를 주님이 걸어 찼기 때문에 그때 이후로 그는 절름발이 인생이 되어버렸습니다. 하나님께서 우리를 너무도 사랑하셔서 어려움을 통해서 다루실 때 우리는 남은 인생을 영적인 절름발이가 되어서 걷습니다. 이것은 영적인 아버지들과 어머니들에게도 동일하게 일어나는 일입니다.

신약교회의 사도가 된 예수님의 제자 베드로는 영적인 절름발이로 영적인 아버지가 된 또 다른 예입니다. 예수님을 부인한 후에 베드로가 완전히 용납되고 용서함을 받았을 때 그의 다혈질적인 기질은 완전히 사라지고 믿음 안에서 진정한 영적인 아버지가 되었습니다. 그때 이후로 그는 "절름발이로 걷게 되었습니다."

야곱과 베드로의 예를 통해서 우리는 모두 실수할 수 있다는 것을 증명할 수 있습니다. 그들은 포기해서는 안 된다고 우리에게 가르치고 있습니다. 우리가 모든 일을 바르게 할 수 있을지는 모르지만, 문제들은 여전히 발생합니다. 그렇지 않으면 우리는 인간의 약점들을 다루기보다는 더 쉬운 어떤 것들로 돌아가고자 하는 유혹에 빠질 수 있습니다. 가정교회에서 믿는 자들에게 영적인 부모가 되는 일은 그리 쉽지 않습니다. 그러나 거기에는 상급이 있습니다.

성경에는 모든 것이 가능하지만 모든 것이 쉬운 일은 아니라고 기록하고 있습니다. 심지어는 예수님도 그분의 생애를 12 제자들에게 투자하고 계시는 동안에 문제들을 다루어야만 했었습니다. 그들은 모두 겟세마네 동산에서 예수님을 버렸습니다. 예수님은 홀로 남았으며 버림을 당했습니다. 그러나 마지막 장이 아직 다 쓰이지 않은 것을 예수님은 알고 계셨습니다! 50일이 지난 다음에 베드로가 오순절에 11명의 제자와 함께 서서 설교를 하자 3,000명이 회개하고 그리스도를 받아들이는 믿음을 갖게 되었습니다. 의심할 여지 없이 예수님은 수천 명이 예수님께로 돌아오는 것을 보고서 기쁘게 생각하실 뿐 아니라 두려움에 가득 찼던 베드로가 수천 명 앞에 용기 있게 나오는 것을 정말로 자랑스럽게 보고 계셨습니다.

독립적인 정신의 함정

아직까지 또 다른 숨겨진 위험은 독립성과 고립주의 정신을 계발시키는 것입니다. 때때로 어떤 형태의 영적인 권위 아래에 있고 싶지 않은 사람들은 가정교회가 어떤 누구에게도 대답할 필요가 없는 자신만의 것을 가질 수 있다고 믿기 때문에 자연스럽게 가정교회로 강하게 끌리는 경향이 있습니다. 기성교회 조직에 반대하는 가정교회 그룹들도 있으며 그들은 종종 전통적인 교회들을 다니면서 지나치게 통제하려는 지도자들에 의해서 상처나 학대받은 경험이 있다고 지적하고 있습니다. 이런 독립적인 정신은 교만의 한 표현이며 매우 건강하지 않습니다. 반면에 주님의 계획은 우리를 보호하고, 우리가 자라고 모두 그리스도 예수 안에 거할 수 있도록 돕기 위해 지역교회를 사용하고 계십니다.

독립성이 강한 가정교회의 다른 한 가지 예는 몇 년간 그들이 함께 했지만 전혀 자라지 않은 사람들의 그룹에 관한 이야기가 있습니다. 그들은 내적으로 성장했다고 생각하지만 그리스도를 모르는 사람들에 대해 전혀 관심을 보이지 않고 그들에 관해 완전히 잊어버리고 있는 그룹이라고 할 수 있습니다.

우리가 모두 동일한 몸의 지체들이며, 하나님 나라에 다른 사람들을 초대하기 위해서 우리가 존재한다는 사실을 결코 놓치면 안 됩니다. 우리는 다른 기독교인들 혹은 주님의 사랑이 절대적으로 필요한 우리 주변의 사람들을 외면해서는 절대로 안 됩니다.

이단의 함정

만일 가정교회들이 배타적인 경향이 강해서 다른 교회들과 연합하려 하지 않는다면 이단의 함정에 빠질 수 있습니다. 우리가 가정교회 네트워크와 그리스도의 몸 안에서 다른 리더들에게 책임이 있다면 이러한 함정을 피할 수 있습니다. 거짓된 교훈들로부터 우리를 보호하기 위해서 서로에게 책임감을 가질 필요가 있습니다.

교회에 대한 새로운 표현은 그들이 사물을 바라보는 새로운 방식을 가지고 있고 기성교회와는 다르게 조직되어 있기 때문에 이교도적으로 오해받고 때때로 불필요하게 핍박받을 수도 있습니다. 초기 종교 개혁가인 마틴 루터는 재세례파들을 핍박했고, 그들이 성인 기독교인들에게 세례를 다시 실시했기 대문에 그들을 감옥에 가두었습니다. 개혁주의자들은 침례교도들을 핍박하는 데 죄책감을 가졌고, 침례교도들은 오순절파들을 핍박했습니다. 하나님의 성회에 속하는 몇몇 목사 친구들은 전통적인 오순절파가 분열하게 됨에 따라 생겼던 1960년대와 1970년대의 성령주의 운동에 대한 핍박에 대해서 애통해하고 있습니다. 더할 나위 없이 모든 교회 전통들은 '작업대 위에 앉아 있는 새로운 어린 아이'에 대해서 부정적으로 반응한 것에 대해 죄의식이 있습니다.

교회 안에서 이단을 해결할 수 있는 최고의 해결책은 단상에서 더 잘 훈련된 리더들이 설교할 수 있도록 하는 것이 아니라 교회 신도석에 앉아 있는 성도들의 훈련이 더욱 잘되어야 한다는 것입니다. 제도화된 교회는 우리가 실수하는 것을 용납하지 않습니다. 교회의 크기와 조직은 우리를 이단에 빠지게 할 수 없습니다. 우리와 다른 전통을 가진 신령한 기독교인들과 관계를 유지하고 또한 그리스도의 몸된 교회 안에서 더 포괄적으로 다른 사람에 대해 책임감을 갖도록 노력해야 합니다. 그러기 위해서 하나님의 말씀으로 무장하고 그 말씀들에 근거해서 실천해야 하고 이렇게 함으로써 우리 자신의 연약함으로 인한 실수로부터 자유하게 될 것입니다.

〈최근 사역 동향(Ministry Today)〉라는 잡지의 편집장인 매트 그린(Matt Green)은 다음과 같이 지적했습니다. "우리는 자신의 집에서 개인적인 시간 동안에 말씀을 탐구하고 예배를 드리는 신령한 기독교인들이 직면하는 신학적인 함정들에 대해서 걱정할 이유가 없습니다…… 가정교회들은 이단의 가능성이 가장 적게 일어날 수 있는 곳입니다…… 그들은 종교 개혁의 눈물의 자연적인 결과입니다: *Ecclesia reformata, semper reformanda*('교회는 개혁되었고 항상 개혁될 것입니다')."[71]

교회적인 엘리트들은 자신들을 위해 교리를 보이지 않는 곳에 보관해 두어서는 안 됩니다. 교리는 평범한 모든 믿는 자들에 의해서 똑똑하게 발음되어야 하고, 가르쳐야 하고, 전달되고, 이해되어야 합니다. 가정교회들 안에서 모든 성도들이 성경 말씀을 배울 때 건전한 기독교 교리의 기본 신조를 이해할 수 있도록 격려를 받으면서 자신들과 다른 사람 성도들의 영적인 건강에 대한 책임감을 갖는 것을 당연하게 생각하도록 서로를 격려해 줍니다.

단순한 교회 네트워크의 한 단체인 교회 배가 협회(Church Multiplication Association)의 닐 콜(Neil Cole)은 단순한 교회에서 이단의 위협을 어떻게 다룰 수 있는지 설명하고 있습니다.

저는 배가 운동에서 성경 해석하는 기술들을 가르치고 있습니다. 그러나 저는 먼저 성경 해석 기술을 가르치지 않습니다. 성도들에게 우선 중간에 도와주는 사람 없이 성경을 읽도록 합니다. 일단 양이 선한 목자의 음성을 들을 때 그들은 자신의 인생을 바쳐서 그분을 따릅니다. 새로운 인생의 첫 출발점에서 매우 중요한 '흔적'을 가지고 다시 일어나야 할 필요가 있습니다. 마치 아기 오리가 엄마 오리를 따라가는 것처럼 새로운 제자들은 처음부터 하나님의 음성에 연결되어야만 합니다.

사람들은, "그렇다면 제자들이 성경을 잘못 이해할 수 있는 가능성이 있지 않을까요?"라고 질문합니다. 물론 그렇습니다. 그들도 잘못 이해할 수 있습니다. 그리고 제가 젊은 제자였을 때 그러했습니다. 우리는 사람들이 조그만 실수들을 할 수 있도록 용납해 주고, 몇 가지 궁금한 점을 남겨둘 수 있도록 용납해 주어서, 그들이 커가면서 배울 수 있는 자유를 허락해 주어야 합니다. 제가 옛날에 가르쳤던 첫 번째 성경공부를 기억합니다. 그것은 거의 이교도 수준이었습니다! 그리고 제 입술에서 좋지 않은 욕설을 잘 사용했었습니다. 저는 제 멘토가 그 다음에 제가 더 나아져서 잘할 수 있도록 기회를 준 것을 기쁘게 생각하고 있습니다.

저는 기초 성경 해석 기술들을 가르쳤지만 저의 제자들이 리더들로서 등장하고 다른 사람들을 가르칠 수 있는 준비가 될 때까지 기다립니다. 그들이 다른 사람들이 배우는 것에 책임을 질 수 있을 때 기초 해석 기술들을 그들에게 가르칩니다. 그러나 여기에서 정말 놀라운 일들이 일어나고 있습니다. 제가 처음으로 새로운 리더에게 성경 해석 능력들을 가르칠 때 보통 그들에게는 보충 수업 정도에 지나지 않습니다. 그들이 처음부터 전체를 반복해서 읽는 등 성경을 다독했기 때문에 그들은 직관적으로 성경을 해석하는 능력을 이미 가지고 있었습니다. 저는 성령님께서 탁월한 선생님이며 최고의 해석 규칙들을 통해서 정말로 일반적인 상식으로 이해할 수 있도록 도우시는 것을 발견하게 되었습니다. 제가 이 규칙들을 새롭게 등장하는 리더들에게 보여 주었을 때 그들은 이미 그들 스스로 그것에 대해서 터득한 상태였습니다.[72]

주님의 지상 대명령을 망각으로 인한 함정

예수님께서 마태복음 28장 19-20절에서 다음과 같이 말씀하셨습니다.

> 그러므로 너희는 가서 모든 족속으로 제자를 삼아 아버지와 아들과 성령의 이름으로 세례를 주고 내가 너희에게 분부한 모든 것을 가르쳐 지키게 하라 볼찌어다 내가 세상 끝날까지 너희와 항상 함께 있으리라 하시니라.

이것은 가정교회 사역의 주요한 목적일 뿐 아니라 전체 교회에 대한 주님의 부르심입니다. 우리는 모두 주님의 지상 대명령을 순종하고 완수할 수 있도록 부르심을 받았습니다.

우리는 교회가 존재하는 일차적인 목적을 망각하기 쉽습니다. 심지어 그것을 기억할지라도 우리는 더 많은 사람들이 구원받는 것보다는 예수님께서 더 많은 영광을 받으시도록 하는 지상 명령의 주된 목적을 쉽게 잃어버리게 됩니다. 모든 피조물의 궁극적인 목표는 하나님께 영광을 돌리고 그분을 사랑하고 그분께 순종하면서 그분과 함께 영존하는 것입니다.

실망의 함정

가정교회에 참여하면서 실망할 수 있습니다. 왜 그럴까요? 그것은 모든 것이 당신을 위해서 준비된 대형교회에 출석하는 것과는 다르기 때문입니다. 당신은 더 이상 방관자가 아니라 실제적인 참여자입니다. 교회에서 믿고 있는 교리들의 집합이 아니라 소속감이 있는 공동체입니다. 처음에는 새롭고 재미있습니다. 그런 다음 여러 가지 참여 단계를 경험하게 됩니다. 좀더 깊은 인간 관계에 들어가게 되면서 성격 차이들도 경험하고 당신에게 어려울 수 있는 방식으로 당신의 삶을 정직하게 드러내는 법을 배우게 됩니다.

그런 다음, 가장 크게 도전이 오는 단계까지 이릅니다. 즉 당신이 책임을 져야 하는 단계입니다. 모든 사람들은 일어나고 있는 일들에 대한 책임감을 받아들여야 합니다. 그렇지 않으면 일들이 진행되지 않습니다. 모든 사람들이 그 짐을 함께 나누어 지기 위해서 자신들을 내어놓지 않으면 아무것도 고쳐질 수 없을 것입니다.

이러한 단계에서 많이 부딪히게 되는 문제는 포기하고자 하는 유혹입니다. 원수 마귀는 그 게임에서 중도에 포기하도록 당신에게 실망을 줄 것입니다. 어떻게 보면 당신은 개척자이며 개척자들은 다른 사람들이 혜택을 누리는 동안 대가를 치릅니다. 어떤 사람이 도시에 고속도로를 건설했지만 대부분의 사람들은 그것이 건설되기 위해서 그가 치렀던 엄청난 희생의 대가들에 대해서 생각하지 않으면서 그저 고속도로를 잘 운전해서 갑니다.

그만 두고자 하는 싸움에 더해질 수 있는 한 가지 함정은 바로 처음에 오해받는 일일 것입니다. 우리(래리와 라베르네)가 1980년대에 우리의 새로운 교회 개척에서 소그룹들을 시작했을 때 우리 공동체에서 많은 기독교인들이 저희가 미쳤다고 생각했습니다. 결국 좋은 결과로 바뀌었지만 그리 쉬운 일은 아니었습니다. 1992년 봄에 저는 거의 포기할 뻔했습니다. 내가 오해를 받는 것같이 느껴졌고 그것이 정말 싸울 가치가 있는 일인지 확신이 서지 않았습니다. 어느 날 저는 아내에게 다음과 같이 말했습니다. "만일 내게 한번 더 나쁜 일이 일어난다면 내가 다시 그 일을 시작할 수 있을지 자신이 없어요."

우리 교회의 대표 리더로서 저는 당혹스러웠고, 지쳤으며, 지나치게 흥분되어 있었습니다. 하나님께서 지하교회를 세우는 비전을 주셨지만 지난 몇 년 동안 우리는 원래의 비전으로부터 조금 멀어져 있었습니다. 리더로서의 저의 미성숙함과 훈련 부족 및 하나님이 저에게 보여주신 것들에 대해서 분명히 전달하지 못하는 무능력함 등이 저를 좌절하게 만들었습니다. 모든 사람들을 기쁘게 하기 위한 노력을 시도함으로써 저는 주변으로부터 많은 음성들을 듣게 되었고 그것들은 하나님께서 원하시는 방향과는 상반되는 의견들이었습니다. 저는 다시 본 궤도에 들어가지 못할 것 같은 느낌이 들었습니다.

마침내, 저는 안식할 수 있는 시간을 가지라는 격려를 받았습니다. 정말 필요한 휴식을 취하기 위해 저는 산 속에 있는 작은 오두막집에 가서 몇 주를 보냈습니다. 어느 날 아침 제가 산책하러 나가려는데 전혀 예상치 못하고 살아 계신 하나님과 대면하게 되었습니다. 다음은 당시 저의 일기장에 기록한 글을 간추려서 정리한 내용입니다.

저는 오늘 놀라운 영적인 체험을 했습니다. 제가 산책하러 나갔을 때 그동안 가보지 않은 길을 따라서 뛰어가고 있었습니다. 저는 길을 따라가다가 길을 막는 조그만 시냇가가 눈앞에 보이게 되자 뛰던 걸음을 갑자기 멈추어 서야만 했습니다. 저는 거기서 그만 멈추고 오던 길로 되돌아가려고 하는데 마음속에서 아주 미세한 음성이 들리기 시작했습니다.

"신발을 벗고 맨발로 이 시냇가를 건너거라!"

저는 주님께서 제게 순종과 믿음의 발걸음을 디뎌서 이 시냇가를 건너도록 요구하신다고 느꼈습니다. 이것은 자연적 속에 있는 시냇가일 뿐 아니라 제 인생과 도브(DOVE) 기독교 연합에 대한 깊은 영적인 중요성을 보여 주는 것이었습니다. 주님은 믿음과 겸손으로 시냇가를 건너라고 요구하셨고 물을 건너는 동안 제게 있던 모든 상처들, 기대들, 두려움들, 불안감들, 및 과거에 경험했던 일들을 물로 다 씻도록 허락하시면서 제게 미래를 기대할 수 있도록 새롭고 상쾌한 마음을 주셨습니다.

제가 이 순종의 발걸음을 디딜 때 저는 저와 함께 섬기도록 부르심을 입은 다른 리더들도 성령님께서 그들에게 있는 과거의 많은 상처들과 생각들과 기대들을 정결하게 씻어 주실 수 있도록 허락하며 제가 영적으로 경험했던 것과 동일하게 겸손함으로 동행해야 한다는 사실을 깨달았습니다. 주님은 우리가 광야에서 약속의 땅 가나안으로 들어가도록 부르셨습니다. 우리는 뒤에 있는 것을 잊어버리고 주님께서 미래에 우리를 위해서 준비하신 것을 향해서 전진해 나가야 합니다.

제가 이해하고 있는 주님의 소망은 우리들이 모세가 가졌던 정신에서 여호수아가 가졌던 정신으로 변화되어야 한다는 것입니다. 모세와 하나님의 백성들은 40년 동안 광야에서 '빙빙 돌며' 방황했습니다. 여호수아는 주님으로부터 약속의 땅으로 들어가라는 분명한 명령을 받았고 원수들로부터 그것을 정복해 나갔습니다. 여호수아가 군대를 인도하는 동안 모세는 단지 유지만 했습니다. 군대의 각 군병들은 분명히 자신들이 장악하고 정복할 수 있는 전문 영역이 있었지만 그들은 주님의 목적들을 성취하기 위해 함께 동역하도록 헌신했습니다.

● ● ●

제가 계속해서 걸어갈 때, 한 가정 집 앞 도로에서 두 마리의 개들이 저에게 짖어 대는 것을 목격했습니다. 한 마리는 아주 무섭게 생긴 개였습니다. 저는 조용하게 개들을 달래면서 지나가고 있었습니다. 그런데 갑자기 아무것도 무서워할 것이 없다는 생각이 들었습니다. 두 마리 개들은 원하는 대로 요란하게 짖어 댈 수 있었지만 묶여 있었고 어찌했든 저를 물거나 저에게 해를 줄 수는 없었습니다.

우리가 믿음의 발걸음을 걸을 때 가끔 우리를 혹독하게 말로써 공격하고 대적하는 '짖어 대는 사나운 개들'을 만나게 됩니다. 그러나 원수가 우리를 만질 수 없기 때문에 그렇게 문제가 되지 않습니다. 하나님께서 우리의 마음을 다 아시고 그분이 대변해 줄 것입니다.

제가 계속해서 걸어가고 있을 때, 새로운 세계가 제 앞에 펼쳐지고 있는 것 같은 느낌이 들었습니다. 제 앞에 있는 들판은 너무나 아름다운 경치였고 이 시골 길을 따라서 걸어가고 있다는 사실로 마냥 즐거웠습니다. 제가 올바른 방향으로 걸어가고 있다는 분명한 생각이 들었지만, 그 길은 제게 완전히 낯설게 느껴졌습니다. 진실로 이것은 믿음의 발걸음이었습니다. 저는 이것이 저의 미래를 상징하는 것이라는 믿음이 생겼습니다. 주님께서 우리에게 걷기를 원하시는 방향으로 믿고 걸어가게 될 때 우리는 성령님을 온전히 신뢰해야 하고 우리가 이렇게 되면 거기에는 엄청난 평강이 임하게 됩니다.

바로 그 다음에 일어난 일들이 매우 중요한 사건이라고 저는 보고 있습니다. 저는 오래된 교회 건물을 지나게 되었습니다. 새로운 건물이 그 교회 뒤쪽에 세워지고 있었습니다. 사람들이 주변에서 서둘러서 함께 건축 공사장에서 일하고 있었습니다. 저를 정말 놀라게 한 일은 공사장에 일하는 사람들은 새로운 교회 건물을 짓기 위한 공통의 목표를 완수하기 위해 함께 즐겁게 일하고 있는 여성들과 청소년들과 남성들이었습니다. 저는 지나가면서 그들이 누리는 흥분과 즐거움과 기대들을 같이 느낄 수 있었습니다.

이 사람들이 함께 교회 건물을 세워 가는 것처럼 주님께서는 그분의 백성들이 함께 모여서 그분의 영적인 건물을 세워 나가도록 부르고 계십니다. 이러한 일꾼들이 세상의 시각으로는 경험이 부족한 사람처럼 보이는 것처럼 주님께서는 교회의 시각으로는 경험이 부족한 것처럼 보이는 사람들을 사용하셔서 그분의 영적인 집을 세워 가기를 원하십니다. 이러한 일꾼들은 이러한 건물을 세우는 데 새로운 목재를 사용하며 주님께서는 이러한 영적인 건물을 세우는 데 우리가 새로운 목재(새로운 기독교인들)를 사용하도록 요구하실 것입니다.

주님은 과거를 잊어버리고 미래에 주님이 예비하신 것을 향해서 전진해 나갈 의지가 있는 사람들을 위해 놀라운 계획을 갖고 계신다고 믿습니다. 너무나 놀랍게도 제가 믿음으로 걸어갔던 그 길을 따라서 계속 가다 보니 제가 머무르고 있었던 오두막집으로 다시 돌아오게 되었습니다. 그리고 저는 수년 전에 지하교회를 세우는 데 참여라고 하신 주님께서 저에게 주셨던 부르심을 향해 전진해 갈 수 있는 믿음이 새로워져서 활력을 되찾게 되었습니다. 저는 믿음의 강을 건너게 되었습니다.

만일 주님께서 이 책에서 제시한 내용대로 그분과 함께 그분의 교회를 세우는 데 수고하자고 당신을 부르신다고 믿고 있다면 당신은 아마 당신 자신의 믿음의 강을 건너야 할 것입니다. 당신이 그 강을 건너고 나면 돌아올 길이 없습니다. 그런데 누가 광야로 다시 돌아오기를 원했나요? 주님께서 마지막 순간까지 최고의 포도주를 남겨 두셨다는 확신과 자신감으로 여호수아와 같이 강을 건너고 전진하십시오. 주님은 그분의 성령을 가정마다, 도시마다, 그리고 나라마다 부어 주실 수 있기 위한 포도주 부대를 준비하기 위해서 당신과 저를 기다리고 계십니다.

STARTING A HOUSE CHURCH

제15장
함께 동역하는 교회들
(가정교회, 지역교회, 대형교회)

오래 전에 저(플로이드)는 성경학교의 객실에서 홀로 앉아 있었습니다. 저는 강의 중간에 약간의 휴식 시간을 누리면서 묵상을 위해서 에베소서를 읽기로 마음 먹었습니다. 말씀을 읽으면서 저는 "이는 교회로 말미암아···. 하나님의 각종 지혜를 알게 하려 하심이니" 라고 쓰인 에베소서 3장 10절의 말씀을 깊이 묵상하기 시작했습니다. 저는 이 말씀이 무엇을 의미하는지 이해하려고 무척이나 노력했습니다. 그 **각종**(manifold) 이라는 단어의 의미를 찾아보았는데, '다양한, 많은 종류의, 많은 부분을 가진' 이라는 의미가 있었습니다. 저에게 따라왔던 질문은, "완전하신 하나님이 불완전한 인간들을 통해서 어떻게 그분의 크심에 대한 많고 다양한 측면을 드러내실 수 있으실까?"

였습니다.

바울이 에베소서에서 묘사하고 있는 말씀을 가지고 고민하고 있을 때 하나님께서 저에게 조용하게 제 마음 가운데 무어라고 말씀하시는 분명한 생각이 들었습니다. 가끔 주님과 침묵의 대화를 하면서 주님의 음성을 들었던 것과 비슷하게 제 마음 가운데 하나님께서 말씀하셨습니다. 제가 이런 식으로 이야기하는 것이 조금 당치 않은 것처럼 여겨질 수도 있지만 하나님께서 저에게 이렇게 말씀하신다고 느껴졌습니다.

"나의 교회인 사람들을 통해서 내 자신을 계시하는 것, 이것이 나의 위대함이다!"

저는 이 말씀이 별로 이해가 되지 않았지만 제가 들은 것은 하나님에 대해서 제가 배울 수 있는 가장 위대한 일 중 하나라는 사실입니다. 저는 하나님께서 제 마음에 말씀하신 내용이 함축하고 있는 것이 무엇인지를 깊이 묵상하고 있을 때 주님이 제게 다시 말씀하셨습니다.

"그것은 상처 입고, 타락한 사람들을 통해서 나를 계시하는 것이 스스로 있는 자인 나 하나님의 계시이다."

천천히, 그 계시는 내 생각 가운데 더 깊이 자리를 잡게 되었습니다. 저는 수많은 교회의 문제들을 목격했지만 하나님께서 상처받고 연약한 사람들을 통해서 하나님 자신을 알리시는 것이 그분 계획의 실제적인 부분이라고 말씀하시는 것 같았습니다. 저는 하나님께서 그분의 사랑을 다른 사람들에게 계시하시기 위해서 우리를 그분의 동역자로 초대하시는 것을 처음으로 이해하기 시작했습니다. 우리의 죄성에도 불구하고 하나님께서 우리를 동역자로 선택하셨다는 사실은 그분의 위대하심의 표현입니다.

저는 하나님의 겸손과 친절하심에 아직까지 놀라고 있습니다. 하나님께서 그분의 사랑을 다른 사람들에게 나눌 수 있도록 나를 동역자로 선택하셨다는 사실은 저를 계속해서 놀라게 하고 경외함으로 들어가게 합니다.

분명한 것은 이것이 교회의 본질에 대한 새로운 빛을 비춰 주고 있다는 사실입니다. 우리는 죄 사함을 받은 공동체이고 교회는 사람들로 구성되어 있기 때문에 가끔 실망스러운 일을 경험합니다. 그러나 교회는 바로 용서함을 받은 사람들의 공동체입니다. 이들은 자신들의 불완전함을 인정하고 용서함과 은혜를 받아들인 사람들입니다. 일반적인 교회들 및 특별히 가정교회들은 가끔 어려움을 겪을 때 약간 혼란을 경험하기도 하지만 하나님 자신에 의해서 보냄을 받은 예수 그리스도의 사랑을 가지고 살아 있으면서 사회 속으로 침투해 들어가는 움직임들입니다.

오늘날 교회는 매우 다양한 존재이며 그런 다양성은 건강한 모습입니다. 하나님께서는 프로그램 중심 교회들, 셀 중심 교회들, 지역교회, 대형교회, 그리고 가정교회 네트워크들을 통해서 일하고 계십니다. 협력해서 일하는 것은 우리가 서로에게 책임감을 느낄 수 있게 합니다. 비록 우리들은 서로 다른 사역들을 감당하지만 예수님을 사랑하고 그분의 영광이 이 땅에 가득 차는 것에 대한 열정이 있는 사람들은 동일한 이유로 동맹하고 있는 것입니다.

'빅(Big) C' 교회와 함께 동역하기

우리는 세 가지 교회 유형에 대해서 묘사했습니다. 한 가지는 지역의 식료품 가게와 같은 지역교회, 또 다른 한 가지는 월 마트와 같은 대형교회, 그리고 또 한 가지는 쇼핑 몰에 있는 작은 상점들과 같은 가정교회들입니다. 즉 작고 단순한 교회, 중간 크기의 지역교회, 아주 큰 대형교회입니다. 이 세 가지 유형의 교회들은 모두 하나님을 위해서 그들이 속한 교회에 영향을 미칠 수 있도록 함께 동역할 수 있습니다. 이러한 동역은 한 이름 안에서 일단의 리더들에 의해 이끌어지는 초대형교회를 형성하는 것을 의미하지 않습니다. 차라리 우리는 하나님의 관점에서 '빅 C'라는 교회로서 한 도시 혹은 지역에서 교회들에 대해서 생각할 수 있습니다. 하나님은 모든 기독교인들을 그분의 자녀들이며 그분의 영적인 가족으로 보십니다.

성경말씀의 중심은 특별히 전 세계에서 우리의 특정 지역에서 하나님 나라의 건설과 확장이 이루어지는 것을 우리가 경험하기를 주님께서 원하고 계신다고 가르치고 있습니다(마 6:33 참조). 우리는 한 도시 혹은 지역을 걸쳐서 조직화되었지만 형식에 매이지 않는 방식들로 그리스도의 몸이 함께 동역하는 것을 보여 주고 있습니다. 어떤 경우에는 지역교회들과 대형교회들이 그들의 몇몇 지도자들에게 임명해 가정교회들을 개척할 수 있고 그 개척 교회들이 성장하는 데 도움이 필요하다면 그들을 감독할 수 있습니다.

우리는 지역교회들과 대형교회들이 가정교회들을 더 많이 '양자 삼아서' 그들과 함께 네트워크가 형성될 수 있도록 도와야 한다고 믿습니다. 또 다른 지역교회들은 미래의 가정 리더들을 지명해 그 지역 안에서 네트워크에 참여하게 할 수 있습니다.

저(플로이드)는 남아프리카 공화국의 포트엘리자베스(Port Elizabeth) 시에 있는 추수교회(Harvest Church)와 가깝게 지냈습니다. 이 교회는 대형교회로 주님께서 명하신 리더들에게 "교회를 사람들에게 돌려 주라"는 도전을 실천하고 있습니다. 약간 전통적이지만 통제하지 않는 방식으로 추수교회의 리더들은 지역교회와 가정교회들을 개척하는 데 용기를 주고 있습니다. 다른 지역의 대형교회들은 교회를 사람들에게 돌려 줌으로써 하나님의 나라가 확장되도록 헌신하는 추수교회의 좋은 모범을 통해서 많은 것을 배울 수 있습니다.

비록 대부분의 가정교회들은 새로운 가정교회들을 계속해서 탄생시키지만 이러한 작고 단순한 어떤 교회들은 사실상 지역교회들이 되며 또 어떤 지역교회들은 대형교회들이 되어 버리는 경우도 종종 있습니다! 이러한 것도 교회의 머리 되신 주 예수 그리스도의 주권에 있습니다. 하나님 나라에는 상상할 수 없을 정도로 엄청난 자유함이 있습니다!

어떤 사람들은 일정한 시간 동안에만 가정교회 네트워크에 참여한 다음에 지역교회 혹은 대형교회에 참여하도록 주님께 부르심을 받았을 가능성이 있습니다. 우리는 각 지역에 있는 전체 교회가 중요하다는 사실을 기억해야 합니다. 하나님께서는 그분의 백성들을 부르실 때 언제나 그들이 자유함 가운데 섬길 수 있도록 격려하고 계신다는 것을 믿습니다. 하나님께서 부르신 그 교회에 사람들이 심겨지고 그들이 교회에 깊숙이 뿌리를 내릴 수 있도록 하는 것이 가장 중요한 일입니다.

겸손과 연합

산업시대 동안에, 보통 사람들은 평생 한 직장을 고수했습니다. 그러나 오늘날의 정보시대에서는 한 사람이 평생 동안 평균 5개의 직장을 옮긴다고 연구 결과는 보여 주고 있습니다. 오늘날의 사회는 변하기 쉬워서 우리들이 융통성 있도록 만듭니다. 이러한 동일한 원칙도 교회 생활에 적용됩니다.

각각의 교회들은 사역을 위해 사람들에게 권한을 주기 위한 노력을 할 때마다 강점들과 약점들을 갖고 있습니다. 어떤 새 신자들은 가정교회들 안에서 처음부터 제자 양육을 받게 되지만 종국에는 지역교회 혹은 대형교회 등에 참여하게 되는 경우도 있고 정반대의 경우도 있습니다. 그래서 우리들은 자신들의 교회와 다른 교회 구조들 가운데 다른 사람들에게 계속해서 마음의 문을 열어 놓고 친절한 관계들을 유지하는 것이 중요하다고 생각됩니다. 겸손함으로부터 나오는 존경은 하나님 나라를 세우기 위한 열쇠입니다.

주님께서는 우리가 살고 있는 시대에 너무나 놀라운 일을 하고 계십니다. 그분은 요한복음 17장 21절에서 기도하신 것처럼 하나됨(연합)을 회복시키고 있습니다.

"아버지께서 내 안에, 내가 아버지 안에 있는 것같이 저희도 다 하나가 되어 우리 안에 있게 하사 세상으로 아버지께서 나를 보내신 것을 믿게 하옵소서."

수세기 동안 교단들과 교회들을 분열시켜 왔던 장벽들이 전 세계적으로 매우 큰 비율로 무너지고 있습니다. 한 마을에서 서로 전혀 알지 못하던 목사님들이 서로 알게 되었고 함께 정기적으로 기도하고 서로 지원하고 있습니다. 이렇게 교회들 간의 연합이 이루어지고 있는 것은 정말 잘된 일입니다!

당신 지역 속에서의 교회

한 지역 속의 교회들	지역교회들
	대형교회들
	가정교회 네트워크

6년 전 저희(래리 부부)가 사역하고 있는 지역교회인 도브 웨스트게이트(DOVE Westgate) 교회의 담임 목사님과 장로 팀들이 우리 지역에서 새로운 미세교회를 감독하고 있는 우리 부부를 축복해 주었습니다. LMCN은 우리의 감독권을 인정했습니다. 우리는 수요일 저녁에 미세교회가 진행되도록 저희 가정을 개방했습니다. 제가 주말에 여행을 하지 않을 때는 아내(라베르네)와 함께 주일 오전은 도브 웨스트게이트 교회에서 예배를 드렸습니다.

도브 웨스트게이트 교회의 담임 목사님인 두에인 브리튼(Duane Britton)과 LMCN의 대표인 마이크 스톨즈푸스(Mike Stoltzfus)는 서로 친구입니다. 그들은 모두 리더들을 지킵니다. 안전을 보장받는 리더들만이 이러한 유형의 유연성을 다룰 수 있습니다.

우리 가정교회에서 어떤 새 신자들은 이 지역교회에서 가끔 주일 예배를 우리와 함께 드리기도 했습니다. 그들은 예배의 경험과 성경의 가르침을 감사하게 생각했습니다. 주님께서 인도하신다고 느껴서 우리 가정교회를 떠나서 지역교회에 참여하게 된 다른 성도들도 있었습니다.

우리는 다른 교회들로 옮겨가도록 인도함을 받은 성도들을 축복하기 원하고 그들과 지속적으로 좋은 관계로 남아 있기를 원합니다. 기억하십시오. 이런 세 가지 유형의 교회들은 하나님의 백성들을 섬길 수 있도록 주님께서 사용하시는 교회들입니다.

지역교회들, 대형교회들, 가정교회 네트워크들 사이의 교회 연합은 당신이 살고 있는 지역에 새로운 교회가 등장할 수 있는 여지를 남겨 놓아야 합니다. 이 교회들은 어떠한 형태의 교회일까요? 그러한 교회들은 아마도 지역교회들, 대형교회들, 가정교회들, 침례교회들, 감리교회들, 성령주의 교회들 등 모든 유형의 교회들로 구성되어 있다고 믿고 있습니다. 많은 다른 유형들과 교단들로 구성되어 있는 교회들은 예수 그리스도의 몸된 교회들을 대표합니다. 그래서 이 도시 혹은 지역에서 서로 존중하고 서로를 위해서 기도하고 서로에 대해 칭찬해 주어야 합니다.

신약성서에서, 각 교회들은 지역적인 위치에 의해서 구분되었습니다. 당시에는 교단들이 형성되어 있지 않았습니다! 그리스도의 몸된 교회는 도시 안에서 가정교회들로 만났고 그들은 특정 도시라는 경계들 안에서 연합했습니다. 그들은 안디옥 교회, 고린도 교회, 예루살렘 교회, 서머나 교회 등입니다. 그러나 오늘날, 교회는 지리적으로 같은 지역 안에 서로 다른 교단들로 분열되어 있습니다. 그리고 많은 경우에 있어서 교리적인 해석과 예배 형식 등과 같은 이유들로 인해서 그리스도의 몸이 분열되고 있습니다.

우리들의 지역에서 연합하기 위해 함께 모인 교회들에 대한 우리의 소망은 교단들을 무너뜨리기 위한 시도가 아니라 초대교회처럼 오로지 지리적인 위치로만 구별되는 기독교인으로 돌아가기 위한 시도입니다.

반면에 우리가 가지고 있는 것으로 일해야만 합니다. 집단적인 지역교회 안에서 지역교회들은 그 지역에서 그리스도를 좀더 효과적으로 증거하기 위한 연합된 방법 안에서 일하는 동안 아마도 그들의 교단의 취향들을 유지해야 할 것입니다. 단순히 말하면, 불신자들이 그들의 공동체 가운데 교회들의 연합을 볼 때 그들이 그리스도를 따를 수 있는 가능성이 더 많을 것이라고 믿고 있습니다.

하나님 아버지께서는 그분과 아들인 예수님이 하나인 것처럼 우리가 하나가 되도록 부르셨습니다.

이러한 유형의 연합은 시간, 관계의 정립 및 자원의 공유 등을 통해서 대가를 치러야 하며 진실된 마음에서 우러나오는 일이어야 할 것입니다. 그러한 일이 일어날 때 사람들을 예수님께로 인도할 수 있는 강력한 힘이 될 것입니다.

지역적으로 영적인 부모들이 함께 협력하기

우리의 기도와 소망은 영적인 아버지들과 어머니들인 여성들과 남성들이 교회를 섬기는 데 서로 연합하는 것입니다. 저(플로이드)는 몇몇 경우에서 이러한 일이 일어나는 것을 목격했습니다. 봅 스프라들리(Bob Spradley)라는 침례교 목사님은 캔자스시티(Kansas City)에서 도시 기도 운동을 인도했습니다. 많은 사람들이 그를 따르며 무척 겸손한 사람으로서 그를 존경하고 있었습니다. 그는 주중 월중, 연중 기도 행사들을 이끌어서 그 도시에 큰 영향을 미쳤습니다. 봅 목사의 지혜와 예수님에 대한 열정 및 예수님을 모르는 사람들을 사랑하는 마음은 캔자스시티에 있는 많은 목회자들에게 좋은 영향을 미치는 모범적인 예가 되었습니다.

미국의 전 도시와 전 지역에 이러한 종류의 운동들이 일어나기를 하나님께서 원하신다고 믿고 있습니다. 우리는 매우 다양한 배경들과 교단들에서 영적인 리더십들이 등장할 것이며 그들은 미국의 다양한 마을들과, 도시들과 시골 지역에서 교회를 증진시키는 데 섬길 수 있는 영적인 리더십의 팀들을 형성할 것을 믿고 있습니다. 그들은 한 교회 혹은 여러 교회들에서 목회한다는 차원에서 벗어나서 그 지역을 목회하기 위해 그리스도의 몸 가운데 다른 섬기는 리더들과 함께 사역하고 기도할 것입니다.

이러한 결단들은 한 사람의 교단적인 특수성에 반하는 것은 아니지만, 그 지역의 교회에 축복을 가져다 줄 것입니다. 우리가 지금 설명하고 있는 이러한 일들이 빌 하이블(Bill Hybels) 목사님이 주도하는 윌로 크릭 연합(Willow Creek Association), 릭 워렌(Rick Warren) 목사님이 주도하는 피스 발안(Peace initiative) 및 시애틀의 마스힐 교회(Mars Hill Church)의 사도행전 29장 네트워크 사역(Acts 29 network) 등 교회들 간의 네트워크를 통해서 전국적인 차원에서 이미 일어나고 있습니다. 서로 다른 교단들의 남녀 사역자들을 통해서 과거에는 거의 불가능하다고 생각했던 방식들로 함께 네트워크를 형성하고 있고 서로를 위해서 자료들을 제공하고 서로 더 많은 교회들을 개척할 수 있도록 도와주고 있습니다.

비록 이러한 운동들이 연합과 관련되어 있지만, 연합은 그들의 일차적인 관심의 초점이 아닙니다. 그들의 주요한 초점은 교회가 이미 받은 사명에 있습니다. 즉 예수님을 모르는 사람들에게 전도하고 하나님 말씀의 메시지를 세상에 전하면서 적절하게 우리 문화에 영향을 미치는 것입니다. 우리가 아직 보지 못한 것은 도시와 지역을 초월한 수준으로 형성된 네트워크들입니다. 이러한 네트워크가 형성된다면 우리는 예수 그리스도의 복음과 함께 우리 문화 속으로 참여할 수 있도록 교회들 간에 서로 능력을 부여해 주는 것을 보게 될 것입니다.

모범적인 한 지역교회 연합

이러한 종류의 연합은 저희(래리 부부)가 살고 있는 펜실베이니아 주의 랭커스터 지역에 위치한 교회들로부터 시작되었습니다. 지난 몇 년 동안,

랭커스터 지역교회 지도자 그룹이 일어나게 되었고 적극적인 네트워크를 통해 교회에 능력을 부여하기 시작했습니다(www.Theregionalchurch.com). 이들 그룹은 "교회가 그리스도 안에서 성숙하는 것을 보고, 교회에 새로운 활력을 주기 위해서 전략적으로 함께 섬기고, 이 지역에서 삶의 방식의 대변화를 가져온다"라는 비전을 가지고 있습니다. 미국의 수백 명의 리더들이 각 교단의 차이에도 불구하고 리더십 공동체로서 함께 동역하기를 헌신하고 있습니다. 그들은 목사들, 교사들, 예술가들, 작가들, 기업 대표들, 사업 전문가 등으로 교회 리더십, 사역 리더십 및 기업체에서의 기독교 리더십을 대표하고 있습니다. 이러한 지역 그룹은 가입할 단체는 아니지만 인간 관계들로 헌신되어 있는 조직적인 리더들의 네트워크입니다.

기도와 금식을 통해서 그들은 20명의 리더들을 임명해 기독교 리더십 공동체를 섬기고 있는 의회에서 협력하게 했습니다. 의회 회원들은 매우 다양한 교회에서 온 핵심적인 사역 리더들이며 기독교 리더들로 구성되어 있습니다. 어떤 사람들은 지역교회 성도들이며 또 어떤 사람들은 대형교회 성도들, 또한 어떤 사람들은 가정교회 네트워크 성도들입니다. 모두 우리 지역을 대표하는 그리스도의 몸의 지체들입니다.

이러한 지역적인 팀은 가정집, 이웃, 지역 사회 및 일터 등에서 하나님의 나라를 함께 세워 나가는 데 헌신되어 있습니다. 그리스도의 몸이 이와 같이 하나됨으로 연결될 때 우리는 그 결과들을 반드시 보게 될 것입니다! 한 지체가 다음과 같이 예리하게 지적했습니다.

랭커스터 지역 속에 있는 교회들은 랭커스터 지역의 역사 가운데 특별한 시대를 대표하고 있습니다. 세계 교회 운동으로서가 아니라 하나님이 인도하시는 운동으로서 예수 그리스도 자신에 의해 우리 지역이 영향을 받고 있는 것을 볼 수 있는 다양한 교파를 가진 교회들과 사역들이 함께 생겨나고 있습니다.

이러한 노력은 우리 지역에서 하나님의 사역을 통제하기 위해서라기보다는 그분의 사역에 협력하고 섬길 수 있도록 돕는 시도일 것입니다. 협력적인 노력들은 항상 이러한 시각으로 착수되어야 합니다. 우리는 아직 부흥의 흐름 가운데 있지는 않지만, 주님께서 오랜 세월 동안 교회들과 교단들 사이에 세워졌던 큰 벽들을 허물고 계십니다.

하나님께서는 기독교인들을 지역교회들과 대형교회들과 가정교회 네트워크로 부르셔서 모든 나라와 모든 도시의 모든 지역에서 교회로서 함께 섬기기를 원하십니다. 우리는 함께 세상 가운데로 나아갈 수 있습니다.

성장하기 위한 교회의 소형화

'소형화' 단어는 국제 경제계에서 심화된 경쟁 체제를 잘 나타내는 표현입니다. 기업의 소형화는 기업 안에 있는 불필요한 비용들과 부채들을 줄이기 위한 시도입니다. 예를 들면, 기업들이 불필요한 비용의

삭감을 위해서 전 종업원 수 혹은 재산 목록을 줄이는 방법입니다. 이러한 기업의 소형화는 기업의 존속을 가능하게 하고 이윤 획득의 기대를 가능하게 합니다.

이와 마찬가지로 한 지역에 있는 지역교회들, 대형교회들, 가정교회들은 그들의 모든 자원들을 더 완전하게 사용하기 위해서 협력을 잘 해야 합니다. 재원들을 공유함으로써 '소형화'하지 않는 이유는 무엇일까요? 모든 크기의 교회들은 기업체들처럼 불필요한 비용들과 부채들을 없앨 수 있는 수많은 방법들을 발견하게 될 것이라고 믿고 있습니다.

예를 들면, 우리의 공동체에 있는 교회 건물들을 매일 사용할 수 있도록 우리 교회들이 허락할 정도로 융통성이 있는 그 날이 오기를 기대하고 있습니다. 많은 지역교회들과 대형교회들은 현재 교회 건물들을 한정된 시간(주일 아침예배 시간, 주중 기도 모임 등)에만 사용하고 교회 시설들도 이 시간을 제외한 나머지 시간에서는 사용하지 않는 상태로 남아 있습니다. 만일 우리의 가치관이 변화되고 교회들이 함께 지역 공동체 센터들을 건립해 교회 성도들뿐만 아니라 지역 사회를 섬긴다면 세상 가운데 교회는 이전과는 전혀 다르게 인식될 것입니다.

또한 다음과 같은 시나리오도 가능합니다. 매달 몇몇 다른 가정교회들의 연합 모임으로 더 크게 만나기를 원할 때 지역교회 혹은 대형교회가 교회 시설들을 그들에게 사용할 수 있도록 허락해 주거나 임대해 주는 방법입니다. 시설을 공유하는 다양한 교회들은 주중 모임 혹은 월중 모임을 서로 다른 시간 때에 할 수 있습니다. 전통교회의 리더들은 가정교회 네트워크의 리더들과 협력해서 공동체 연합 스포츠 경기 대회, 보이 스카우트와 걸 스카우트 모임, 성인 재교육 프로그램, 가정 생활 프로그램, 12 단계 프로그램 등을 위한 센터로 그 시설들이 사용될 수 있는 방법을 모색하기 위해서 교회들의 연합 팀을 구성하는 것도 좋은 방법입니다. 이렇게 된다면 교회는 다시 한번 지역 사회의 중심이 될 것입니다! 펜실베이니아 주에 위치한 도브 기독교 연합(DOVE Christian Fellowship)은 도브(DOVE) 단체 소속이 아닌 한 지역교회 건물에서 한 달에 한 번 함께 모이는 몇 개의 새로운 가정교회들을 개척할 예정입니다. 이러한 가정교회들은 시설을 공유하는 좋은 모델이 될 것이라고 믿고 있습니다. 교회들이 건물들을 공유하게 될 때, 새 건물 건축 비용과 오래된 건물 유지 비용 등이 절약되어 생기게 된 그 돈을 선교 비용이라든지 지역 사회에서 가난한 사람들과 여러 가지 자선 사업을 위해서 쓸 수 있을 것입니다.

저희 부부(래리와 라베르네)는 랭커스터의 가정집에서 매주 만나는 훌륭한 가정교회의 일원입니다. 우리는 매주 함께 식사하고, 기도하고, 전도 대상자들에게 함께 복음을 전하고, 실제적으로 섬기면서 홈런을 날렸습니다. 또한 우리는 지역 공동체에서 더 전통적인 교회들을 섬길 수 있는 방법들을 모색하려고 했습니다. 우리 지역교회들의 그룹이 선교사들과 국제적인 교회 리더들이 모인 그룹을 위한 모든 기금을 마련할 수 없을 때 우리 가정교회가 그들을 돕기 위해 수천 달러를 기부하기로 결정했습니다.

한 지역에서 교회들에 이와 같이 그들의 도시 혹은 지역 공동체들을 함께 연합해 섬기자고 너무 지나친 요구를 하는 것일까요? 아마도 우리는 하나님께서 주신 단순한 복음과 교회를 개척하는 단순한 방법들을 받아서 오히려 그것들을 더 복잡하게 만들고 있었을지도 모릅니다. 우리들은 교회들이 공동체를 섬기고 다른 사람들에게 복음뿐 아니라 이 땅에 있는 소유물도 나누라고 하는 원래의 부르심으로 돌아오도록 부르고 있습니다.

서로를 존중하는 교회들

1971년에 저희(래리와 라베르네)가 결혼했을 때 우리가 추구하고 유지해야 하는 두 가지의 관계들이 있었다는 것을 알았습니다. 그 관계는 제 아내의 가족들과 저의 가족들이었습니다. 두 관계가 모두 중요했습니다.

동일한 방식으로 모든 교회 리더들은 그들의 교회 운동의 아버지들뿐 아니라 동시에 그들의 마을, 도시, 혹은 지역에 있는 영적인 아버지들과도 건강한 관계를 유지할 필요가 있습니다. 포드사(Ford Corporation)는 디트로이트(Detroit) 시의 공장 생산 라인을 통해서 차 한 대를 만들 때, 전 세계에 있는 회사들로부터 차 부품들을 들여왔습니다. 이와 동일하게, 하나님께서는 전 세계에서 함께 미국 안으로 교회를 데리고 오셨습니다. 하나님께서는 사람들, 문화, 교파들, 교회 가족들이 아주 독특하게 섞이도록 했고 당신이 살고 있는 도시에 그들을 모으셨습니다.

우리 지역에서 서로 다른 '부분들'에 대해서 사랑하고 존경하는 태도를 계발할 때 주님께서는 우리를 축복하실 것입니다. 시편 133편을 통해서 하나님께서 연합해 동거하는 사람들에게 "거기서 여호와께서 복을 명하셨나니 곧 영생이로다" 라고 말씀하고 계십니다. 교회사에서 일어났던 부흥에 대해서 연구하다 보면 하나님의 축복을 경험할 수 있는 가장 중요한 전제 조건들 중의 하나는 목사들과 교회 리더들 사이의 하나됨(연합)임을 발견하게 될 것입니다.

새로운 시대를 위한 새로운 모델

열왕기하 4장 1-7절에는 엘리사가 가난한 과부의 기름병을 어떻게 기적적으로 증가시키고 있는지에 대한 이야기가 기록되어 있습니다. 그 과부가 기름을 그릇들에 부어 넣자 마자 기름이 계속해서 흘러 넘쳤습니다. 그녀가 빌려온 그릇들에 기름을 다 채웠을 때 새로운 기름의 공급은 중단되었습니다. 많은 경우에 있어서 이 이야기는 교회에 대한 한 가지 그림입니다. 하나님께서 그분의 성령을 부어 주시겠다고 약속하셨지만 그분의 기름 부으심은 도래하게 될 대추수를 담을 수 있는 융통성이 있는 그릇들을 필요로 할 것입니다. 주님은 그분의 성령을 가득히 부을 수 있도록 그분의 교회가 적절한 그릇들을 준비하기를 기다리고 계시고 있다는 사실이 가능하지 않을까요?

우리 지역 공동체에서 새로운 가정교회들이 효과적으로 네트워크를 형성하게 되면 수천 개의 새로운 교회들이 전국적으로 그리고 전 세계에 있는 열방 가운데 급속도로 더 많이 개척될 수 있는 기회가 생길 것입니다. 하나님 나라로 들어오는 사람들을 추수하고 그들을 돌보기 위해 더 많은 새로운 교회들이 필요합니다. 우리는 공동체 가운데 더 많은 교회가 필요합니다! 미국에서 교회에 정기적으로 출석하는 기독교인들이 단 17퍼센트밖에 되지 않는다는 사실을 기억하십시오. 현재 교회 출석 인원이 점차적으로 줄어드는 추세를 볼 때 몇 년 이내로 그 수치는 아마 10퍼센트에 가깝게 될 것입니다.

은퇴하거나 현재 일반 직장을 다니고 있기 때문에 더 이상 교회 리더십에 참여하고 있지 않는 전직 목사님들과 기독교 리더들이 수천 명이 있다고 믿고 있습니다. 그들은 조직화되고 큰 교회에서 요구하는 것과 같은 부담을 느끼지 않고 더 작게 시작할 수 있는 것이 있다는 것을 모르고 있습니다. 그들은 자신들 가정에서 완전히 새로운 교회를 개척할 수 있다는 사실을 모르는 것 같습니다.

우리 지역 공동체들 가운데 많은 사람들이 교회 건물로는 잘 들어가지 않겠지만 그들은 우리 가정집에 들어올 것입니다. 겸손한 영적인 어머니들과 아버지들에 의해 인도되는 영적인 가족들은 미래를 이끌고 갈 파도와 같은 움직임이 될 뿐 아니라 그들은 현재에도 너무나 필요한 존재들입니다!

하나님께서는 릭 조이너(Rick Joyner)를 사용해 우리의 많은 '신성시되는 소들'을 도전하게 하셨습니다. 그는 주요한 영적인 각성은 교회 안에서 곧 일어나게 될 것이라고 믿고 있으며 분별력 있는 리더들은 그것에 대해서 준비해야 할 것이라는 글을 썼습니다.

교회에 가져다 줄 휘몰아치는 변화들 가운데 종교 개혁을 능가하는 한 하나님의 교회 혁명이 기독교에 불어닥칠 것입니다. 교회 혁명이 왔을 때 기존의 교회 구조와 조직은 존재하지 않게 될 것이고 세상이 기독교라고 정의하는 방식을 획기적으로 바꾸게 될 것입니다.

앞으로 닥쳐오는 것은 교리의 변화가 아니라 기본적인 교회 생활의 변화입니다. 앞으로 오게 될 변화들은 너무나 심오하며 미래의 교회 구조와 체제는 현재 존재하고 있는 형태와 연관시킬 수 없을 정도로 전혀 다른 모습일 것입니다. 교회 생활에 새로운 역동성을 통해 도시들과 세계 열방들은 변화될 것이며 이로 인해 사회에 큰 영향력을 미치게 되어서 지난날 일어났던 영적 대각성 운동마저도 볼품 없이 보이게 될 것입니다. 의로움과 정의감이 전 세계를 휩쓸게 될 것입니다.

미래 교회의 지도자들은 신약시대의 기독교가 전 세계에 회복되고 있다는 혁명적인 비전을 받고 있습니다. 그 부르심에 주의해야 하고 주님이 그의 백성들을 인도해서 지구상에 일으키실 사건을 담을 수 있는 새로운 포도주 부대가 되도록 인도해야 할 때가 왔습니다. 새로운 것과 오래된 것 중 한 가지를 선택해야 한다면 새로운 것을 선택하십시오. 앞으로 올 세상에 일부가 되기 위해서 우리는 갈 바를 모르지만 하나님을 찾기 위해 익숙해진 안전지대를 떠날 준비가 되어 있었던 아브라함의 믿음을 가져야 합니다. 미래 교회 지도자들은 사람이 아닌 하나님께서 세우시는 도시를 찾기 위해서 모든 위험을 감수할 용기가 있을 것입니다.[73]

또한 우리도 주님이 우리에게 인도하는 방향에 열려 있어야 합니다. 즉, 우리는 세상 가운데 나갈 준비가 되어 있는 새 포도주를 담을 수 있는 새 가죽부대에 대해서 열려 있어야 합니다. 우리는 또한 새로운 가정교회 네트워크들에 관해서도 동일한 기대를 가지고 있습니다. 많은 미래 교회 지도자들은 오늘날 교회의 신도석에 앉아 있지만 현재의 교회 조직에서 그들의 은사들을 마음껏 발휘할 수 있는 기회가 없다는 것을 알고 있습니다.

우리는 미래 지도자들이 행동을 취할 수 있도록 준비하고 자극할 수 있는 혁명적인 기독교를 허락해야만 합니다. 가정교회 네트워크들은 만민 제사장을 가능하게 하며 값 비싼 교회 건물들을 필요로 하지 않습니다. 모든 믿는 자들이 열방을 제자 삼기 위해서 자신들의 역할을 깨닫게 되고, 그들이 예수님 사랑의 복음을 가지고 전 세계를 덮을 수 있을 때까지 선교 중심의 가정교회들을 모든 교회들과 마을에서 만나는 것이 우리들의 소망입니다.

미주

1 Rita Healy and David Van Biema, "There's No Pulpit Like Home," *Time magazine*, March 6, 2006.
2 조지 바나, 교회 혁명(Wheaton, IL; Tyndale House Publishers, 2005), p.49.
3 Paul Gray and Magid Igbaria, "The Virtual Society," *OR/MS Today*, December 1996, p.44.
4 레오나르드 스위트, Aqua Church(Loveland, CO: Group, 1999), pp.28-29.
5 위키피디아, "Megachurch," July 2006. http 2006://en.wikipeida.org/wiki/megachurch(accessed December 2006).
6 Ibid.
7 짐 존스, "Swift Growth Shapes Potter's House," *Christianity Today*, January 12, 1998, vol.42, No. 1, p.56.
8 Scott Thumma, Dave Travis and Warren Bird, "Megachurches Today 2005: Summary of Research Findings," February 2006, Hartford Institute for Religious Research, Hartford Seminary, Hartford Connecticut. http://hirr.hartsem.edu/ org/faith_megachurches_research.html(accessed December 2006).
9 "The Church Comes Home," *DAWN Report*, August 1999, pp. 1-2.
10 피터 와그너, Church Planting for a Greater Harvest(Ventura, CA: Regal Books, 1990), p.
11 "Enlarging Our Boarders," American Society for Church Growth(ASCG), report presented to the Executive Presbytery, January 1999.

12 데이브 올슨, "Empty Pews, Signs of Hope," The Covenant Companion, February 2006, p.11. http://www.covchurch.org/uploads/mR/5V/mR5VwQf_FolOjJE2DKfOJg/0602FutureorFad.pdf(accessed December 2006).

13 데이비드 게리슨, 하나님의 교회개척 배가운동(Bangalore, India: WIGTake Resources, 2004), p.194.

14 래리 크라이더, 셀 그룹 리더십(Lititz, PA: House to House Publications, 1995), p.102.

15 하워드 A, The Radical Wesley(Downers Grove, IL: InterVarsity Press, 1996), pp.53-57, 63.

16 피터 번톤, Cell groups and House Churches: What History Teaches Us(Lititz, PA: House to House Publications, 2001), p.14.

17 See Floyd's personal website; www.floydandsally.com for more about how he trains church planters, or write to Floyd at Floyd.mcclung@gmail.com for more information.

18 See DOVE Christian Fellowship International's many training options under "Training Schools" at www.dcfi.org.

19 밥 빌, 멘토링(Nashville, TN: Broadman and Holman Publishers, 1996), p. 19.

20 *Matthew Henry's Commentary* in One Volume(Grand Rapids, MI:Zondervan, 1960), p.119.

21 마더 테레사: *In My Own Words*, complied by Jose Luis Gonzalez-Balado(New York: Random House, 1996), p. 40.

22 아든 아담슨, "Enlarging Our Borders," Wisconsin-Northern Michigan District, report presented to the Executive Presbytery, January 1999.

23 American Society for Church Growth, "Enlarging Our Borders," report presented to the Executive Presbytery, January 1999.

24 bid.

25 지역교회에 관한 이 인용문과 아래의 추가 노트들은 요엘 콤미스키가 래리 크라이더에게 보낸 이메일에서 발췌한 내용입니다.

장로들과 리더십(사도행전 14:21-23; 딤전 3)—히브리서 13장 17절에서는 "너희를 인도하는 자들에게 순종하고 복종하라"라고 기록하고 있습니다. 비록 바울이 장로들이 지명되기 전의 교회를 '교회'라고 불렀지만, 그의 목표는 항상 장로들과 하나님께서 안수하신 리더십들을 지명했습니다.

주님의 주권 아래에서—에베소서 5장, 로마서 14장, 그리고 성경의 여러 곳에서는 모든 성경적인 교회는 그분의 주권 아래에 있다고 기록하고 있습니다.

서로를 위한 상호 책임감—고린도 전서 12-14, 로마서 12, 그리고 성경의 여러 곳에서는 영적인 은사들을 통한 그리스도의 몸의 유기적인 부분으로서 기능하고 있는 각 지체들에 관해서 이야기하고 있습니다. 그리고 서로에게 책임감을 갖기 위해서 우리는 지역적인 차원에서 서로에 대해서 알아야만 합니다. 책임감은 지체를 순결하게 유지할 수 있는 교회의 원칙이며 이것들은 지역적인 차원에서 서로를 잘 알아야 한다는 것을 또한 의미하고 있습니다.

세례와 성찬의 참여(마 28:18-20; 고전 11; 4 복음서 참조)- 예수님께서는 그분의 죽으심과 부활하심을 기념하기 위해서 그분의 몸으로서 우리가 함께 참여하라고 말씀하셨습니다. 또한 그분은 그분의 교회가 세례를 통해서 제자 양육하라고 말씀하셨습니다. 이러한 두 가지 기능들은 지역교회에서 일어나야 하며 이러한 성례식의 중요한 존재 이유를 정의해 두어야 합니다.

26 데이비드 게리슨, **하나님의 교회개척 배가 운동**(Bangalore, India: WIGTake Resoruces, 2004), p.271.
27 Rad Zdero, Ph.D., *The Global House Church Movement*(Pasadena, CA: William Carey Library Press, 2004), p.2.
28 Ibid.
29 래리 크랩, **끊어진 관계 다시 잇기**(Nashville, TN: W Publishing Group, 1997), p.xii.
30 랄프 무어, *House2House Magazine*, March 2001, p. 20.
31 존 릴랜드, "Hip New Churches Pray to a Different Drummer," *The New York Times*, February 18, 2004.
32 조지 바나와 마크 해치, *Boiling Point*(Ventura, CA: Regal, 2001), p.250.
33 조지 바나, **교회 혁명**(Wheaton, IL: Tyndale House Publishers, 2005), pp.42, 44.
34 카슨 울프, "Will Youth Culture Churches Define the Church of the Future?" DAWN

European Network, 2002. http:// www.dawneurope.net/Karsten.htm(accessed December 2006)

35 토니 콜리스, *A New Wineskin*(Lower Hutt, New Zealand: Jubilee resources, 2002), p.9.

36 닐 콜, *Cultivating a Life for God*(Saint Charles, IL: ChurchSmart Resources, 1999), p.35.

37 Felicity Dale, ed., *Getting Started*(Austin, TX: House2House, 2003), p.86.

38 짐 피터슨, Church Without Walls(Colorado Springs, CO; NavPress, 1992), pp.148-149.

39 래드 즈페로, *The Global House Church Movement*(Pasadena, CA:William Carey Library Press, 2004), p.94.

40 토니 콜리스, *Micro Leadership, Unlocking Small Group Dynamics for Serious Church Growth*(Lower Hutt, New Zealand: Jubilee Resources, 2003), pp.25-26.

41 Steve Atkerson, ed., *Ekklesia: To the Roots of Biblical church Life*(Atlanta, GA: New Testament Restoration Foundation, 2005), p.86.

42 짐과 캐시 멜론, "Ten Years in a House church," 2006. http://www. newchurches. com/public/church_types/docs/house/ten.pdf(accessed December 2006).

43 돈 트로터, quoted in Steve Atkerson, *Ekklesia:To the Roots of Biblical House Church Life*(Atlanta, GA: New Testament Restoration Foundation, 2003), p. 87.

44 페리시티 데일, ed., Getting Started(Austin, TX: House2House, 2003), pp.146-148.

45 Posted by Lisa C. from Florida, Web Forum, www.House2House, 2003), pp. 146-148.

46 제인 니콜러스, *Biblical Foundation for Children*(Lititz, PA: House to House Publications, 1999).

47 Paul Nussbaum, "The Tide is Turning," Lancaster New Era, 2006.

48 Geoff Waugh, "Astounding church Growth," *Renewal Journal*, vol. 93, no. 2, pp. 47-57. http://wwww.pastornet.net.au/renewal/journal2/waugh.html(accessed January 2007). Barbara Nield, "China's House Churches," Renewal Journal, vol.94, no.1, pp. 48-60. http://www.pastornet.net.au/renewal/journal3/neild.html(accessed January

2007).

49 원형제, 폴 해터웨이, 하늘에 속한 사람(Ontario, Canada: Guardian Books, 2000), p. 128.

50 Ibid., p. 129.

51 데이비드 게리슨, 하나님의 교회개척 배가 운동(Richmond, VA: International Mission Board of the Southern Baptist Convention, 1999), p. 14.,

52 Ibid., p.23.

53 Ibid., p.30.

54 데이비드 게리슨, 하나님의 교회개척 배가 운동(Bangalore, India: WIGTake Resoruces, 2004), p. 115.

55 데이비드 게리슨, 하나님의 교회개척 배가 운동(Richmond, VA: International Mission Board of the Southern Baptist Convention, 1999), p. 35.

56 Ibid., p.17.

57 "A Telephone Interview with David Garrison," House2House Magazine, issue2, p.9.

58 짐 루스, "A Major Annoucement about House Churches," WorldNetDaily, June 27, 2006. http://www.worldnetdaily.com/news/article.asp?ARTICLE_ID=50802 (accessed December 2006).

59 바나 그룹, "House Church Involvement Is Growing," June 19, 2006. http://www.barna.org/FlexPage.aspx?page=BarnaUpdateNarrow&BarnaUpdateID=241(accessed December 2006).

60 마이크 스틸, "Simple Church Growth in North America 2006 Overview," August 2006.

61 DAWN Ministries, www.dawnministries.org.

62 Michael Alison Chandler and Arianne Aryanput, "Going to Church by Staying at Home," *The Washington Post*, Sunday, June 4, 2006, p. A-12.

63 짐 루스, "A Major Annoucement about House Churches," WroldNetDaily, June 27, 2006. http://www.worldnetdaily.com/news/article.asp?ARTICLE_ID=50802 (accessed December 2006).

64 A. M. Stibbs and A. F. Walls, *First Peter, Tyndale New Testament*

Commentaries(Leicester, England: InterVarsity Press, 1983), p. 109.

65 See also 1 Timothy 3:1-7.

66 For more on this vital subject, see Larry Kreider, Ron Myer, Steve Prokopchak and Brian Sauder, *The Biblical Role of Elders for Today's Church*(Lititz, PA: House to House Publications, 2004).

67 래리 크라이더, 셀 그룹 리더십(Lititz, PA: House to House Publications, 1995)..

68 피터 번톤, *Cell Groups and House Churches: What History Teaches Us*(Lititz, PA: House to House Publications, 2001).

69 플로이드 맥클렁, *The Father Heart of God*(Eugene, OR: Harvest House Publishers, 1985), pp.129-131.

70 For a more comprehensive biblical understanding of how the fivefold ministries effectively serve house churches and conventional churches, we encourage you to read *Fivefold Ministry Made Practical by Ron Myer*(Lititz, PA: House to House Publications, 2005).

71 매트 그린, "Heretics @ Home? Are House Churches Really More Vulnerable to False Doctrine?" *Ministries Today*, June 7, 2006.

72 닐 콜, "The Threat of Heresy in the Organic Church Movement," DWAN Ministries archives, www.dawnministries.org.

73 릭 조이너, 교회혁명, *The Morning Star Prophetic Bulletin*, May 2000.

새로운 교회의 모델
가정교회란?

지은이 래리 크라이더, 플로이드 맥클렁
펴낸이 김혜자
옮긴이 유정자

1판 1쇄 인쇄 2009년 7월 6일 | 1판 1쇄 펴냄 2009년 7월 10일

등록번호 제16-2825호 | 등록일자 2002년 10월
발행처 쉐키나 출판사 | 주소 서울시 강남구 대치3동 982-10
전화 (02) 3452-0442 | 팩스 (02) 3452-4744
www.ydfc.com
www.tofdavid.com

값 11,000원
ISBN 978-89-92358-30-9 03230

※잘못된 책은 바꿔 드립니다.

쉐키나 미디어는 영적 부흥과 영혼의 추수를 위해 책, CD, TAPE, 영상물 등의 매체를 통해 하나님 나라가 7대 영역(가정 · 사업 · 정부 · 교육 · 미디어 · 예술 · 교회)으로 확장되는 비전으로 나아가고 있습니다.